DBV

Alfred Läpple

ÄNDERT SICH UNSER GLAUBE?

Orientierungshilfen für den Christen von heute

1978

Don Bosco Verlag München

Mit kirchlicher Druckerlaubnis
München, 14. VIII. 78 / GV Nr. 6531/78/1 a
Msgr. Bernhard Egger, stellv. Generalvikar

1. Auflage 1978 / ISBN 3 7698 0332 9

Gesamtherstellung:
Verlagsanstalt Tyrolia, A-6020 Innsbruck

INHALT

VORWORT

Die Frage: Ändert sich unser Glaube? ist mehr als ein Schreibtischproblem. Sie signalisiert eine existentielle Unruhe, von der ausgerechnet jene betroffen sind, die glauben und ihrer Kirche die Treue halten wollen. Der ungläubige und kirchenferne Mensch hat für diese Frage keine Antenne; sie macht ihn weder froh noch traurig.

Man spricht keine Übertreibung aus, wenn man feststellt, daß trotz aller Bemühungen und Reformen, die nach dem 2. Vatikanischen Konzil (1962/65) eingesetzt haben, eine schweigende und immer größer werdende Mehrheit aus dem Lebens- und Wirkbereich der Kirche auswandert. Nicht nur Gruppen der jungen Generation, sondern auch der älteren Generation sind darunter, die im Glauben und Beten heimatlos geworden sind.

Das »Fähnlein der sieben Aufrechten«, das beten und glauben will und das Christus in der konkreten Kirche in allem und trotz allem die ungebrochene Treue halten will, fühlt sich verunsichert. Es ist von der Frage beunruhigt, ob heute in Theologie und Kirche gilt, was gestern noch im Katechismus stand. Ist bereits jene Zeit gekommen, da »die christlich bleibende katholische Kirche zahlenmäßig sehr klein« (Karl Rahner) zu werden beginnt und »das Volk Gottes seine Wut herausschreit« (Jean Daniélou) über das allzu lange Schweigen der Kirche, über die Eitelkeiten und Eigenmächtigkeiten so manches Theologen und letztlich über das Zerbröckeln des christlichen Glaubens?

Vorliegendes Buch will in der bewegten Flut des gegenwärtigen Glaubens Bojen setzen. Es will keineswegs eine umfassende Glaubenskunde sein, wohl aber will es zur Beantwortung gerade jener Fragen und Nöte, die heute im Sturmzentrum der Diskussion stehen, Orientierungsdaten zur Urteilsbildung vermitteln und damit der Festigung des Glaubens, der Erneuerung der Christusnachfolge und der Vertiefung der Kirchentreue dienen.

Wie modern darf christlicher Glaube, christliche Theologie sein? Wäre »modern« ein optimales Gütezeichen dafür, sich auf der Höhe der Zeit zu befinden, den Wünschen der Gegenwart zu entsprechen und früheren Epochen der Geschichte überlegen sein zu wollen, dann wäre mit dem christlichen Glauben etwas Verhängnisvolles passiert, wollte er in diesem Sinne »modern« sein. Was Helmut Thielicke über »moderne Theologie«, vor allem über die Art, wie man sich am Christusthema vergreifen wollte, geschrieben hat, sollte für den Gesamtbereich des christlichen Glaubens nicht überhört werden: »Diese Art ›moderner Theologie‹ hat es immer gegeben, nicht erst heute, nein: schon seit zweitausend Jahren. Immer wieder hat man das Paket göttlicher Wahrheiten ausgepackt und alles ausgesondert, was einem nicht paßte. Immer hat man die Gestalt Jesu auf schauerliche Weise amputiert, bis er in das Prokrustesbett der eigenen, jeweils für modern gehaltenen Begriffe paßte . . . Jesus Christus hat durch die ganze Kirchengeschichte den Prozeß einer immer neuen Kreuzigung erlitten. Er ist gegeißelt und verwundet und in die Gefängnisse immer neuer Systeme und Philosophien gesperrt worden. Er wurde in Begriffsgräber versenkt, und als Leichnam des Gedankens mit steinernen Platten bedeckt, damit er sich nicht mehr regen und uns nicht mehr beunruhigen sollte . . . Dies aber ist nun das Wunder: Aus allen diesen Begriffsgräbern ist Jesus Christus immer wieder auferstanden. In keinem dieser Gräber ist er geblieben. Keine Grabplatte war schwer genug, um ihn zu halten«.

Keine Grabplatte wird schwer genug sein, auch heute das Wirken des Heiligen Geistes zu hindern, der nach einer Verheißung Jesu Christi das Volk Gottes »in alle Wahrheit einführen wird« (Joh 16,13). Das heißt aber, sich mutig und demütig für jene Tiefendimensionen der Wahrheit offen zu halten, die Gottes Geist unserer Zeit und der Zukunft erschließen will. Dies kann und wird gewiß bedeuten, Abschied zu nehmen von Worten und Formen, die einem überholten Weltbild, einer verblichenen Sprachgestalt, einer vergangenen Etappe des Heilig-Geist-Wirkens angehören.

ICH GLAUBE

1.

WAS HEISST »GLAUBEN«?

An etwas glauben heißt, in jedem Augenblick damit rechnen.

Ferdinand Ebner

Die Vokabel »Glaube« wird seit langem unterschiedlich gebraucht. Man spricht vom »christlichen Glauben« wie man vom »Glauben an Deutschland« sprach oder heute die Parole vom »Glauben an Europa« ausgibt. Es gehört momentan beinahe zum guten Ton, von Resignation und Krise des Glaubens und der Kirche zu sprechen und zu schreiben. Überall dort aber, wo man es wagt, vom Glück und von der Geborgenheit des christlichen Glaubens zu reden, wird sehr häufig unterstellt, ein solches Glaubensverständnis sei unreflektiert, ja unrealistisch und illusionär.

Glaube ist Vertrauen

Voraussetzung und Fundament der Begegnung von Mensch zu Mensch ist der Glaube. Wenn wir einem Menschen unser Zutrauen, unsere Freundschaft bekennen, dann sagen wir: »Ich glaube an dich«. Diese Aussage schließt in sich, daß wir zwar einen Mitmenschen kennen und schätzen, in seiner letzten Tiefe ist und bleibt er für uns aber ein Geheimnis. An einen Menschen glauben, heißt erwarten, daß er in Konflikten zwar nicht nach meinen Auffassungen und Motiven entscheidet, daß er aber vor sich selbst Respekt haben kann und daß seine Entscheidung auch mir Respekt abfordert.

Dort aber, wo zwischen zwei Menschen das bittere Wort fallen mußte: »Ich kann dir nicht mehr glauben«, ist ein tiefer Bruch entstanden, der – wenn überhaupt – nur nach einer sehr, sehr langen Bewährungsfrist heilt. Glauben ist zunächst Vertrauen im natürlich-zwischenmenschlichen Bereich, wie es in einzigartiger Weise, das lateinische Verbum »credo« zum Ausdruck bringt, das sich von »cor do« (= ich gebe mein Herz) ableitet.

Menschliche Existenz ist in ihrer tiefsten Wurzel und Sehnsucht »Entwurf auf Vertrauen«. Die Erfahrungen des menschlichen Glaubens und Vertrauenkönnens sind einerseits eine nicht unwichtige Voraussetzung für den religiösen Glauben, anderseits kann ein Mangel an familiärer Nestwärme bzw. ein Defizit an natürlichen Glaubenserfahrungen nicht unerhebliche Vorfeldbelastungen des religiösen Glaubens bewirken.

Glaube – ein Unterwegssein

Der Glaube nimmt teil an der Geschichtlichkeit, d.h. an der Vorläufigkeit und am Wandel des Menschen. Wie es eine Entfaltung und Vertiefung des christlichen Glaubens im Laufe der Kirchengeschichte gibt, so auch einen Wandel des persönlichen Glaubens. Der Glaube ist wie der Mensch und mit dem Menschen unterwegs. Der Glaube des Erstkommunionkindes ist »anders« als der Glaube eines Zwanzigjährigen, und wiederum hat der Glaube eines vom Glück begnadeten Menschen andere Konturen als der eines von Leid und Enttäuschungen gezeichneten Menschen. Es gibt entwicklungspsychologische Stufungen und Färbungen des Glaubens – je nach Alter, je nach glücklichen oder schmerzlichen Erlebnissen, je nach epochalem Klima.

Der Glaube kann sich entfalten und reifen, aber auch verfrosten, absterben, wieder regenerieren und zum tragenden Fundament großer Entscheidungen werden. Der Glaube ist ein immerwährender Lebensprozeß, ein Prozeß des Umdenkens, des Offenseins, der Hör- und Veränderungsbereitschaft, des mutigen Gehens in neue, bisher nicht gesehene Dimensionen. Gerade in dieser Offenheit besteht die Gesundheit und Wahrhaftigkeit des Glaubens, der sich letztlich vom Heiligen Geist, dem »Weggeleiter in alle Wahrheit« (Joh 16,13), in ungeahnte und nie ganz auslotbare Tiefen der Gotteswahrheit führen läßt.

Das Wachstum im Glauben besteht in der stets neu vollzogenen Zertrümmerung unvollkommener Glaubensvorstellungen. Dort, wo man die Diagnose eines erkrankten Glaubens macht, befindet sich nicht selten der Glaube eines Menschen im Exodus, im Auswandern aus unwürdigen, vielleicht sogar infantilen Glaubensvorstellungen: gleichzeitig versucht er sich einen Weg in das Land eines glaubwürdigen Glaubens zu bahnen. »Mein alter Gott ist gestorben, und der neue ist noch nicht auf den Thron gestiegen. Ich weiß nicht einmal, wie er aussehen wird. Ich denke mir nur, daß man ein Mann wird sein müssen, um ihm ins Gesicht sehen zu können. Und dazu muß man mir Zeit lassen. Für Gott muß immer Zeit sein auf dieser Welt« (Ernst Wiechert in seinem Roman »Das einfache Leben«).

Glaube ohne Kirche?

Von »prachtvollen Heiden«, deren berufliches Können und menschlich-nachbarliche Hilfsbereitschaft wir bewundern, wird sehr häufig ein Glaube »ohne die Akustik der Kirche« (Heinrich Böll) verfochten. Der Glaube ist seit der Menschwerdung des Gottessohnes, Jesus Christus, seiner Botschaft und seines Heilswerkes, nicht mehr menschlicher Versuch und Alleingang. Seit und mit Jesus Christus steht die gesamte Menschheit in einer neuen und letzten Glaubensepoche.

»Die Begegnung mit Gott kann nicht beliebig vollzogen werden, sondern nur in der Weise, die Gott selbst vorgesehen hat. Gott hat es so gefügt, daß ihm der Mensch in Christus begegnet. In Christus hat sich Gott, genauer gesagt der Sohn Gottes, in der Geschichte gegenwärtig gesetzt, so daß er vom Menschen erreicht werden kann« (Michael Schmaus). Das Ich des glaubenden Menschen kann im Du Jesu Christi eine Antwort auf Sinngebung und Zukunft seines Lebens erhalten.

Durch Jesus Christus ist deutlich geworden, daß der Glaube nicht menschliche Leistung, nicht menschliches Verdienst ist, sondern Gnadenangebot Gottes. Gott allein ist es, »der in uns den Glauben vermehrt«, wie es hintergründig in einem Rosenkranzgesätzchen heißt. Der afrikanische Dichter Michael Francis – Dei Anang hat dieses Gehaltensein des christlichen Glaubens in den schlichten Sätzen auszusprechen versucht:

»Der Glaube ist ein Baum.
Er wächst
in der Wüste«.

(Schwarzer Orpheus. Moderne Dichtung afrikanischer Völker. München 1964,49).

2.

GLAUBE UND BIBEL

Die Bibel ist nicht dazu da, daß wir sie kritisieren, sondern dazu, daß sie uns kritisiert.

Sören Kierkegaard

Die Schriften des Alten und des Neuen Testaments sind für den christlichen Glauben Fundament und Kriterium zugleich. Es wird aber gerade heute, da über die Massenmedien jedem Zeitgenossen ein globaler Einblick in die Vergangenheit und Gegenwart der Menschheit, ihrer Religionen und Weltanschauungen möglich geworden ist, mit Recht gefragt, warum ausgerechnet die biblischen Texte, die aus ganz anderen geschichtlichen, kulturellen und politischen Epochen stammen, für den Menschen des ausgehenden 20. Jahrhunderts richtungweisend sein sollen. Erscheint es nicht arrogant, die vor 2000 Jahren im Vorderen Orient entstandenen Werke für die Menschen und Völker aller Kulturen, Hautfarben und Zeitalter für verbindlich zu erklären? Nimmt sich nicht die Bibel im Kontext der Weltreligionen und der Weltliteratur nur wie ein bescheidenes Schriftwerk aus?

Die Bibel – ein Buch neben vielen anderen?

Das vielfältige Material, das gerade die religionsgeschichtliche Forschung der letzten Jahrzehnte angeboten hat und das heute in leicht erwerbbaren Taschenbüchern auch dem nicht wissenschaftlich geschulten Laien zur Verfügung steht, brachte zwar keinen völligen Erdrutsch, wohl aber gewisse Zweifel in der Bewertung der Bibel. Man hat allgemein erkannt, daß es in fast allen großen Weltreligionen (Buddhismus, Hinduismus, Islam) »Heilige Schriften« gibt. Mit welchem Recht, so wird daher heute oft gefragt, wird die Bibel »das« Wort Gottes schlechthin genannt?

Die Bibel – menschliches Literaturwerk?

Die Bibel ist durch Vergleiche mit neu entdecktem, altorientalischem Schrifttum nach ihrer menschlichen, geschichtlichen und geographischen Seite wieder interessant geworden. Viele, die früher skeptisch auf die Bibel herabgeschaut haben und in ihr ein recht hübsches, aber historisch unglaubwürdiges, altorientalisches Märchen- und Legendenbuch erblickten, mußten einsehen, daß die Bibel »doch« recht hat und daß hinter den Erzählungen der Heiligen Schrift uralte Menschheitserinnerungen und hochinteressante Erkenntnisse zu finden sind. Zu dieser Einsicht mußte man sich durchringen, weil die Aussagen der Bibel wie auch ihre literarische Form unbestreitbar mit Werken altorientalischen Denkens und Schreibens völlig übereinstimmen. Eine viel zu wenig beachtete Nebenwirkung löste jedoch diese neue Hochschätzung der Bibel aus. Man hat die Bibel zu einem menschlichen Buch gemacht. Allzu lange hatte man die Bibel nur als Wort Gottes gesehen. Jetzt bemerkte man auch in der Bibel eine literarische und religiöse Entwicklung. Man lernte sehen, daß der schriftlichen Bibel eine mündliche Wortüberlieferung vorangegangen war und daß sich diese noch deutlich in den verschiedenen Teilen der Bibel zeigt (Jahwist, Elohist, Priesterschrift usw.), aus denen ein sogenannter Redaktor einzelne biblische Schriften in ihrer jetzigen Gestalt zusammengenäht hat. Außerdem hat man Doppelberichte (sog. Dubletten) und recht bedeutsame Unterschiede in der Berichterstattung (etwa im Sintflutbericht oder in der neutestamentlichen Verkündigung über die Versuchung Jesu, die Abendmahlsworte, die Ölbergszene usw.) aufgezeigt.

Die Bibel, die man landläufig als einen in sich geschlossenen Block betrachtete, erwies sich als ein höchst kompliziertes literarisches Kunstwerk, in dem vielerlei Schichten und Akzentuierungen sich entdecken lassen. Alle diese Einsichten haben die göttliche Autorität der Bibel in Frage gestellt. Hat man, so wurde nicht selten gefragt, aus einem menschlichen Werk, das kulturhistorisch überaus interessant ist und das jeder Mensch durchaus kennen sollte, ein göttliches Werk gemacht und in unberechtigter Weise von der göttlichen Autorschaft gesprochen, wo in Wirklichkeit nur Menschen am Werke waren?

Geschichtliche Entstehung der Bibel

Das Sprechen Gottes kann vom Menschen, der ein geschichtliches Wesen ist, nur in jener Form gehört werden, die seiner geschichtlichen, leiblichseelischen Natur entspricht. Das Menschsein gibt die Möglichkeit, aber auch Grenze dieses Hörens an. Allein schon das innere, geistige Hören des sprechenden Gottes ist nur dann möglich, wenn Gott sich an jene besondere Empfangsmöglichkeit anpaßt, die mit der Erschaffung des Menschen, vor allem mit seiner Sprachfähigkeit gegeben ist. Die Selbstmitteilung Gottes ist daher stets Entäußerung und zugleich Anpassung Gottes an jene Schöpfungs- und Erlösungsordnung, die er selbst so und nicht anders verfügt hat.

Gott kann vom Menschen nur so gehört und verstanden werden, wie der Mensch von Gott dazu befähigt und ausgerüstet worden ist. Der Ansatzpunkt, der die entscheidende Voraussetzung für das richtige Hören des sprechenden Gottes ist, muß in der gottebenbildlichen Natur des Menschen gesehen werden. Die Gottebenbildlichkeit des Menschen (»Lasset uns Menschen machen als unser Ebenbild, und uns ähnlich!« Gen 1,26) ist nicht nur das immerwährende Erinnerungszeichen an den Schöpfergott. Dieses allen Menschen eingeprägte Autogramm Gottes ist auch das bleibende Organ der Dialog- und Kontaktfähigkeit des Menschen mit Gott.

In der gottebenbildlichen Natur des Menschen hat bereits Gott eine Vergeschichtlichung erfahren, die eine innere Fortsetzung und Vertiefung findet in dem umfassenden und vielschichtigen Ereignis, das wir die Offenbarung Gottes nennen. Dieser Prozeß der Vergeschichtlichung (ohne daß Gott aufhört, jenseitiger, unfaßbarer und unnennbarer Gott zu sein, der in unzugänglichem Lichte wohnt!) ist ebenso Ereignis der Schöpfung wie Ereignis der Wortwerdung, Ereignis der Menschwerdung, Ereignis der Kirchwerdung und der Schriftwerdung Gottes. »Und das Wort ist Fleisch geworden und hat unter uns gewohnt« (Joh 1,14).

Die vielfache Inkarnation

Mit dem Heilsereignis der Schöpfung beginnt eine Weg- und Lebensgemeinschaft, die ihre Vollendung und Verewigung erfährt im »neuen Himmel und in der neuen Erde«. Gott und Mensch, dieser als die antwortfähige Spitze der Schöpfung, bleiben im immerwährenden Gespräch. Gottes ewige Weisheit muß sich dabei immerfort anpassen und herabbegeben in die Armseligkeit und Unzulänglichkeit des menschlichen Fassungs- und Sprachvermögens. Gott überspringt nicht die geistige und religiöse Entwicklung eines Menschen. Gott gibt sich zufrieden mit der geistigen Höhe eines Abraham. Was aber Abraham an Gotteserfahrung besaß, war offen und entfaltungsfähig für jene Erkenntnisse, die auf einer späteren Entwicklungsstufe etwa einem Mose, oder dem Propheten Jesaja von Gott zugewachsen sind. Wenn sich Gottes Wort in die Krippe einer noch stammelnden, aber entwicklungsfähigen Sprache legt, ist damit auch mitgegeben, daß diese stammelnde Formulierung fähig ist, Gottes Wort in rechter Weise wiederzugeben. Auch die höchstentwickelte Sprache des Menschen kann von Gottes Herrlichkeit nur bruchstückhaft reden.

Der jeweilige Mensch kann das Wort Gottes nur in jener Weise weitergeben oder niederschreiben, die ihm auf Grund einer ganz bestimmten Kultur- und Geistesepoche möglich ist. Es ist dabei gar nicht sicher, daß spätere Epochen das Wort Gottes tiefer wiedergeben als frühere. Der Fleischwerdung des Wortes Gottes in Jesus Christus sind viele Versuche der Wortwerdung Gottes vorangegangen.

Wenn Gottes Wort eintritt in die Geschichte und somit für den Menschen greifbar, hörbar und erreichbar wird, dann ist dies nur möglich im Gewand menschlicher Sprache und unvollkommener menschlicher Begriffe. Das Geheimnis der Fleischwerdung (Inkarnation) des Gottessohnes ist nichts anderes als das stärkste und handgreiflichste Zeichen der Einkörperung Gottes in Zeit und Raum: Gottes Herrlichkeit in der Gestalt menschlicher Armseligkeit, Gottes Wort in der Schale und Verpackung revidierbarer menschlicher Worte.

Ein Urheber oder zwei Autoren der Heiligen Schrift?

Aus dem Dargelegten ergibt sich, daß die Bibel ausschließlich auf Gottes gnadenhaften Entschluß zurückgeht (es gäbe keine Bibel, wenn Gott nicht gesprochen hätte!), daß aber die Bibel als geschichtlich-literarisches Dokument von Menschen niedergeschrieben worden ist. Der von Gott auserwählte menschliche Schriftsteller (der vielleicht gar nichts von seiner Berufung wußte) ist alles andere als eine seelenlose »Schreibmaschine des Heiligen Geistes«. Der biblische Schriftsteller ist und bleibt Mensch mit seinen sprachlichen Eigenheiten und auch Unzulänglichkeiten, seinem Weltbild und seinen zeitbedingten und umweltgebundenen Literaturformen. Gerade im Prozeß der Schriftwerdung des Gotteswortes respektiert Gott die Freiheit des Menschen. Der geheimnisvolle Vorgang, den man mit dem Wort »göttliche Inspiration« umschreibt, läßt sich nicht in seine göttliche und menschliche Schicht zerlegen. Es ist ein Zusammenwirken, das in ähnlicher und doch ganz anderer Weise im Muttergeheimnis Marias wie im Geheimnis des Zusammenwirkens von göttlicher Gnade und menschlicher Freiheit aufleuchtet. Gottes Interesse zielt lediglich darauf hin, daß die biblischen Schriftsteller »alles das, aber auch nur das, was er sie hieß, richtig im Geiste auffaßten, getreu niederschreiben wollten und auch passend in unfehlbarer Wahrheit ausdrückten«, wie Papst Leo XIII. in seiner Enzyklika »Providentissmus Deus« (1893) schrieb.

Weil Gottes Wort nicht der Vermittlung menschlich-irdischen Wissens dient, sondern um des Heiles willen niedergeschrieben wurde, kann es sich Gott geradezu leisten, seine Heilswahrheiten auch in solche Formulierungen einkörpern zu lassen, die einem heute überholten Welt- und Menschenverständnis angehören. Gottes Wahrheit bleibt, auch wenn Weltbild und Literaturformen sich ändern. Des Christen Glaube hängt weder am Weltbild der Bibel, noch an der literarischen Verpackung. Er steht unter dem immer gültigen, göttlichen Wort, das »Mitte der Schrift« bleibt im Wandel der Zeiten und der Weltbilder.

Gott und Mensch wirkten bei der Schriftwerdung des göttlichen Wortes zusammen. Diese Wahrheit hat auch das 2. Vatikanische Konzil in seiner dogmatischen Konstitution »Über die göttliche Offenbarung« (vom 18. November 1965) nochmals ausdrücklich verkündet: »Zur Abfassung der Heiligen Bücher hat Gott Menschen erwählt, die ihm durch den Gebrauch ihrer eigenen Fähigkeiten und Kräfte dazu dienen sollten, all das und nur das, was er – in ihnen und durch sie wirksam – geschrieben haben wollte, als echte Verfasser schriftlich zu überliefern.

Da also alles, was die inspirierten Verfasser oder Hagiographen aussagen, als vom Heiligen Geist ausgesagt zu gelten hat, ist von den Büchern der Schrift zu bekennen, daß sie sicher, getreu und ohne Irrtum die Wahrheit lehren, die Gott um unseres Heiles willen in heiligen Schriften aufgezeichnet haben wollte« (Art. 11).

Die Schriften des Alten Testamentes

Das Alte Testament ist – in seinem schriftlichen Entstehungsprozeß – in einem Zeitraum von über 1000 Jahren entstanden. Zur Zeit Jesu von Nazaret war es in seinem endgültigen Umfang noch nicht fixiert. Erst auf der jüdischen Synode von Jamnia (um 90 n. Chr.) kam es zum Abschluß der jüdisch-alttestamentlichen Kanonbildung. Mit dem Neuen Testament ist das Alte Testament Buch der Kirche. Die christliche Kirche hat jedoch die Beschlüsse der jüdischen Synode von Jamnia nicht einfach übernommen. Die gesamte Bewegung der Schriftwerdung, die im Alten Testament begonnen hat und im Neuen Bund zur Vollendung gekommen ist, wurde von der christlichen Kirche als *ihre* Geschichte erkannt, wie sie es auch in der Dogmatischen Konstitution über die göttliche Offenbarung (vom 18. November 1965) ausgesprochen hat: »Gott, der die Bücher beider Bünde inspiriert hat und ihr Urheber ist, wollte in Weisheit, daß der Neue im Alten verborgen und der Alte im Neuen erschlossen sei« (Art. 16).

Der Kanon des Alten Testaments liegt in zwei Fassungen vor:

- *der jüdisch-palästinensische Kanon* (der das sog. protokanonische Schrifttum umfaßt und von der evangelischen Kirche übernommen wurde) und

- *der jüdisch-hellenistische Kanon* (der neben den protokanonischen Schriften auch noch die sieben deuterokanonischen Bücher – Baruch, Tobias, Judit, 1. und 2. Makkabäerbuch, Jesus Sirach und das Buch der Weisheit – enthält und von der katholischen Kirche übernommen wurde).

Der jüdische Kanon unterscheidet drei Schriftgruppen:

das Gesetz (thorá),
die Propheten (nebiím – wobei unterschieden wird zwischen früheren und späteren Propheten),
die Schriften (ketubím).

Folgende Einzelschriften gehören nach dem jüdisch-palästinensischen Kanon zum Alten Testament:

Das Gesetz (thorá):

Genesis (1 Mose)	Gen
Exodus (2 Mose)	Ex
Leviticus (3 Mose)	Lev
Numeri (4 Mose)	Num
Deuteronomium (5 Mose)	Dtn

Die Propheten (nebiím):
(die früheren Propheten)

Josua	Jos
Richter	Ri
1 Samuel	1 Sam
2 Samuel	2 Sam
1 Könige	1 Kön
2 Könige	2 Kön

(die späteren Propheten)

Jesaja	Jes
Jeremia	Jer
Ezechiel	Ez
Hosea	Hos
Joel	Joel
Amos	Am
Obadja	Obd
Jonas	Jon
Micha	Mich
Nahum	Nah
Habakuk	Hab
Zefanja	Zef
Haggaj	Hag
Sacharja	Sach
Maleachi	Mal

Die Schriften (ketubím):

Psalmen	Ps
Ijob	Ijob
Sprüche	Spr
Rut	Rut
Hoheslied	Hld
Kohélet	Koh
Klagelieder	Klgl
Ester	Est
Daniel	Dan
Esra	Esr
Nehemia	Neh
1 Chronik	1 Chr
2 Chronik	2 Chr

Aus dem jüdisch-hellenistischen Kanon kommen noch folgende (deuterokanonische) Bücher hinzu:

Judit	Jdt
Buch der Weisheit	Weish
Tobias	Tob
Jesus Sirach	Sir
Baruch	Bar
1. Makkabäerbuch	1 Makk
2. Makkabäerbuch	2 Makk

Außerdem sind dem Alten Testament noch kleine Zusätze zu Est, Dan und 2 Chr zuzurechnen, die wohl in der griechischen Septuaginta, jedoch nicht im hebräischen Originaltext enthalten sind.

Die Schriften des Neuen Testamentes

Das Neue Testament enthält 27 Bücher. Hinsichtlich der überlieferten Verfassernamen und Entstehungszeiten der einzelnen neutestamentlichen (wie auch der alttestamentlichen) Schriften gibt es in der gegenwärtigen Exegese Neusichten, die jedoch nicht schon allgemeine Anerkennung aller kompetenten Fachleute erhalten haben. Die kirchlichen Entscheidungen sprechen nur von der Zugehörigkeit der aufgezählten Bücher mit allen ihren Teilen zum Kanon, überlassen aber historische oder literarische Fragen z.B. der Verfasserschaft der Forschung der Exegeten und Historiker.

Das Neue Testament bietet in folgender Reihenfolge die einzelnen Schriften:

Evangelien:	
Mattäus-Evangelium	Mt
Markus-Evangelium	Mk
Lukas-Evangelium	Lk
Johannes-Evangelium	Joh
Apostelgeschichte:	
Apostelgeschichte	Apg

Briefliteratur:

Römerbrief	Röm
1. Korintherbrief	1 Kor
2. Korintherbrief	2 Kor
Galaterbrief	Gal
Epheserbrief	Eph
Philipperbrief	Phil
Kolosserbrief	Kol
1. Thessalonicherbrief	1 Thess
2. Thessalonicherbrief	2 Thess
1. Timotheusbrief	1 Tim
2. Timotheusbrief	2 Tim
Titusbrief	Tit
Philemonbrief	Phlm
Hebräerbrief	Hebr
Jakobusbrief	Jak
1. Petrusbrief	1 Petr
2. Petrusbrief	2 Petr
1. Johannesbrief	1 Joh
2. Johannesbrief	2 Joh
3. Johannesbrief	3 Joh
Judasbrief	Jud

Apokalypse:

Geheime Offenbarung des Johannes	Offb

»Wir werden in der Bibel«, so schrieb Karl Barth, »immer gerade soviel finden als wir suchen: Großes und Göttliches, wenn wir Großes und Göttliches suchen; Wichtiges und Historisches, wenn wir Wichtiges und Historisches suchen; überhaupt nichts, wenn wir überhaupt nichts suchen. Die Hungrigen werden in ihr satt, und den Satten ist sie verleidet, bevor sie sie aufgeschlagen haben. In der Bibel steht eine neue Welt, die Welt Gottes!« Was die rechte Lesung der Heiligen Schrift für christliches Glauben und Leben bedeutet, hat Martin Luther knapp und einprägsam formuliert:

»Wie einer lieset in der Bibel,
so steht an seinem Haus der Giebel«.

3.

GLAUBE UND KIRCHE

Ich würde selbst dem Evangelium nicht glauben, wenn nicht die Autorität der Kirche mich dazu bewegte.

Aurelius Augustinus

Das Glaubensgut der Christenheit wurzelt in der Offenbarung Gottes, die im Wort der Heiligen Schrift »Fleisch geworden ist« und damit als Wirklichkeit der Geschichte den Menschen »in An-Spruch nimmt«. Die Antwort des Menschen auf das Angebot der göttlichen Wahrheit hat in der Heiligen Schrift des Alten wie des Neuen Testamentes ihren Niederschlag nicht in abstrakten Formeln gefunden, sondern in der Gestalt des Bekenntnisses, der Rühmung und der Preisung – als Dank, Liturgie und Doxologie. Nicht die Sprache der theologischen Begrifflichkeit, sondern die Sprache der Anbetung und der Huldigung ist die ursprünglichste und zugleich auch die angemessenste Form der menschlichen Antwort auf das Heilswort Gottes.

Die biblische Verkündigung vollzieht sich in der Form des Bekenntnisses, wie das Neue Testament an vielen Stellen bezeugt: 1 Kor 8,6; 12,3; 15, 3–7; Röm 1,3 f; 16,9; Phil 2,6–11; 1 Petr 3,18; 1 Tim 3,16; Lk 24,34; Apg 8,37; 1 Joh 2,22; 4,2; 4,15; Hebr 4,14 u.a.

Man kann daher mit Recht sagen, daß das Glaubensgut der Kirche herausgewachsen ist aus der Bekenntnistradition des Neuen Testamentes.

Warum genügt nicht die Bibel?

In unserer Zeit wird gelegentlich die Frage aufgeworfen, warum sich der christliche Glaube nicht mit den Aussagen der Bibel allein begnüge, sondern sich auch an den Lehräußerungen der Kirche zu orientieren habe. Warum, so wird weiter gefragt, wird in den Dialog zwischen Jesus Christus, in dem das Gotteswort sein Ja und Amen (2 Kor 1,19–20) erfahren hat, und dem Erlösten auch noch das Lehramt der Kirche einbezogen? Stört nicht eher die Kirche diesen Dialog zwischen Gott und dem Menschen als daß sie ihn fördert?

Dazu ist zu sagen: Die Bibel selbst ist Buch der Kirche. Sowohl ihr Umfang wie auch ihre Auslegung sind Entscheidungen der Kirche. Das Verhältnis Bibel–Kirche ist nur dann recht gesehen, wenn die dienende Funktion der Kirche und die kirchenkritische Funktion der Bibel aufeinander zugeordnet werden. »Das Lehramt ist nicht über dem Wort, sondern dient ihm«, hat das 2. Vatikanische Konzil in seiner Dogmatischen Konstitution über die göttliche Offenbarung (vom 18. November 1965, Art. 10) betont. Kirche und wissenschaftliche Theologie haben der Bibel zu dienen, indem sie alles tun, um das Wort Gottes vor Verkürzungen und Verzerrungen zu bewahren, und indem sie ferner alle Kräfte des Verstandes und des Gebetes einsetzen, um immer tiefer in Gottes Wort einzudringen und das Wort Gottes zur kirchenkritischen Instanz und zum existentiellen Anstoß der immerwährenden Umkehr zu machen. Darüber hinaus ist zu bedenken: Die Offenbarung Gottes ist alles andere als ein geschichtlich abgeschlossenes Ereignis. Jesus Christus selbst hat auf das zukünftige Wirken des Geistes der Wahrheit (Joh 16,12–13) in der Gemeinschaft seiner Getreuen hingewiesen.

Mit Nachdruck hat das 2. Vatikanische Konzil in seiner Dogmatischen Konstitution über die göttliche Offenbarung (vom 18. November 1965) gerade auf dieses unaufhörliche Gespräch im Raum der Geschichte aufmerksam gemacht: »Was Gott zum Heil aller Völker geoffenbart hatte, das sollte – so hat er in Güte verfügt – für alle Zeiten unversehrt erhalten bleiben und allen Geschlechtern weitergegeben werden . . . Diese apostolische Überlieferung kennt in der Kirche unter dem Beistand des Heiligen Geistes einen Fortschritt: es wächst das Verständnis der überlieferten Dinge und Worte durch das Nachsinnen und Studium der Gläubigen, die sie in ihrem Herzen erwägen (vgl. Lk 2,19.51), durch innere Einsicht, die aus geistlicher Erfahrung stammt, durch die Verkündigung derer, die mit der Nachfolge im Bischofsamt das sichere Charisma der Wahrheit empfangen haben; denn die Kirche strebt im Gang der Jahrhunderte ständig der Fülle der göttlichen Wahrheit entgegen, bis an ihr sich Gottes Worte erfüllen . . . So ist Gott, der einst gesprochen hat, ohne Unterlaß im Gespräch mit der Braut seines geliebten Sohnes, und der Heilige Geist, durch den die lebendige Stimme des Evangeliums in der Kirche und durch sie in der Welt widerhallt, führt die Gläubigen in alle Wahrheit ein und läßt das Wort Christi in Überfülle unter ihnen wohnen« (Art. 8).

Glaubensaussage und Geschichte

Da Gottes Wort in die Geschichte hereingesprochen wurde, nimmt es ebenso teil an der Größe und Unzulänglichkeit des menschlichen Denkens wie an der Gebrochenheit und an der »Knechtsgestalt« (Phil 2,7) jeder geschichtlichen Verwirklichung. »Die Wahrheit ist ein Weg, und Glauben heißt sich auf den Weg machen im Vertrauen, daß sich die Wahrheit als das herausstellt, was sie verspricht . . . Zur Wahrheit im Sinn der Schrift gehört also das Moment des Unterwegsseins wesentlich hinzu« (Walter Kasper). Weil in Jesus Christus alle Verheißungen Gottes ihr Ja und Amen erhalten haben (2 Kor 1,20), besitzt das in die Geschichte gesprochene Gotteswort seine Endgültigkeit und seine Unwiderruflichkeit und damit auch seine Unfehlbarkeit. Weil aber Gottes Wort sich im Medium des menschlichen Verstehens, Sprechens und Ausdeutens bricht, nimmt es teil an der Vorläufigkeit und Überholbarkeit, d.h. es kann in einer späteren geschichtlichen Epoche tiefer verstanden und »das immer schon Gesagte und Geglaubte« kann auch durch neue Formulierungen oder durch neue (etwa dem fernöstlichen Denken entstammende) Denkformen ausgesprochen, schärfer unterschieden und in der ganzen Wahrheit und Wirklichkeit des Glaubens tiefer verankert werden.

Von dem Glaubensweg der Kirche durch die Geschichte gilt, was Hugo von Hofmannsthal über die innere Entwicklung des Menschen geschrieben hat: »Reifer werden heißt – schärfer trennen, inniger verbinden«.

Der geschichtliche Weg des Glaubenswachstums und damit auch der rechtverstandenen Dogmenentwicklung vollzieht sich im Verstehenshorizont und in der Überlieferungsgeschichte der Kirche, der der Herr Jesus Christus den Beistand des Heiligen Geistes als Weggeleiters in alle Heilswahrheit verheißen hat (Joh 16,3). Ebenso wie Abraham und Mose muß die neutestamentliche Glaubensgemeinschaft den Mut zum Exodus haben, d.h. die Bereitschaft zum Auswandern und zum Loslassen festgefahrener und vielleicht sogar hinderlicher Formulierungen und Traditionen, und gleichzeitig den Mut, ein neues Land zu betreten, d.h. das gottgeschenkte Glaubensgut unverkürzt und unverzerrt in neue, die Menschen einer veränderten Zeit besser und existentieller ansprechende Fassungen zu gießen.

Daß auch auftretende Irrlehren zu einer Profilierung der kirchlichen Glaubensaussage geradezu provozieren (und dadurch auch eine zeitweilige Akzentverschiebung im Glauben und in der Frömmigkeit vieler Christen bewirken können!), bestätigt die Geschichte der Kirche.

Es wäre aber eine dogmatische Lehräußerung der Kirche mißverstanden, wollte man in ihr eine endgültige, nie mehr revidierbare Formulierung erblicken. Sowohl der zur größeren Wahrheit hindrängende Impuls des Heiligen Geistes wie auch die Unruhe und Wahrheitssehnsucht des menschlichen Geistes wären mißachtet, würde ein Dogma als Zementierung einer Glaubenswahrheit aufgefaßt. »Die theologische und lehramtliche Bemühung um eine von Gott geoffenbarte Wirklichkeit und Wahrheit endet immer in einer exakten Formulierung. Das ist natürlich und notwendig. Denn nur dadurch ist eine Abgrenzung gegen den Irrtum und gegen das Mißverständnis der göttlichen Wahrheit zu erreichen, daß diese Grenzlinie in der Praxis des religiösen Alltags beachtet wird. Ist so die Formel ein Ende, . . . so hängt doch auch alles . . . davon ab, daß das Ende auch ein Anfang sei . . . Die klarste und deutlichste Formulierung, die geheiligste Formel, die klassische Verdichtung der Jahrhunderte währenden Arbeit der betenden, denkenden und kämpfenden Kirche um die Mysterien Gottes lebt also gerade davon, daß sie Anfang und nicht Ende, Medium und nicht Ziel, eine Wahrheit ist, die frei macht für die – immer größere – Wahrheit« (Karl Rahner).

Die Konzilien im Glaubensleben der Kirche

Wichtigste Marksteine im Erkenntnisleben der Kirche sind die Konzilien. Von besonderer Bedeutung sind die allgemeinen, ökumenischen Konzilien, die eine Gesamtvertretung der Kirche darstellen und der Aussprache, Beratung und Entscheidung kirchlicher Angelegenheiten dienen. Die Konzilien sind fast immer in außerordentlichen Krisenzeiten des Glaubens einberufen worden. Für die Abwehr von Irrlehren einerseits wie für die dogmatische Formulierung anderseits verzichtet der Heilige Geist nicht auf die Mitarbeit des menschlichen Verstandes. Der Theologe kann zwar niemals das Lehramt der Kirche ersetzen; er kann jedoch das Lehramt mit seiner kritischen und klärenden Arbeit beraten und unterstützen. Die Gnade verzichtet nicht auf die menschliche Vernunft, sondern setzt sie voraus und vollendet sie. Die Fleischwerdung der Gotteswahrheit in menschlichen Begriffen und Einzelaussagen ist in ihrer geschichtlichen Anbahnung und Reifung ein äußerst komplizierter, auf weite Strecken undurchschaubarer und geheimnisvoller Vorgang.

Die Konzilien befinden sich vielfach in Abwehrstellungen zu Irrlehren. Daraus sind die Formeln zu erklären: »Wenn jemand sagt . . . der sei ausgeschlossen«, was bedeutet: Es ist nicht erlaubt, folgendes zu behaupten, bzw. eine solche Aussage widerspricht dem Glaubenssinn der Kirche. Solche Verurteilungen sind bewußt negativ gehalten, um die Zugänge zu Ergänzungen offenzulassen und um damit die volle und unverkürzte Daseinsweise der Wahrheit zu respektieren. Beachtenswert ist ferner, daß nicht jedesmal eine Glaubenswahrheit in ihrer ganzen Fülle und organischen Verflechtung dargelegt wird; es wird vielfach nur jener Gesichtspunkt herausgestellt, der angegriffen wurde. Beschlüsse und Entscheidungen eines allgemeinen Konzils in Sachen des Glaubens und der Sitte sind nur dann unfehlbar und unwiderruflich, wenn und soweit der Papst sie bestätigt.

Um das häufig falsch verstandene Thema der Unfehlbarkeit zu klären, sei bereits jetzt auf die inneren Zusammenhänge hingewiesen. Die Unfehlbarkeit ist zunächst Unfehlbarkeit der Kirche, des ganzen Volkes Gottes, dem der Herr seine Gegenwart und den Beistand des Heiligen Geistes zugesichert hat. Das ganze Volk Gottes weiß sich verbunden mit seinen Bischöfen (Bischofskollegium), die von Christus bestellt und bevollmächtigt sind, seine Wahrheit zu verkünden und auszulegen.

Das Bischofskollegium, in dem dem Papst die Aufgabe und Sendung des Petrusamtes zukommt, repräsentiert den Glauben der gesamten Kirche. Wenn daher der Papst eine unfehlbare Entscheidung fällt, hat mit ihm das Bischofskollegium und das ganze Volk Gottes gesprochen und sein gläubiges Bekenntnis zum Ausdruck gebracht. Der Papst ist jedoch nicht nur Sprecher und Ausführungsorgan des Bischofskollegiums. Er spricht gewiß nicht ohne den Konsens des Bischofskollegiums, aber der ausdrückliche Konsens ist nicht die Bedingung seines Sprechens.

Die Kirchengeschichte zählt 21 allgemeine Konzilien. Die ersten acht wurden im Vorderen Orient, die übrigen dreizehn im Abendland abgehalten.

Jahr	*Tagungsort*	*Papst*
325	(1.) Nicäa	Sylvester I.
381	(1.) Konstantinopel	Damasus I.
431	Ephesus	Cölestin I.
451	Chalkedon	Leo I.
553	(2.) Konstantinopel	Vigilius
680/81	(3.) Konstantinopel	Agatho

787	(2.) Nicäa	Hadrian I.
869/70	(4.) Konstantinopel	Hadrian II.
1123	(1.) Lateran-Rom	Kallistus II.
1139	(2.) Lateran-Rom	Innozenz II.
1179	(3.) Lateran-Rom	Alexander III.
1215	(4.) Lateran-Rom	Innozenz III.
1245	(1.) Lyon	Innozenz IV.
1274	(2.) Lyon	Gregor X.
1311/12	Vienne	Klemens V.
1414/18	Konstanz	Martin V.
(1431-)	(Basel-Ferrara)	
1438/45	Florenz	Eugen IV.
1512/17	(5.) Lateran-Rom	Julius II.
1545/63	Trient	Leo X.
		Paul III.
		Julius III.
		Pius IV.
1869/70	(1.) Vatikan-Rom (vertagt)	Pius IX.
1962/65	(2.) Vatikan-Rom	Johannes XXIII.
		Paul VI.

Überschaut man die Themen, die auf den allgemeinen Konzilien zur Diskussion standen und die zu Glaubensentscheidungen geführt haben, so fällt auf, daß die ersten acht Konzilien, die im Ausstrahlungsbereich von Konstantinopel tagten, sich mit theologisch-spekulativen, nämlich christologischen, trinitarischen und mariologischen Glaubensfragen befaßten. Auf den Tischen der abendländischen Konzilien jedoch lagen pastoral-praktische Themen, nämlich Fragen der Gnade und Rechtfertigung, der Sakramente und der Kirche, der Unfehlbarkeit und der Liturgie. Es scheint, daß sich in den unterschiedlichen Themenkatalogen der östlichen und westlich-abendländischen Konzilien auch die Geistesverfassung und die Interessengebiete jener Völker und Menschen niedergeschlagen haben, aus denen die Anfragen an das Konzil kamen oder deren Vertreter auf den Konzilien die Mehrheit bildeten. Man kann durchaus die Frage aufwerfen, welche theologischen Akzente und Denkformen auf allgemeinen Konzilien der Zukunft sich niederschlagen werden, wenn die Mehrheit der Konzilsväter nicht mehr aus dem Abendland kommen, sondern afro-asiatischen Völkern entstammen. Es ist durchaus möglich, daß Denkformen und Ausdrucksweisen des Fernen Ostens die bisherigen und auch die künftigen Glaubenswahrheiten zwar *anders,* aber vielleicht, ja hoffentlich, angemessener, umfassender und spiritueller vorlegen, als dies mit den Kategorien der abendländischen Philosophie und Theologie möglich gewesen ist.

Glaubensentscheidungen der Kirche und persönlicher Glaube

Es gibt heute eine weit verbreitete Verhaltenheit, ja eine offene Skepsis und Verdrossenheit gegenüber Institutionen. Auch die »Institution Kirche« ist von dieser skeptischen Welle nicht verschont geblieben. Der Mensch von heute wehrt sich gegen eine anonyme Vereinnahmung und Reglementierung und verteidigt gleichzeitig den immer kleiner werdenden Raum der Eigenständigkeit und der Freiheit seiner persönlichen Gewissens- und Lebensentscheidungen. Um in diesen und ähnlich gelagerten Fragen und Gewissenskonflikten zur Klarheit zu kommen, sind folgende Überlegungen zu bedenken:

- Wird Kirche nur als Behördenapparat gesehen? Wirkt hinter den durchaus gebrechlichen und revisionsbedürftigen Fassaden der konkreten Kirche gerade in ihren Glaubensentscheidungen der Geist der Wahrheit (Joh 16,13), der immer tiefer und umfassender in die Tiefe und Mitte der Wahrheit einführen will?

- Nicht minder wichtig ist die andere Frage, welche Verbindlichkeit der Entscheidung eines Bischofs, einer römischen Kongregation oder selbst des Papstes zukommt. »Es war und ist unbestritten, daß Verbindlichkeit etwas anderes meint als Unfehlbarkeit. Unfehlbare Lehraussagen sind zwar immer verbindlich, doch verbindliche Anordnungen brauchen weder unfehlbar zu sein noch muß ihnen ‚ewige' Geltung zukommen« (Johannes Neumann).

- Sehr ernsthaft ist der Verbindlichkeitsgrad von päpstlichen Lehrentscheidungen zu bedenken, wie er etwa einer Enzyklika an die ganze Kirche zukommt. Gewiß sind Enzykliken nicht unfehlbar, wohl aber glaubensverbindlich. Sie stellen von der Kirche vorgelegte Orientierungszeichen dar, die von der Glaubensentscheidung des Einzelchristen nicht einfach übergangen werden dürfen. Sie wollen aber das gläubige Denken keineswegs durch einen »Befehl von oben« dirigieren oder dispensieren, sondern im Gegenteil es durch Daten aus dem Bewertungs- und Deutungssystem der christlichen Vergangenheit und Gegenwart motivieren und gleichzeitig vor Verschüttungen und Verengungen des gläubigen Entscheidungsfeldes bewahren.

- Schließlich ist auch das Gewissen des Christen, seine psychologische Funktionsfähigkeit wie vor allem seine theologische Orientierung und Sachkompetenz zu untersuchen. Wer sich gegen eine Lehrentscheidung der Kirche auf sein Gewissen beruft, muß selbstkritisch prüfen, ob seine Einsichten und Entscheidungen frei von Vorurteilen sind und ob eine wissenschaftlich redliche und umfassende Auseinandersetzung mit dem Gesamttext einer kirchlichen Lehräußerung durchgeführt wurde.

- Es ist möglich, daß es im konkreten Fall einer kirchlichen Lehräußerung dem Einzelchristen nicht gelingen kann, in seinem persönlichen Glauben einen »formalen« Satz des unfehlbaren Lehramtes nachzuvollziehen. Man sollte sich aber auch bewußt sein, daß eine Entscheidung, die von kirchlichen Lehräußerungen abweicht, für die in der glaubensgeschichtlichen Zukunft erst liegende Wahrheitsfindung von unabsehbarer Bedeutung sein kann. Für die soziale Dimension des christlichen Glaubens ist beachtenswert, daß jede Gewissensentscheidung eine soziale Komponente hat und in einem überaus dichten, meist nicht durchschaubaren Netz verflochten ist, in dem die Auffassungen und Entscheidungen auch anderer Menschen mitgetragen und mitgetröstet oder auch belastet und zerstört werden.

Wenn auch nur in groben Umrissen die Konfliktsituation zwischen kirchlicher Lehräußerung und persönlicher Gewissensentscheidung angedeutet werden konnte, so dürfte doch einsichtig geworden sein, daß dort, wo ein Ja zum zentralen Inhalt des christlichen Glaubens gesagt wird und die grundsätzliche Bereitschaft besteht, sich in und mit der Kirche tiefer und umfassender vom Geist der Wahrheit in die Gotteswahrheit hineinführen zu lassen, der Christ – wenn auch mit angefochtenem Herzen – in der Kirche als Gemeinschaft der Glaubenden lebt und glaubt. »Ein Mensch bleibt so lange ein Christ, . . . solange er das fundamentale Ja des Vertrauens zu geben versucht, selbst wenn er viele Einzelheiten nicht einzuordnen vermag. Es wird Augenblicke im Leben geben, wo in vielerlei Dunkel der Glaube sich zusammenzieht auf das einfache Ja: Ich glaube Dir, Jesus von Nazaret; ich traue darauf, daß in Dir sich jener göttliche Sinn gezeigt hat, von dem her ich getrost und gelassen, geduldig und mutig mein Leben bestehen kann. Solange diese Mitte gesetzt ist, steht der Mensch im Glauben, auch wenn ihm noch so viele von dessen Einzelaussagen für den Augenblick unvollziehbar sind« (Joseph Ratzinger, Glaube und Zukunft. München 1970, 34 f.).

4.

DOGMEN

Das Dogma hat nicht die Funktion, das Evangelium zu ersetzen, sondern es verstehen zu helfen; und so muß es auf Jesus hin und von ihm verstanden . . . werden.

Bernhard Welte

Das religiöse Leben unserer Zeit ist gekennzeichnet durch eine Neubegegnung mit dem Worte Gottes in der Heiligen Schrift. Es kann aber nicht verschwiegen werden, daß sich gleichzeitig eine Desinteressiertheit gegenüber Glaubenssätzen und Katechismusformeln eingestellt hat. Die Welt der Dogmen wird als überflüssig, bisweilen sogar als hinderlich für den Glauben des heutigen Christen angesehen. Sind die Dogmen aber wirklich nur Nomenklatur und Makulatur eines vergangenen Glaubens, über die sich der Staub der Geschichte gelegt hat?

Es mag überraschen, wenn ausgerechnet die Verfasserin von Detektivromanen (z.B. »Glocken in der Neujahrsnacht«), Dorothy Sayers (1893–1957), die Schwunglosigkeit des durchschnittlichen Christen gerade in seiner Fremdheit gegenüber dem Dogma der Kirche begründet sieht. »Die offizielle kirchliche Verkündigung hat seit einiger Zeit ‚eine schlechte Presse'. Man versichert uns dauernd, die Kirchen seien darum so leer, weil die Prediger zuviel Gewicht auf die Lehre legten: Auf das ‚langweilige Dogma', wie man zu sagen pflegt. Man lasse mich einmal sagen, daß genau das Gegenteil wahr ist; es ist die Vernachlässigung des Dogmas, die die Predigten so langweilig macht. Der christliche Glaube ist das aufregendste Drama, das der menschlichen Einbildungskraft je geboten wurde. Wenn wir das in den Glaubensbekenntnissen der Kirche klar bezeugte Dogma langweilig finden, dann haben wir diese erstaunlichen Schriftstücke entweder nie wirklich gelesen oder aber so oft gedankenlos rezitiert, daß wir alle Empfindungen für ihren Sinn verloren haben«. (Hingewiesen sei auf meine Veröffentlichung: Urkundenbuch des katholischen Glaubens. Regensburg 1969, in dem die wichtigsten Dogmen zusammengefaßt sind.)

Was ist ein Dogma?

Das Wort »Dogma« entstammt der griechischen Sprache. Es bezeichnet im philosophischen Bereich einen Lehrsatz, der allen als wahr unmittelbar einleuchtet. Im juristischen Bereich verstand man darunter eine Verordnung, Forderung bzw. disziplinäre Vorschrift einer rechtmäßigen Obrigkeit (vgl. dazu Lk 2,1; Apg 17,1; Hebr 11,23).

Im christlichen Raum versteht man unter einem Dogma eine von Gott geoffenbarte, in der Schrift und/oder in der mündlichen Überlieferung bezeugte und von der Kirche in unfehlbarer, für den ganzen Erdkreis verbindlicher Weise vorgelegte Glaubenswahrheit. Die meisten Dogmen sind in Epochen höchster Glaubensbedrohung verkündet worden. Durch Verfälschung oder Leugnung einzelner Glaubenswahrheiten wurde die Kirche geradezu provoziert, wie in Holzschnitt-Technik scharf und kantig die unverkürzte Glaubenswahrheit herauszustellen.

In einer für ihn typischen, aber gewiß auch epochal mitgeprägten Sprache hat Kardinal Michael von Faulhaber (1869–1952) von der Entscheidungskompetenz der Kirche gesagt: »Wenn der Staat das Münzrecht für sich in Anspruch nimmt und dem einzelnen Bürger wehrt, nach Belieben Banknoten zu drucken, muß auch der Kirche das Recht bleiben, die Werte, die im religiösen Leben in Umlauf kommen, vor ihre Münze zu fordern . . . Dogmen kommen nicht über Nacht vom Himmel geschneit. Dogmen werden durch jahrhundertelange Liturgie als Offenbarungsgut angemeldet«.

Die dogmatische Verkündigung ist gewiß wegen des Abgrenzungsanliegens und der Begriffssprache hart, rational und nur selten ein wirklicher Impuls für Meditation und Frömmigkeit. Sie will aber keineswegs die Glaubenswahrheit zur Ideologie machen. Sie will vielmehr jenen Raum offen halten und vor jeder Einengung sichern, in dem Rühmung und Preisung Gottes möglich sein können. Sicherlich ist die liturgische Sprache der Anbetung und der Huldigung die eigentliche, ursprünglichste und angemessenste Form der theologischen Aussage. Damit aber das liturgische Gotteslob möglich und inhaltlich wahr ist, ist die dogmatische Verkündigung erforderlich. Ideologieverdächtig wäre jedoch eine dogmatische Aussage, die nur noch »über« Gott redet und schreibt, aber nicht fähig und willens ist, »mit« Gott zu reden und »zu« Gott zu beten.

Die Sprachgestalt der Dogmen

Das Gotteswort ist in die Geschichte hereingesprochen worden. Es nimmt daher – in seiner sprachlichen Ausformulierung – teil an den Möglichkeiten und Vorläufigkeiten des menschlichen Denkens wie an der Situationsbedingtheit und »Knechtsgestalt« (Phil 2,7) jeder geschichtlichen Verwirklichung. Alle Verheißungen und Selbsterschließungen Gottes haben in Jesus Christus ihr Ja und Amen (2 Kor 1,20) erfahren. Die Unwiderruflichkeit dieses Gotteswortes bricht sich aber im Medium menschlichen Verstehens und Ausdeutens. Da der geschichtliche Weg der Kirche zunächst durch den hellenistischen und lateinischen Denkraum verlaufen ist, ist die Sprache der dogmatischen Verkündigung weithin durch den Prozeß der Hellenisierung und Latinisierung geprägt worden. In ihrer sprachlichen Gestalt sind Dogmen Wegstationen, die über sich hinausweisen und die durch andere Denkformen ersetzt und verbessert werden können.

Es stellt ein ernstes Problem für die wirkliche »Katholizität« der Kirche und ihres Glaubens dar, wollte man die Auffassung verfechten, die Glaubenswahrheit sei an eine einzige Sprachgestalt gebunden und die Preisgabe der sprachlichen Fassung sei Aufkündigung der Glaubenswahrheit. Wer sich die Misere auf dem gegenwärtigen Missionssektor vor Augen hält, muß einen Grund hierfür auch darin erblicken, daß man die Botschaft Gottes in europäischer Verpackung verkaufte.

Muß denn wirklich ein indischer Christ gleichsam erst die Beschneidung der abendländischen Philosophie über sich ergehen lassen, um die Trinitätslehre (Wesen, Person), die hypostatische Union oder die Transsubstantiationslehre »verstehen« zu können? »Damit Gott wieder gehört werden kann in der säkularen Stadt, muß die Gottesverkündigung vom Stuck einer überholten und verstaubten Nomenklatur befreit werden« (Harvey Cox). Wenn die Sprache der Verkündigung zur Barriere geworden ist, kann es in den Herzen der Menschen nicht zur Epiphanie Christi kommen. Nur allzu schnell kann nämlich die Meinung entstehen, daß mit einer »Formulierung von gestern« auch eine »Sache von gestern« ausgesprochen wird. Unserer Zeit ist die schwere Last aufgebürdet, die unverkürzte Gottesbotschaft weiterzugeben nicht in einem verstaubten Kostüm, sondern in jener ansprechenden und zupackenden Formulierung, die vom heutigen Menschen verstanden wird.

Es braucht nicht eigens darauf aufmerksam gemacht zu werden, daß christlicher Glaube sich nicht erschöpft in Lehrsätzen, die man für wahr hält. Jeder Glaubenssatz stellt gewiß eine innerkirchliche Sprachregelung dar; er ist aber in erster Linie Ausdruck des gläubigen Bekenntnisses der gesamten Kirche. Er will ein Dienst am Glauben des einzelnen Christen und nicht zuletzt ein Dienst an der Glaubenseinheit aller Christen sein, indem er dem Akt des Glaubens die rechte Richtung, die Fülle und Tiefe wie auch das Ziel aufzeigt. Der Glaube selbst ist aber etwas anderes als die Kenntnis dieser Lehrsätze. »An ein Dogma glauben ist eine schon in der Formulierung unzureichende theologische Aussage. Wir glauben nicht an Dogmen, sondern an Gott, an Jesus Christus, an den Hl. Geist . . . Der Glaubensakt zielt nicht auf einen Satz, sondern auf die in dem Satz gemeinte Sache . . . , die eben dadurch wahr ist, daß sie über sich hinausweist in das Geheimnis Gottes hinein« (Walter Kasper).

5.

ÄNDERT SICH UNSER GLAUBE?

Von allem Anfang an hat der Glaube aus der Kraft gelebt, sich zu verändern. Dadurch allein lebt er überhaupt bis heute. Wir hätten heute keinen Anlaß, von christlichem Glauben zu reden – es sei denn im Sinne eines sehr fernen musealen Relikts –, bestünde seine Geschichte nicht aus Veränderungen.

Gert Otto

Die Befürchtung, es vollziehe sich heute bisweilen still, bisweilen in spektakulären Fernsehauftritten eine »Demontage des Glaubens«, eine »Verwüstung der Theologie«, von der bereits der deutsche Philosoph Hegel (1770–1831) gesprochen hatte, bedrängt und quält heute manche Christen. Ein Wandel in der Exegese ist sicherlich nicht zu leugnen. Man sollte aber nicht meinen, dadurch sei nur eine Verunsicherung des Glaubens eingetreten. Im Gegenteil, nicht wenige exegetische Neusichten haben beglückende und freimachende Chancen des Glaubens eröffnet. So manches, was vor Jahrzehnten bzw. in der letzten Auflage in den offiziellen Katechismen noch stand, wird heute entweder ausgeklammert oder mit neuen Worten umschrieben, so daß die ursprüngliche Aussage verschleiert, verniedlicht oder heruntergespielt erscheint. Joseph Ratzinger hat auf solche Trends mit großem Ernst aufmerksam gemacht und sieht »eine bedenkliche Unredlichkeit darin, wenn Christentum mit solchen Interpretationskünsten als heute noch vertretbar aufrecht erhalten wird«.

Es hat sich leider eingebürgert, Christen in Kategorien einzuteilen – hier vorkonziliarer Christ, hier nachkonziliarer Christ, wobei sehr häufig das Stichwort »vorkonziliar« mit den Qualifikationen konservativ, heilsegoistisch, jenseitsorientiert, konfessionalistisch, unökumenisch usw. versehen wird. Mancher Christ kann angesichts der heute vorgelegten Thesen bzw. Antithesen des Glaubens zu der Meinung kommen, der Glaube der

Vergangenheit und der Glaube unserer Tage hätten sich erheblich auseinanderbewegt.

Das gestörte Erwartungsbild von der Kirche

Psychologisch betrachtet steht hinter der Frage: Ändert sich unser Glaube? zunächst eine Befürchtung: Die Kirche, Bollwerk und Säule des Glaubens, wird doch keine andere werden und sich stillschweigend von dem distanzieren, was sie im Religionsunterricht und in Predigten verkündet hat! Unterschwellig wird aber noch eine andere Anfrage erkennbar, die der gegenseitigen Treue. Die Haltung und Erwartung der Treue ist sehr häufig das Ergebnis der Angefochtenheit und Diasporasituation, in der sich gerade kirchentreue Christen im säkularisierten Alltag und Berufsleben vorfinden. Weil sie ihrer Kirche und ihrem Glauben trotz aller Anfechtungen und Verspottungen die ungebrochene Treue halten, erwarten sie von dieser ihrer Kirche, daß auch sie in ungekündigter Treue und Identität zu ihnen steht und sie nicht im Stich läßt.

Nicht wenige gerade der in täglichen Glaubensdiskussionen stehenden Christen werden von der Befürchtung gepeinigt, was sie selbst vertreten und wofür sie in harten Auseinandersetzungen kämpfen, werde von der offiziellen Kirche oder doch von anerkannten Theologen nicht mehr ernst genommen und sei als hinderlicher Ballast bereits über Bord geworfen. Sie berufen sich auf Worte des Neuen Testamentes, die in ähnlichen Krisenzeiten notwendig gewesen sind: »Bewahre das dir anvertraute kostbare Gut durch die Kraft des Heiligen Geistes, der in uns wohnt« (2 Tim 1,14; vgl. 2 Tim 4,1–5). Sie möchten der Kirche und den Vertretern der wissenschaftlichen Theologen das Wort des Apostels Paulus in Erinnerung bringen: »Wer von euch ein anderes Evangelium verkündigt, als wir euch verkündigt haben, der sei verflucht, auch wenn wir selbst oder ein Engel vom Himmel es wären. Was ich gesagt habe, das sage ich noch einmal: Wer euch ein anderes Evangelium verkündigt, als ihr angenommen habt, der sei verflucht« (Gal 1,8–9).

Ursachen der gegenwärtigen Verunsicherung

Es ist nicht zu leugnen, daß in theologischen Veröffentlichungen unserer Zeit Thesen vertreten werden, über die man in den bisherigen Katechismen und im Glaubensbewußtsein der Kirche anderes gelesen hatte. Nicht nur daß man die Heilige Schrift gegen die kirchliche Glaubensüberlieferung ausspielt, fällt heute auf. Man setzt mächtige Fragezeichen zur Präexistenz des Gottessohnes, zur geistgewirkten Empfängnis Jesu, zu den Wundern Christi, zu den Erscheinungen des auferstandenen Herrn, zur Existenz von Engeln wie von Teufeln. Dort, wo man früher im Erstkommunionunterricht gelernt hatte, daß man Jesus Christus empfange, ist die Formulierung zu finden, daß man »das heilige Brot« empfange. Bei der Erklärung der Eucharistiefeier wird fast ausschließlich auf die Tisch- und Mahlgemeinschaft mit Jesus Christus hingewiesen, während die Beziehung zum Kreuzestod fast völlig unterschlagen wird.

So mancher Christ (er braucht keineswegs ängstlich und eng sein!) stellt sich die Frage: Warum greifen die Bischöfe als verantwortliche Hüter des Glaubens nicht ein? Wollen sie einer Konfrontation mit schwierigen und wissenschaftlich beschlagenen Theologen in der Öffentlichkeit aus dem Wege gehen? Ist es vielleicht schon zu spät? Gibt es überhaupt eine Entscheidungsinstanz, die von den Vertretern der wissenschaftlichen Theologie ernst genommen wird oder befinden wir uns bereits in einem Stadium, in dem die Kirche zu einem unverbindlichen Diskussionsklub geworden ist?

Man muß es einem Mann wie Joseph Lortz, dem Altmeister der Kirchengeschichte und anerkannten Lutherforscher, abnehmen, wenn er feststellt: »So bedrohlich wie heute war die Lage in der Kirche noch nie. Das ist nicht nur eine Tatsachenbestimmung, sondern auch schon eine Bewertung . . . Die heutige Krise in der Kirche ist nach meiner Ansicht die bedrohlichste, die sie auf ihrem langen, beschwerlichen Weg durch die Zeiten erlebte«.

Aus dem Bündel von Ursachen sollen nur die wichtigsten genannt werden. Ohne Zweifel hat sich seit der Mitte des 19. Jahrhunderts im katholischen Bereich – neben einer Zentralisierung der kirchlichen Organisation – eine Uniformierung des Glaubens durchgesetzt. Ausgelöst wurde diese Entwicklung u.a. durch die Abwehrhaltung, ja Festungspsychose der Kirche gegenüber antireligiösen Zeitströmungen, durch die Impulse der thomistisch orientierten Neuscholastik und sicherlich auch durch die Auseinandersetzungen mit dem Modernismus. Seither hat sich in vielen katholischen Christen die Meinung festgesetzt, der Glaube sei gleichsam ein fest verschnürtes Paket, in dem die kirchlichen Dogmen und die Antworten der Katechismen klar, eindeutig und unveränderlich enthalten sind. Ihr Glaube war eine statische Größe, eine feste Burg, in die man sich immer wieder getrost zurückziehen konnte. Das einmal Gelernte war für viele das für immer Gelernte. Mag vieles in der Welt sich ändern, so wußte man, daß man sich auf den Glauben und seine Kirche verlassen könne.

Eine ähnliche Auffassung ist über die kirchliche Überlieferung anzutreffen. Was immer und überall geglaubt und in dogmatischen Lehräußerungen niedergelegt wurde, muß – so wird häufig vertreten – jetzt und in alle Zukunft beibehalten werden; kein Strich, kein Jota dürfe geändert werden. Sind aber wirklich christlicher Glaube und kirchliche Überlieferung erratische Blöcke, die gleich bleiben, gleich bleiben müssen? Gerade dieses statische Verständnis – oder richtiger gesagt – Mißverständnis des Glaubens und der kirchlichen Tradition scheint in vielen, kirchentreuen Christen lebendig geblieben zu sein. Mit leidenschaftlicher Redlichkeit klammern sie sich daran und geraten angesichts dessen, was Kirche und Theologie heute sagen, sehr häufig in die Dunkelheit und Schmerzlichkeit der Verunsicherung ihres Glaubens.

Versuch einer Antwort

Die Frage: Ändert sich unser Glaube? ist mehr als ein Schreibtischproblem. Es ist eine existentielle Frage ersten Ranges, von der ausgerechnet jene betroffen und gequält werden, die glauben wollen; denn der ungläubige und kirchenferne Mensch hat für diese Frage keine Antenne. Es geht dabei keineswegs um die vordergründige Frage: Wie modern darf die Theologie sein? Die Frage: Ändert sich unser Glaube? steht vielmehr in einem bisher kaum abgeschrittenen Horizont, der – was oft gar nicht gesehen wird – nicht nur Unruhe und Verunsicherung, sondern ganz neue Möglichkeiten des Glaubens, ganz neue Sichten der Kirche, ganz neue Beglückungen der Kirchentreue schenkt.

Glaube und Geschichte

Es gehört zu den zunächst verwirrenden, schließlich aber zu den faszinierenden und beglückenden Einsichten der gegenwärtigen Theologie, den Glauben im Feld und damit im Wandel der Geschichte zu sehen. Christlicher Glaube und auch kirchliche Tradition schweben nicht über der Geschichte. Sie erfahren in der Geschichte und mit der Geschichte eine ständige Sprachwerdung und Erneuerung. Die dogmatischen Äußerungen der Kirche tragen sowohl in der thematischen Akzentuierung wie in der sprachlichen Fassung die Zeichen und Wunden jenes Weges, den die Kirche als Glaubensgemeinschaft zu gehen und zu bestehen hatte.

So behutsam man mit der christlichen Überlieferung und ihren vertrauten Worten umgehen muß, ebenso sorgfältig ist in die Herzen der Menschen späterer Epochen hineinzuhorchen, ob die überlieferte Sprachgestalt die Glaubensaussage noch zur Betroffenheit werden läßt. Es wäre verhängnisvoll zu meinen, mit dem Inhalt des Glaubens müsse über alle Zeiten hinweg auch seine Sprachgestalt festgehalten werden. Gleichzeitig ist sehr wohl zu bedenken, daß mit jeder sprachlichen Neufassung neue Akzente und neue Nuancen verknüpft sind, die zu einer Verfremdung, zu einer Unterschlagung oder auch zu einer Überinterpretation einzelner Details der überlieferten Glaubenswahrheit führen können.

Gewiß ist »lebendige« Überlieferung nicht gleichbedeutend mit monotoner Repetition der tradierten Formen und Formeln. Sie ist vielmehr je neue Akzentuierung und Konkretisierung der Gotteswahrheit in die Sprechweise, in die Anfragen und in das Sorgenkapitel einer veränderten Epoche. Bereits im Neuen Testament ist diese dynamische Form der Überlieferung praktiziert worden. So hat – um nur ein einziges Beispiel zu nennen – der Evangelist Lukas die Vorlage des Markus-Evangeliums sicherlich gekannt und auch bei der Abfassung seines Evangeliums verwendet. Lukas hat aber das einzige Wort, das in der Markus-Passion der gekreuzigte Jesus spricht: »Mein Gott, mein Gott, warum hast du mich verlassen?« (Mk 15,34) in seiner Leidensgeschichte gestrichen und an dessen Stelle drei andere Worte dem Gekreuzigten in den Mund gelegt (Lk 23, 34. 43. 46). Hat der Evangelist dadurch die urchristliche Überlieferung gefälscht, manipuliert oder hat er im Blick auf seine heidenchristlichen Leser und unter Berücksichtigung des gereiften Christusverständnisses der apostolischen Spätzeit der Verkündigung nur jene Aktualisierung und Konkretisierung gegeben, die notwendig war?

Dort aber kann nicht mehr von lebendiger Überlieferung die Rede sein, wo Glaubenswahrheiten ausgeklammert werden, weil sie Menschen einer anderen Epoche nicht passen oder wo sie so geschickt trapiert und wattiert werden, daß sie unkenntlich geworden sind. Die Glaubensverkündigung kann auch dann Schaden leiden, wenn zwar keine handfesten Ketzereien vermittelt, wohl aber substantielle und unverzichtbare Wahrheiten jahre- und jahrzehntelang verschwiegen werden. Dann könnte tatsächlich jene Situation eintreten, daß der Glaube der älteren Generation und der Glaube der jüngeren Generation auf verschiedenen Sternen wohnen.

Bis hin zum Jüngsten Tag werden menschliche Wörter das ewige Wort suchen. Alle noch so scharf geschliffenen Begriffe und Formulierungen können und wollen nur Bojen sein, die in die Richtung der Wahrheit weisen. Nie und nimmer können sie die Gotteswahrheit restlos und endgültig in den Griff und Begriff bekommen. Christlicher Glaube, der im Wandel der Geschichte ebenso Treue wie Offenheit zu bewähren hat, ist einem ständigen Revisions- und Reifungsprozeß ausgesetzt, der im Zeichen schöpferischer Identität voranschreitet.

Der Geist der Wahrheit als Weggeleiter

Christlicher Glaube wird bruchstückhaft gesehen, sobald man nur die menschliche Seite sowie die Wahrheitssehnsucht und die Christustreue nennt. Die menschlich-geschichtliche Seite des Glaubens ist vergleichbar mit der Spitze eines Eisberges, dessen Größe und Mächtigkeit unter der Meeresoberfläche verborgen ist. Gerade die Einsichten in die Geschichtlichkeit und damit in die Vorläufigkeit und Überbietbarkeit des Glaubens, aber auch in die Irrtumsmöglichkeit des Menschen lassen nach einer letzten Stütze, nach einem Garanten der Wahrheit Ausschau halten.

Wenn Jesus Christus nicht den Heiligen Geist als Weggeleiter in alle Wahrheit verheißen hätte (Joh 16,13), müßte die ganze Christenheit inständig darum beten. Es ist nicht der Mensch, sondern Gottes Geist, der die Wahrheit schenkt, in die größere Wahrheit führt, mit der Wahrheit konfrontiert. Es ist der Heilige Geist, der die angenommene und verwirklichte Wahrheit (im Sinne des johanneischen Wortes »die Wahrheit tun«) zur Freude und Seligkeit werden läßt, die verweigerte und verfälschte Wahrheit zum Gericht. Der Geist der Wahrheit kann bisweilen so mächtig wirken, daß es ganzen Generationen den Atem verschlägt. Christlicher Glaube ist Zumutung und Herausforderung, ist der stammelnde Versuch des Einzelchristen und der Gemeinschaft aller Erlösten, auf Gottes Wort die angemessene Antwort zu geben.

Tröstlich ist das Wort, das Romano Guardini hinterlassen hat: »Wehe mir, wenn ich sage: ‚Ich glaube' und mich in diesem Glauben sicher fühle. Ich

‚bin' nicht Christ, sondern, wenn Gott es schenkt, auf dem Wege, es zu werden. Christ kann man nur sein, wenn ich mir der Gefahr bewußt bleibe, abzufallen. Nichts ist mir in der Weise der Sicherheit gegeben; alles nur in der Weise des Anfangens, des Unterwegsseins, des Werdens, des Vertrauens, der Hoffnung und der Bitte«.

6.

GLAUBENSKRISEN

Der gegenwärtige Mensch ist weithin nicht nur gottlos, rein tatsächlich oder auch entscheidungsmäßig, es geht die Gottlosigkeit viel tiefer. Der gegenwärtige Mensch ist in eine Verfassung des Lebens geraten, in der er Gott unfähig ist. Alle Bemühungen um den gegenwärtigen und kommenden Menschen müssen dahin gehen, ihn wieder gottesfähig und somit religionsfähig zu machen.

Alfred Delp

Von Adalbert Stifter (1805–1868) stammt das Wort: »Es gibt Dinge, die man fünfzig Jahre weiß, und im einundfünfzigsten Jahr erstaunt man über die Schwere und Furchtbarkeit ihres Inhaltes.« Es gibt Christen, die jahre- und jahrzehntelang problemlos glauben konnten. Plötzlich wird ihnen deutlich, daß ganz unmerklich das Fundament des Glaubens unter ihren Füßen brüchig geworden ist.

Man reibt sich plötzlich an Glaubenswahrheiten, die bisher keine Schwierigkeiten bereitet haben. Kann man sich überhaupt noch Christ nennen, wenn man von Glaubenskrisen geschüttelt und gerüttelt wird? Gehört man noch zur kirchlichen Glaubensgemeinschaft, wenn man mit dieser oder jener Glaubenswahrheit in offenem Konflikt steht?

Steht der wahre Glaube des »guten« Christen wirklich in einer Zone, in der Grübeln, Nachdenken und Zweifeln nicht einmal im schüchternen Ansatz vorhanden sind? Es muß schockieren, wenn noch im Katholischen Katechismus der Bistümer Deutschlands, der im Jahre 1955 erstmals erschien, auf Seite 123 zu lesen und zu lernen war: »Wer freiwillig über eine Glaubenswahrheit denkt: ‚Vielleicht ist das gar nicht wahr', hat einen Glaubenszweifel, er sündigt«.

Wer ehrlich in das Auf und Ab seines Glaubenslebens hineinhorcht, wird gestehen müssen, daß allzu oft der Glaube in einer unheimlichen Nähe des Unglaubens lebt, ja daß der Glaube durchwachsen und bedroht ist vom Unglauben. Es scheint so etwas wie eine existentielle Gleichzeitigkeit des Glaubens und des Unglaubens zu geben. Weiß derjenige, der heute noch unangefochten und freudig glaubt, ob er nicht morgen schon von Stürmen des Unglaubens bis in die tiefsten Wurzeln seiner Existenz geschüttelt wird? »Wer meint zu stehen, der gebe acht, daß er nicht fällt« (1 Kor 10,12).

Ursachen der Glaubensschwierigkeiten

Utopisch ist die Meinung, christlicher Glaube sei unangefochtene Seligkeit. Realistisch und zugleich tröstlich ist es, zu erfahren, daß der Glaube des Christen nie vor Schwierigkeiten und Problemen sicher ist. Der Glaube nimmt teil an der Geschichtlichkeit und damit an der Entwicklung des Menschen. Er trägt die Spuren, Wunden und Narben des menschlichen Lebens. Jeder Glaube besitzt daher ein individuelles Gepräge und trägt autobiographisch- epochale Züge.

Zur menschlichen Redlichkeit des Glaubens gehört es, sich den Wahrheiten zu stellen und sich über Inhalt und Zusammenhang Gedanken zu machen. So mancher erwachsene Christ entdeckt, daß sein Glaube, sein Bibelverständnis in den Kinderschuhen steckengeblieben ist. Es sei in diesem Zusammenhang jedoch auch nicht verkannt, daß von manchen theologischen Thesen und Hypothesen unserer Zeit eine Verunsicherung und Belastung des Glaubens ausgehen kann. Soll man den neuen Fragen des Glaubens ausweichen, sich in die Gartenlaube einer wohligen Sicherheit zurückziehen und neue Glaubensdeutungen grundsätzlich als Ketzerei abqualifizieren?

Es dürfte nötig sein, in nicht wenigen, die allzu schnell als pathologische Querulanten, als Ketzer und Häretiker abgestempelt wurden, ringende Gläubige mit höchster Sensibilität zu sehen, die förmlich aufschrien, wenn Glaubenswahrheiten verfälscht oder verschüttet wurden. Aurelius Augustinus (354 – 430), der als theologischer Schriftsteller und als Bischof der nordafrikanischen Stadt Hippo selbst in harten Gefechten mit »Ketzern« stand, konnte nicht umhin, seinen großen Respekt vor dem Glaubenseifer wie auch vor der Opferbereitschaft der »Ketzer« zu bekunden: »Glaubt doch nicht, daß Ketzereien durch ein paar hergelaufene kleine Seelen entstehen könnten. Nur große Menschen haben Ketzereien hervorgebracht« (Enarrationes in Psalmos 124,5). Ringt nicht der »Ketzer« innerlich mehr und wahrhaftig mit einem blutenden Herzen mit dem Glauben und der Kirche als jener, der gleichgültig ist oder die Mühe scheut, sich mit diesen Fragen wirklich auseinanderzusetzen?

Es stellt eine der schwierigsten Aufgaben der kirchlichen Verkündigung dar, das Gotteswort unverkürzt und unverfälscht (2 Tim 4,1 – 4) in die Nöte, in die Sprache und auch in die situationelle Akzentuierung einer Zeit und eines Volkes hineinzusprechen und dabei die Kontinuität des Glaubens mit schöpferischer Identität zu verbinden.

Sich der Glaubensvertiefung und Glaubensentwicklung nicht öffnen hieße, sich dem Wirken des Gottesgeistes versperren. »Die Kirche kann heute kein anderes Evangelium verkünden als in der Vergangenheit. Das schließt aber nicht aus, daß sie dieses eine und selbe Evangelium heute anders verkünden muß, eben damit es als dasselbe verstanden wird« (Walter Kasper). Das Wachstum im Glauben besteht in der stets neu vollzogenen Zertrümmerung unwürdiger, unzulänglicher und infantiler Glaubensvorstellungen. Glaubenskrisen markieren diesen Wachstumsprozeß.

Die Unfähigkeit zu glauben

Gewiß lassen sich einzelne Ursachen der gegenwärtigen Glaubenskrisen aufzählen. Letztlich ist es aber eine um sich greifende Unfähigkeit zu glauben, in der die heutige Misere ihre Ursache hat. Man lebt nicht »gegen« den Glauben, auch nicht »gegen« Gott; aber man lebt ohne Glauben, ohne Gott und hat dabei keineswegs ein ungutes Gefühl. Man ist vielmehr der Auffassung, daß für das Existenzverständnis wie auch für die mannigfachen Aufgaben in der heutigen Welt nicht nur nichts fehlt, sondern daß es ohne Gott sogar leichter, besser und problemloser geht. Es scheinen jene inneren Antennen abhanden gekommen zu sein, mit denen Menschen früherer Epochen die Wirklichkeit des Glaubens erfaßten. Man sollte aber nicht vorschnell von persönlicher Schuld sprechen, die zu dieser Glaubensunfähigkeit geführt hat. Der große Dogmatiker von Tübingen, Karl Adam (1876–1966), hat überzeugend aufgezeigt, daß es die geistige Atmosphäre des neuzeitlichen Europa war, die entscheidend die heutige Glaubensunfähigkeit beeinflußt hat. »Nicht in unserem bösen Willen allein liegt das Hindernis, unsere ganze Geistigkeit ist verbogen und darum ist uns der Glaube ungleich schwerer gemacht als dem antiken oder dem mittelalterlichen Menschen. Die abendländischen Augen sind alt geworden und können nicht mehr die ganze Wirklichkeit sehen. Oder vielmehr, sie sind durch langen, falschen Gebrauch verdorben. Dadurch, daß sie sich ausschließlich auf die bloße Erscheinungswelt einstellten, schwächte sich das Sehvermögen für das Überirdische und Himmlische. So liegt das Übel nicht so sehr in unserem bösen Willen, erst recht nicht in den Schwierigkeiten des Objekts, dem geheimnisvollen, paradoxen Wesen der christlichen Verkündigung, als in der Grundeinstellung des europäischen Menschen. Er hat das Sehen verlernt«.

Urplötzlich kann es aber geschehen, daß im glaubensunfähig gewordenen Menschen eine tiefe Sehnsucht nach Geborgenheit, nach Heimat, nach einem Gespräch mit Gott aufbricht. Diese Erfahrung hat ein Friedrich Nietzsche (1844–1900) erlitten und für viele hinausgerufen: » . . . o Zarathustra, du bist frömmer als du glaubst mit einem solchen Unglauben«.

Problem und Qual der Identifikation

Mancher Christ, der sich mit Glaubensschwierigkeiten herumschlägt, ist der Meinung, er stehe an der Peripherie der Kirche oder er könne sich sogar nicht mehr mit der kirchlichen Glaubensgemeinschaft identifizieren. Ganz allgemein läßt sich sagen: Wer unter Glaubensschwierigkeiten leidet, gehört zur Glaubensgemeinschaft der Kirche. Gerade in seinen Leiden trägt und verspürt er den Angelhaken der Gnade. Ganz anders ist es jedoch bei jenen, denen Glaubensschwierigkeiten völlig gleichgültig sind.

Die Glaubensantwort nicht nur des heutigen Christen ist vielschichtig. Das Ja des Glaubens kann Freudigkeit und Verhaltenheit, Beklommenheit und Fröhlichkeit, Beglückung und Verwirrung einschließen. Wer kann wirklich zu allen Glaubenswahrheiten und Dogmen ein gleich starkes, ein gleich tiefes und ein gleich freudiges Ja sagen? Redlichkeit des modernen Glaubens dürfte wohl eher gleichbedeutend sein mit partieller (teilweiser) als mit totaler (vollständiger) Identifikation. Bei aller Angefochtenheit des Glaubens bedeutet dies Offenheit und Bereitschaft für die größere und umfassende Wahrheit, keineswegs aber Ausklammerung oder Leugnung jener Glaubenswahrheiten, mit denen man Denkschwierigkeiten hat.

Der Glaube der Kirche wie des Einzelchristen befindet sich in einer gottgewollten Entwicklung und geistgewirkten Dynamik. In diesem Prozeß des Wachsens und des Reifens stellen Glaubenskrisen, die nicht bloß einzelne Menschen, sondern auch ganze Epochen der Kirchengeschichte erschüttern und belasten können, wichtige, ja unersetzliche Etappen dar. Selbst die Auseinandersetzungen mit Irrlehren können zur Klärung, Vertiefung und Reifung des Glaubens beitragen.

Der Mensch kann sich auf die Reifung seines Glaubens wohl vorbereiten. Er kann aber den Glauben nicht machen und auch nicht zur Vollendung bringen. Glaubendürfen und Glaubenkönnen ist letztlich Gnade, um die wir Christen beim Rosenkranz beten: » . . . der in uns den Glauben vermehre«.

Wachstum und Niedergang des Glaubens

In einem leider zu wenig bekannt gewordenen Dokument »Glaube heute«, das von der Pastoralsynode der DDR (Dresden, November 1974) verabschiedet wurde, finden sich bedenkenswerte Hinweise, wie in einer pluralistischen und säkularisierten Gesellschaft der christliche Glaube unverkürzt und zugleich diakonisch und missionarisch gelebt werden kann.

»Der Glaube als Übereignung an Gott ist nicht nur ein einmaliger Akt, sondern auch ein Prozeß von vielen Etappen, ein persönlicher Weg, auf dem die einzelnen Schritte, angeregt und getragen von der Gnade Gottes, in Freiheit getan werden wollen. Bei vielen, die aufrichtig suchen, dürfen wir schon von mitgebrachten Glaubenserfahrungen ausgehen, auch wenn sie von ihnen nicht als solche erkannt werden.

Denen, die suchen und sich um den Glauben mühen, helfen nicht Überforderung und Geringschätzung, sondern Zuwendung und Zeugnis. Wer im Glauben fortschreiten soll, braucht Begleitung. Er braucht zugleich den Raum, in dem das ihm Mögliche anerkannt wird und neue Schritte gewagt werden können.

Wie andere personale Bindungen, z.B. Freundschaft und Ehe, nur dann bestehen und zur Reife kommen können, wenn sie in Nüchternheit immer neu bejaht werden, so erfüllt sich auch der Glaube nur in durchgehaltener und immer wieder erneuerter Treue.

Auch der mündige Christ und die mündige Gemeinde sind noch nicht am Ziel. Denn Gott hat uns alle zur Heiligkeit berufen. Hinter dieser Berufung bleiben wir zurück. Unsere spirituelle Armut wird durch solche überwunden, die sich immer tiefer in das Geheimnis des Glaubens einlassen und die Mittelmäßigkeit durchbrechen.

Der Mensch wächst in seinem Glauben

- durch Suchen nach Wahrheit und Verlangen nach Gott;
- durch Gebet und ein Leben nach Gottes Willen;
- durch die Annahme und Bewältigung der verschiedenen Lebenssituationen nach dem Vorbild Jesu;
- durch Bereitschaft zur Umkehr und durch die Erfahrung der Vergebung der Schuld;
- durch redliche Auseinandersetzung mit den Ideen und Anschauungen unserer Zeit;
- im Durchstehen von Glaubenskrisen;
- durch die Verkündigung der Kirche und das Zeugnis gläubiger Menschen;
- durch ein Leben im Raum der Gemeinde, die sich immer wieder »in der Lehre der Apostel und in der brüderlichen Gemeinschaft, im Brotbrechen und in den Gebeten« versammelt.

Der Mensch leidet Schaden an seinem Glauben

- wenn er nicht mehr betet;
- wenn er im Kinderglauben steckenbleibt und sich, insbesondere bei dauernder atheistischer Beeinflussung, im Glauben nicht weiterbildet;
- wenn er sich vom sonntäglichen Gottesdienst und vom Gemeindeleben zurückzieht;
- wenn er sich unkritisch dem Zeitgeist oder der Tagesmeinung anpaßt, so daß der Glaube sein Leben nicht mehr prägt;
- wenn er sich kaum noch um Religion kümmert oder sein Leben mit Geringfügigkeiten ausfüllt;
- wenn er sich den Anforderungen und Belastungen unserer Zeit durch einen Rückzug in die rein private Sphäre zu entziehen sucht;
- wenn er der Jagd nach dem Wohlstand verfällt oder sich der Macht der Sünde überläßt;
- wenn er »auf zwei Schultern« trägt und sich mit der Lüge abfindet;
- wenn der Glaube als ein kompliziertes und lebensfremdes Gebilde dargestellt wird;

- wenn die Verkündigung naiv, intellektualistisch unterkühlt, emotional überdosiert, unklar oder lieblos ist oder die Anliegen und Verstehensmöglichkeiten der Glaubenden übersieht;
- wenn die Gemeinde nicht als Raum geistiger Erneuerung und brüderlicher Begegnung erfahren wird«.

GOTT, DER DREIFALTIGE

7.

DIE FRAGE NACH GOTT

Ach, du bist alt, Gott, du bist unmodern, du kommst mit unsern langen Listen von Toten und Ängsten nicht mehr mit. Wir kennen dich nicht mehr so recht, du bist ein Märchenbuchliebergott. Heute brauchen wir einen neuen . . . Sei lebendig, sei mit uns lebendig, nachts, wenn es kalt ist, einsam und wenn der Magen knurrt in der Stille – dann sei mit uns lebendig, Gott.

Wolfgang Borchert

Nicht selten ist heute zu hören, die gegenwärtige Generation habe keine Antenne für religiöse Fragen, Gott sei ihr gleichgültig, und mit der Kirche, ihrer Liturgie und Sakramente könne sie nichts mehr anfangen. Solche Pauschalurteile gehen an der Wirklichkeit vorbei, auch dann, wenn sie noch so häufig und noch so lautstark wiederholt werden. Gewiß, man spricht nicht gerne über seine tiefsten und letzten Geheimnisse. Hinter mancher Antwort aber, die sehr selbstsicher vorgetragen wird, steckt nicht selten eine mühsam verhaltene Unsicherheit, ein Bündel quälender Fragen, aber doch auch wieder ein Hauch von Sehnsucht nach Glück, nach Geborgenheit und Verstandenwerden.

So mancher, der selbstsicher und lautstark in der Öffentlichkeit von seinem Atheismus redet, ist in der Stille seines Herzens von der Frage beunruhigt, ob es nicht doch Gott gibt. »Um Mitternacht schleicht der Mensch an das Grab seines Gottes, dort, wo ihn niemand sieht, vergießt er seine Tränen, denn seine Seele weiß, was sie verlor« (Friedrich Nietzsche).

Gott – Fehlanzeige?

Ohne Zweifel wird ein tiefes Unbehagen über den »Gott« laut, wie er im Religionsunterricht und vielleicht auch in manchen Sonntagspredigten »verkauft« wurde. Gott – so spürt man – ist größer, als daß man aus ihm einen Schutzmann, einen Moralisten, einen Spielverderber, einen zittrigen Greis im himmlischen Austragsstübchen macht. Man hat Gott zu billig, zu spießig gemacht. Nun sprengt man die Krusten und Übermalungen eines ungöttlichen, gottunwürdigen Gottesbildes ab. Hier kann man nur zurufen: Habe Mut, unzulängliche Gottesbilder zu zertrümmern! Hinter dem Nein zu einem kitschigen und unglaubwürdigen Gott steht sehr häufig ein heimliches und sehr ernstes Ja zu einem größeren, göttlicheren Gott, dem man noch nicht begegnet ist, dem man aber begegnen möchte. Die heutige Generation lebt nicht unter einem »leeren« Himmel, wohl aber scheint eine sehr umfangreiche, geistig-religiöse Tempelreinigung in Gang gekommen zu sein.

Gott – Geheimnis?

Es ist dem Christen gerade inmitten der technischen und säkularisierten Welt deutlich geworden, daß Gott nicht so »da« ist, wie jene vielfältigen, sichtbaren Dinge, die wir sehen, messen und testen können. Gibt es aber deshalb Gott nicht, weil er nicht mit jenen Überprüfungsmitteln festgestellt werden kann, die im Bereich der Naturwissenschaft verwendet werden? Die scheinbare Abwesenheit Gottes könnte vielmehr auf ein Zweifaches aufmerksam machen: auf die unnennbare, unfaßbare und undefinierbare Größe Gottes einerseits und auf die Unzulänglichkeit menschlichen Denkens und Sprechens anderseits. »Von Gott stammeln zu können, ist letztlich entscheidender, als von der Welt exakt zu reden« (Karl Rahner).

Könnte es nicht sein, daß hinter der Sehnsucht nach Gott unausgesprochen die Auffassung steht, man könne, wenn man Gott einmal erkannt und gefunden hat, Gott »in den Griff bekommen«? Man weiß dann, wer und was Gott ist, und wäre dann des mühevollen Suchens und der Quälerei endlich ledig. Man wüßte dann, wie man sich gegenüber Gott verhalten soll.

Täuschen wir uns aber nicht! Gott ist die große und bleibende »Unruhe« im Uhrwerk unseres Denkens und Lebens. Mit Gott wird man nie fertig. Ein in Begriff und Formeln eingezwängter Gott kann sehr leicht zum manipulierten Götzen und Fetisch werden, über den man verfügt, weil man ihn im Griff hat. Gottes Geheimnis kann vom Menschen nie ausgelotet werden. Der Mensch ist während seines ganzen Lebens »unterwegs zu Gott«. Gott kann nur von Gott in seiner ganzen Tiefe erkannt werden. Menschliches Erkennen ist und bleibt, auch wenn es sich ein ganzes Leben lang nur mit Gott beschäftigte, Stückwerk, Fragment. Die Gottesfrage ist ein Thema, mit dem man auch in einem noch so langen Leben nie zu Ende kommt.

»Jetzt schauen wir in einem Spiegel
und sehen nur rätselhafte Umrisse« (1 Kor 13,12).

Gott – Erfahrung und Sinn des Lebens?

Eine Frage verlangt zu jeder Zeit eine Antwort: Wie und wo finde und begegne ich Gott? Die Wege zu Gott scheinen heute vielfach verweht, verschüttet. Viele empfinden es als eine tiefe Tragik, daß die Kirche zur Barriere der Gottbegegnung werden kann. Gott kann man auch mit noch so eleganten und logisch schlüssigen Beweisen einem Menschen nicht »andemonstrieren«. Wie man bei einem Rundfunk- oder Fernsehgerät sehr genau auf die richtige »Einstellung« achten muß, um einen guten und unverzerrten Empfang zu haben, so muß auch der Mensch für die Wellenlänge »Gott« die richtige Einstellung haben. Mit bloßen Gefühlen und Stimmungen wird jedoch eine solche »Einstellung« nicht herbeigezaubert. Religiöse »Einstellung« schließt in sich ein sehr langwieriges Training des Leibes und des Geistes, Bereitschaft zur Gottbegegnung, Stille und (wie die großen Mystiker und Gottesgelehrten es nannten) das reine Herz. Man kann Gottbegegnung nicht erzwingen, denn sie ist letztlich Gnade, aber der Mensch kann sich hierfür einstellen und vorbereiten.

Es hat wohl jeder Mensch »seinen« ureigenen und unverwechselbaren Weg zu Gott: das Beispiel der Mutter, ein Naturerlebnis, Kunst, Musik, Theater, Tanz, Freundschaft, ein Gottesdienst, der Beruf, ein Buch, ein Gospelsong, Glück und Liebe, Leid oder eine Todesnachricht. Auf vielerlei und auf oft recht seltsame Weise »spricht« Gott zu den Menschen. Gott rührt jene Saite in einem Menschen an, die eigens für diese Begegnung und für dieses Gespräch geschaffen wurde.

Jeder Mensch hat seine unverwechselbare Geschichte mit Gott, in der es Glück und Seligkeit, Heimat und Geborgenheit, aber auch Trostlosigkeit,

Hilflosigkeit und Einsamkeit gibt. Das gläubige Herz kann, überströmt von Gottesnähe, himmelhoch jauchzen, es kann aber auch, überschattet von Gottesfinsternis, zu Tode betrübt sein. Jede menschliche Geschichte mit Gott nimmt teil an den Höhen und Tiefen, an den Wunden und Narben einer ganz bestimmten menschlichen Biographie. Vielleicht ist aber der Mensch in seiner Gottverlassenheit Gott näher als in schwelgenden Gefühlen der Gottseligkeit. Es gehört zur schmerzlichen Einsicht besonders unserer Epoche: Die moderne Stunde ist die Stunde der Unanschaulichkeit, der Dunkelheit und der Finsternis Gottes.

Wie Gottbegegnung erfahren werden kann, hat der Schauspieler Ernst Ginsberg zu beschreiben versucht, der sich 1935 in die katholische Kirche aufnehmen ließ: »Der erste Schritt zum Religiösen überhaupt ist das Erlebnis des erschütternden Geheimnisses, in das unser ganzes Sein gebettet ist: Geburt, Liebe und Tod. Ich habe seit meinen Knabenjahren in keiner Phase meines Lebens jene nüchternen Rationalisten begreifen können, für die ein Grashalm ein Grashalm, ein Tisch ein Tisch und ein Herz ein Herz ist, ohne daß sie von dem völlig unfaßlichen Rätsel, das in allem atmet, angerührt werden . . . Der nächste Schritt, ist man einmal von diesem Geheimnis ergriffen, ist das Suchen nach Dem, der sich darin verbirgt. Und hier, in dem Ja zum Dasein Gottes, das durch keinen noch so scharfsinnigen rationalen Beweis zu belegen ist, das aber kaum ein fühlendes Herz zu leugnen wagt, geschieht die erste Glaubensentscheidung . . . Die nächste innere Erfahrung des Gläubigen ist die in keinem Menschenleben ausbleibende persönliche Schuld, mit der der Mensch zu existieren hat. Und hier nun tritt die Botschaft des Neuen Testamentes, die Botschaft von Gottes Barmherzigkeit, von der Sündenvergebung, die Botschaft von Christus an den Menschen heran. Ich kann mir keinen unverbildeten, unvoreingenommenen Menschen vorstellen, der von Gestalt, Leben, Tod und Lehre Christi nicht bis ins Innerste zu erschüttern wäre«.

Die Frage nach Gott steht nicht allein

Sehr deutlich ist zu erkennen, daß die religiösen Entscheidungen in einem ganz bestimmten Kräftefeld fallen, das durch die Fixpunkte: Gott – Jesus – Kirche bestimmt ist. Es stellt sich daher die Frage: Kann man diese drei Fixpunkte und Grundthemen gegeneinander ausspielen? Kann man Ja sagen zu Gott und Nein sagen zu Jesus? Kann man Ja sagen zu Jesus und Nein sagen zur Kirche? Diese Fragen hängen wie Kettenglieder aneinander. Berührt man das eine Kettenglied, dann hat man notgedrungen auch die anderen in der Hand.

Wie in einem Uhrwerk viele Räder ineinandergreifen, so setzt die Christusfrage die Gottesfrage wie auch die Kirchenthematik in Bewegung. Wer von Christus spricht, muß Farbe bekennen, wie er zu Gott und zur Kirche steht.

Durch alle Fragen zieht sich ein respektvoller Ernst und auch eine kaum ausgesprochene Befürchtung. Innerlich ist man sich darüber im klaren, daß die Frage nach Gott, nach Christus und nach der Kirche eine unheimliche und vielleicht sogar sehr schmerzliche Konsequenz hat. Wenn es nämlich (das wird unterschwellig gespürt) Gott wirklich gibt, und wenn dieser Gott kein billiger Hampelmanngott, sondern der wirkliche, der große, der göttliche Gott ist, dann steht der Mensch im Zugzwang der Antwort, der Stellungnahme. Gott ist dann das Wagnis unseres Daseins, die Herausforderung unserer Entscheidungen.

Will man vielleicht deshalb den letzten Durchbruch zu Gott verzögern, weil man um diese letzte und kühne Herausforderung weiß? Gott erkennen heißt doch, sich mit seinen bisherigen Entscheidungen und Plänen in Frage zu stellen. Gott wird (wie man in der heutigen Theologie sagt) zur Krisis, zur Scheidung und Entscheidung des ganzen Lebens. Gotteserkenntnis hat aber ihre Fortsetzung in der Gottesliebe, in der Gottesfreundschaft. Dies aber schließt in sich, sein Leben aus der gottgeschenkten Freundschaft zu ändern und neu gestalten. »Wer mich liebt, wird mein Wort festhalten« (Joh 14,23). Es ist leichter, sich von der Kirche abzusetzen als sich von dem »Angelhaken« zu befreien, den Gottes rettende Tat in und durch Jesus Christus in unser Herz geworfen hat.

8.

GOTT – WER IST DAS?

Gott ... Ja, es ist das beladendste aller Menschenworte. Keines ist so besudelt, so zerfetzt worden ... Wir können das Wort ‚Gott' nicht reinwaschen, und wir können es nicht ganz machen; aber wir können es, befleckt und zerfetzt wie es ist, vom Boden erheben und aufrichten über einer Stunde großer Sorge.

Martin Buber

Unter den Wörtern der Gegenwart gibt es keinen größeren Märtyrer als das Wort »Gott«, denn wie kein anderes wird es gebraucht und mißbraucht, zelebriert und spöttisch ausgesprochen. Durch den langen und gedankenlosen Gebrauch ist das Wort »Gott« zu einer abgegriffenen Münze geworden, deren Prägung unkenntlich geworden ist. Ist es zu Ende mit Gott, wie in jüngst vergangener Zeit die Gott-ist-tot-Theologie zu verkünden glaubte? Ist das Wort »Gott« aus dem Wörterbuch und Repertoire des modernen Menschen gestrichen oder feiert Gott gerade heute eine unerwartete Rückkehr?

Gott – ein Verlegenheitswort

Das Wort »Gott« taucht erstaunlicherweise auch im Jargon jener Menschen auf, die ihr Leben zwar nicht gegen Gott, wohl aber ohne Gott gestalten. Wenn man vom letzten Sinn, von der höchsten Idee, vom Unverfügbaren, von dem letzten ethischen Ziel- und Orientierungspunkt, vom unerkennbaren Weltgrund usw. redet, dann spricht man immer noch und ohne Bedenken von Gott.

Gott ist zur Chiffre, zum Verlegenheitswort, zum Verdeckungsbegriff geworden, hinter dem sich der eine das, der andere jenes vorstellt, weil das

Wort »Gott« konturlos, vieldeutig und inhaltsleer geworden ist. Das Wort »Gott« ist zum Lückenbüßer für letzte Sinnzusammenhänge geworden.

Es spricht Zorn wie Enttäuschung aus den Worten, die Wolfgang Borchert (1921–1947) in seiner Szenenfolge »Draußen vor der Tür« über das abstrakte, in Begriffen erstarrte Gottesbild niedergeschrieben hat: » . . . Gott? Hast zuviel Tinte im Blut, zuviel dünne Theologentinte?« Noch radikaler setzte Ludwig Feuerbach (1804–1872) an, der eine Umwertung aller Werte in dem Satz ankündigte: »Nicht Gott schuf den Menschen, sondern der Mensch schuf Gott«. Ist »Gott« nur eine Leerformel, hinter der keine letzte, jenseitig-ewige Wirklichkeit steht?

Wie die Geschichte der Philosophie und der Weltreligionen erweist, haben die Menschen immer wieder versucht, Gott im Material menschlicher Formulierungen zu erfassen, zu verdeutlichen und zu enthüllen. Menschlicher Intellekt und Glaube lassen sich, von einer unbändigen Sehnsucht und Leidenschaft getrieben, auf das Wagnis ein, Gott in den Griff und in den Begriff zu bekommen. Ist es aber wirklich Gott, der in solchen, durchaus ernstgemeinten menschlichen Denkmodellen erscheint? Spekulieren und formulieren die Menschen auch in ihren Sternstunden an der Wirklichkeit des unnennbaren und unfaßbaren Gottes vorbei? Viele Erhellungen Gottes, die Menschen vorgelegt haben, sind Verhüllungen Gottes, denn von Gott sehen wir »nur rätselhafte Umrisse« (1 Kor 13,12).

Jesus Christus – Wort und Exegese Gottes

Wer ist angesichts der Ungesichertheit und Unzulänglichkeit menschlichen Sprechens der Garant, daß unser Reden von Gott »richtig« ist? Ein kühnes, alles entscheidendes und klärendes Wort begegnet dem suchenden Menschen in der Heiligen Schrift: »Viele Male und auf vielerlei Weise hat Gott einst zu den Vätern gesprochen durch die Propheten; in dieser Endzeit hat er zu uns gesprochen durch den Sohn« (Hebr 1,1–2). Ergänzt und präzisiert wird dieser Text durch ein anderes Wort: »Durch Jesus Christus kam Gnade und Wahrheit. Niemand hat Gott je geschaut. Der Einzige, der Gott ist und am Herzen des Vaters ruht, er hat Kunde gebracht« (Joh 1,17–18). Wer daher von Gott und über Gott kompetent reden will, kann seither nicht mehr an Jesus Christus und seiner Botschaft vorbeischauen. Ehe wir Gott zur Sprache bringen, hat sich vorher bereits Gott in und durch Jesus Christus, den menschgewordenen Sohn Gottes, als das Ja und Amen Gottes (2 Kor 1,19 f; Offb 3,14) zur Sprache gebracht. »Niemand kennt den Sohn, nur der Vater, und niemand kennt den Vater, nur der Sohn und der, dem es der Sohn offenbaren will« (Mt 11,27).

Es ist sicherlich für den Christen mehr als eine interessante Information, zu erfahren, wie große Religionsstifter und Philosophen über Gott gedacht und gesprochen haben. In all diesem Suchen und Sprechen hat sich jenes bedrängende Wagnis niedergeschlagen, vom menschlichen Unten zum göttlichen Oben zu gelangen und dieses göttliche Oben in Denkformen des menschlichen Unten wiederzugeben. Man mag es als verstiegene Arroganz auslegen und es ist doch die volle und ganze Wahrheit, daß ein Einziger, der von Ewigkeit in Gott war und in Jesus Christus in die Geschichte eingetreten ist, den umgekehrten Weg gegangen ist, nämlich vom göttlich-ewigen Oben zum menschlich-irdischen Unten. Er allein konnte daher mit dem kühnen und einzigartigen Anspruch auftreten, Geheimnis und Wirklichkeit Gottes den Menschen zu erschließen.

Legitim von Gott reden, heißt daher, sich an jene Aussage- und Orientierungspunkte halten, die Jesus Christus den Menschen vermittelt hat. Ja, noch mehr: Jesus Christus ist »die Türe«, »der Weg« zu Gott – die lebendige, personale Exegese Gottes, das letzte, eschatologische Wort Gottes über sich selbst.

Die Gottesbotschaft Jesu Christi

Wie in einem Prisma brechen sich Leben, Gleichnisse, Wunder, Kreuzestod und Auferstehung Jesu in vielfältiger Weise und lassen Denkart und Geheimnis Gottes erahnen: So denkt Gott – so handelt Gott – so ist Gott. Gleichzeitig wird ein letzter Lebenshorizont sichtbar, in dem das Selbstverständnis und Persongeheimnis Jesu Christi wurzeln. Jesus Christus weiß sich als »Sohn« (vergl. Lk 2,49) und setzt sehr deutlich ab »mein Gott und euer Gott, mein Vater und euer Vater«. Hilarius von Poitiers (315–367) schreibt daher: »Es ist das größte Werk des Sohnes, daß er uns den Vater geoffenbart hat« (vergl. Joh 17,5).

Die Offenbarung Jesu vom Vater-Namen Gottes kann aber allzuleicht mißverstanden werden. »Gott ist unser Vater, wie er der Vater Jesu Christi ist. Das soll nicht bedeuten, daß Jesus das Bild eines irdischen Vaters auf Gott überträgt, wie es eine heute üblich, gefährliche und mißverständliche

Deutung versucht. Es soll vielmehr sagen: Alle menschliche Vaterschaft ist ein schwaches, begrenztes, oft verzerrtes Bild dessen, der als einziger Vater genannt werden kann: Gott der Vater« (Heinrich Fries). Das Wort vom »Vater« – Gott ist keine Aussage über die »Geschlechtlichkeit« Gottes, sondern bezeichnet die persönliche Beziehung des Schöpfergottes zu den Menschen, zum gesamten Kosmos. Gott ist ebenso »Vater« wie »Mutter«. Gott ist ebenso der Gott der Gerechtigkeit wie der Gott der Liebe. Es mag ungewohnt klingen, entspricht aber der Wirklichkeit Gottes und seiner Beziehung zur Schöpfung, wenn gesagt wird, der himmlische Vater waltet »mit Mutterhänden« (wie es seit 1675 in einem evangelischen Kirchenlied heißt).

Die Botschaft des Neuen Testamentes erschließt aber noch eine weitere Tiefe des Gottgeheimnisses: den Geist der Wahrheit, der Liebe und des Friedens (Joh 16,5–15; 1 Kor 7,10; Gal 4,6; Eph 2,18). Es ist mit Recht gesagt worden, daß gegenüber den personalen Gottesbezeichnungen »Vater« und »Sohn« die ausdeutende Formulierung »Heiliger Geist« sich als unvermögendes Stammeln erweist, das die personale Wirklichkeit der dritten, göttlichen Person zu umschreiben versucht. »Auch die Offenbarung, sogar im Munde Jesu, des geschicktesten Lehrmeisters, hat hier sichtlich mit den Namen gerungen« (Peter Lippert). Wer sich daher über Gott informieren will, sollte sehr eingehend die Botschaft Jesu von seiner ewigen Sohnschaft, seine Kunde vom ewigen Vatergott wie seine Verheißung des Heiligen Geistes bedenken. Das Wort »Gott« bleibt eine bloße Begriffshülse, wenn es nicht mit jenen Aussagen gefüllt ist, die Jesus Christus erschlossen hat. Es zeichnet sich wahrhaftig eine Scheidung und Unterscheidung der Geister ab, ob man allgemein und theoretisch von »Gott« redet oder ob man von Gott dem Vater, von Gott dem Sohn und von Gott dem Heiligen Geist spricht und ob das Sprechen »über« Gott zum Sprechen »mit« Gott und zur Anbetung Gottes wird.

9.

DER DREIFALTIGE GOTT

Wer wissen will, was der Name »Gott« besagt, darf nicht von irgendwelchen allgemeinen Wesensaussagen und begrifflichen Bestimmungen ausgehen, sondern muß sich an jene Geschichte halten, in der Gott selbst »sich einen Namen gemacht hat«.

Heinz Zahrnt

Es wird heute zwar viel über »Gott« geredet und geschrieben, aber diese Vokabel ist zur Worthülse geworden, die man mit recht unterschiedlichen Inhalten füllt. Man kann mit gutem Recht unterschreiben, was der katholische Kulturphilosoph Theodor Haecker (1879–1945) gesagt hat: »Nichts unterscheidet heute so die Geister, wie die Anerkennung der Trinität«. Es ist eine sehr ehrliche und immer noch gültige Feststellung, die Hugo Rahner getroffen hat: »Wir reden heute fast ängstlich um dieses Geheimnis herum, um ja nicht das Denken der Menschen zu beunruhigen«. Es wäre zu schön, wenn sich die Prognosen erfüllten, die bereits vor Jahrzehnten Friedrich Kronseder ausgesprochen hat: »Wenn nicht alle Zeichen trügen, bereitet Gott, der dreieinige, ein neues Zeitalter, in dem wir nicht mehr aus dem oder jenem Glaubensgeheimnis heraus, sondern aus dem Urgrund und der Fülle aller Glaubensgeheimnisse, aus dem Lebensgeheimnis Gottes, dem Dreifaltigkeitsgeheimnis heraus, leben«. Auch der evangelische Theologe Jürgen Moltmann muß gestehen: »Die Trinitätslehre erfreut sich in der Geschichte der abendländischen Theologie keiner besonderen Bedeutung . . . praktisch zeigen die religiösen Vorstellungen vieler Christen nur einen schwach christianisierten Monotheismus«.

Peter Lippert hat mit feinem Gespür die moderne Interesselosigkeit am Dreifaltigkeitsglauben mit folgenden Worten aufgedeckt: »Das anthropozentrische Denken der Neuzeit verrät sich . . . darin, daß es für Gott sich nur soweit interessiert, als er zum Menschen in Beziehung tritt, als er

,wertvoll' wird für den Menschen und sein Leben, besonders sein irdisches. Das wahrhaft gottselige Denken sucht Gott um seines eigenen Lichtes willen«.

Kreuzestheologie und Dreifaltigkeitsglaube

Es ist unverkennbar, daß die Frömmigkeit unserer Tage eine christozentrische Prägung besitzt. Genügt Jesus Christus allein oder muß man, um Jesus Christus, seine Person, seine Botschaft und vor allem sein Erlösungswerk wirklich zu verstehen, Gott trinitarisch denken? Der Weg zum dreifaltigen Gott führt nicht über philosophische Spekulationen, sondern in seiner entscheidenden Etappe über das Kreuz Jesu. Was sich im Gehorsam Jesu »bis zum Tod am Kreuze« (Phil 2,8) ereignet hat, kann ohne den Glauben an den dreifaltigen Gott nicht gedeutet und verstanden werden. Nicht die spärlichen trinitarischen Formeln des Neuen Testamentes, sondern das durchgehende, einheitliche Zeugnis vom Kreuz ist der Schriftgrund für den christlichen Glauben an den dreieinigen Gott. Der kürzeste Ausdruck für die Trinität ist die göttliche Kreuzestat, in welcher der Vater den Sohn sich durch den Geist opfern läßt. Es genügt daher keineswegs, sich an Jesus zu halten, über die Kreuzestheologie zu meditieren und gleichzeitig totale Sendepause über den Vater-Gott und den Heiligen Geist einzulegen. Das recht verstandene Kreuz Jesu Christi ist nicht nur der Ort der Dreifaltigkeitslehre. Es ist auch der Urgrund und der Prüfstein unseres Glaubens an den dreifaltigen Gott.

Die Lehraussagen der Kirche

Im Christusereignis hat die Selbstoffenbarung Gottes ihren Höhepunkt erreicht. Jesus Christus ist die legitime Exegese und Selbstinterpretation des dreifaltigen Gottes. Im Laufe der Geschichte war die christliche Glaubensgemeinschaft durch die lehramtlichen Entscheidungen der Kirche immer wieder genötigt, sowohl gegenüber dem Atheismus wie gegenüber dem Vorwurf des Tritheismus (Dreigötterlehre) den Glauben an den dreieinigen Gott, der dreifaltig (dreipersönlich) ist, wie auf einer schwierigen Gratwanderung zu bezeugen.

»Dies ist der katholische Glaube: Wir lehren den einen Gott in der Dreifaltigkeit und die Dreifaltigkeit in der Einheit, ohne Vermengung der Personen und ohne Trennung der Wesenheit« (sog. Athanasianisches Glaubensbekenntnis aus dem 4./6. Jahrhundert).

»Es ist nur ein Gott und Vater, aus dem alles, und ein Herr Jesus Christus, durch den alles, und ein Heiliger Geist, in dem alles ist« (2. Allgemeines Konzil zu Konstantinopel 553).

»Diese Personen sind ein Gott, nicht drei Götter. Denn diese drei besitzen ein Wesen, eine Wesenheit, eine Natur, eine Gottheit, eine Unermeßlichkeit, eine Ewigkeit und alles ist (in ihnen) eines, außer wo die Beziehungen in Gegenrichtung zueinander stehen« (Allgemeine Kirchenversammlung zu Florenz 1442).

Dreifaltigkeitsglaube und christliches Leben

Der Dreifaltigkeitsglaube hat für das christliche Selbstverständnis, für die Deutung der neutestamentlichen Heilsgeschichte und ihre eschatologische Vollendung und Bekrönung fundamentale Bedeutung. In einer Zeit, die zwischen Individualismus und Kollektivismus hin- und hergerissen wird, macht der christliche Glaube deutlich, daß personale Würde (unverwechselbares Selbstsein) wie soziale Struktur des Menschen (auf das Du und Wir geöffnetes Mitsein) nicht Zufälligkeiten sind, sondern ihr Urbild in jenem Gott besitzen, der sowohl dreipersönlich wie dreieinig ist. Der Mensch, geschaffen als »Bild und Gleichnis Gottes« (Gen 1,27), ist personales und soziales Abbild jener Lebensfülle, die im dreipersönlichen und dreieinigen Gott Ewigkeit ist.

Bei der gläubigen Begegnung mit dem Geheimnis des dreifaltigen Gottes geht es nicht »um ein Wissen um des Wissens willen, sondern um das anbetende Innewerden Gottes in seiner Bedeutung für uns . . . Die christliche Lehre von der Dreifaltigkeit scheint in unerreichbaren Höhen unwirksam über dem irdischen Leben zu stehen, ein Gegenstand für die Spekulationen der Theologen. Das ist aber ein Irrtum. Tatsächlich verwandelt diese Lehre den letzten Sinn des Lebens und der Welt und damit die Stellung und das Verhalten des Menschen zur Wirklichkeit« (August Brunner).

Die freie Hingabe des gekreuzigten Jesus Christus ist ferner zur Orientierung wie zur immerwährenden Kritik und Provokation jener Hingabebereitschaft geworden, zu der das wandernde Gottesvolk auf ihrem Weg durch die Geschichte fähig oder unfähig ist. Der Dreifaltigkeitsglaube ist »nichts anderes als die Kurzfassung der Passionsgeschichte Christi in ihrer Bedeutung für die eschatologische Freiheit des Glaubens und des Lebens der bedrängten Natur« (Jürgen Moltmann). Jesus Christus, der Erlöser, wird daher nicht überflüssig, wenn das eschatologische Ziel erreicht ist. Im Gegenteil: In ihm und mit ihm und durch ihn vollzieht die erlöste Schöpfung in der Kraft und Verbundenheit des Heiligen Geistes die ewige und nie endende Hingabe der dankbaren und freudigen Liebe.

Richtungsweisend bleibt für christliches Glauben und Leben das Wort des heiligen Bernhard von Clairvaux (um 1090–1153): »Dieses Geheimnis ergründen zu wollen, ist Vermessenheit. Daran zu glauben, ist Gottseligkeit. Es dereinst zu erkennen, ist Leben, ewiges Leben«.

GOTT, DER SCHÖPFER DES HIMMELS UND DER ERDE

10.

WARUM IST ÜBERHAUPT WELT?

Warum ist überhaupt Seiendes und nicht vielmehr Nichts?

Martin Heidegger

Am Anfang der Philosophie steht, wie es bereits in der griechischen Antike ausgesprochen wurde und auch aus dem eben zitierten Satz des deutschen Philosophen Martin Heidegger (1889–1976) herauszuhören ist, das Staunen – das Staunen über die Existenz und Schönheit der Welt, das Staunen über die Geheimnisse von Geburt, Liebe und Tod, das Staunen über die Faszination und Auswirkung des Bösen, das Staunen über das Woher und Wohin allen irdischen Lebens. Leider ist diese Haltung des ehrfürchtigen Staunens vielen Menschen unserer Zeit abhanden gekommen. Es ist für sie selbstverständlich, daß sie leben und daß auch die vielschichtige Welt da ist. Es scheint, daß das moderne Denken so nachhaltig pragmatisch und positivistisch geprägt bzw. eingeengt ist, daß es kaum noch die hintergründig-spekulative Frage stellt: Warum gibt es überhaupt die Welt? Muß die Welt sein? Könnte es nicht auch ein ewiges Nichts geben?

Versuche einer Antwort

Ist die Welt lediglich das Ergebnis eines Zufalls? Oder muß die Welt als dynamische Entfaltung einer »ewigen Materie« innerlich notwendig da sein? Der Materialismus wie der Atheismus versuchen bei der Frage nach dem Ursprung der Welt den personalen Schöpfergott auszuklammern. Besitzt vielleicht die Materie selbst eine ewig-göttliche Kraft, wie es in den pantheistischen Weltdeutungen vorgelegt wird, die Welt und Gott ineinssetzen? Der christliche Glaube bekennt, daß es Gott ist, der die Vielfalt der unsichtbaren und sichtbaren Wirklichkeiten in schöpferischer Freiheit ins Dasein gesetzt hat. »Im Glauben erkennen wir, daß die Welt durch Gottes Wort erschaffen wurde und so aus Unsichtbarem das Sichtbare entstand« (Hebr 11,3). Auf dem 1. Vatikanischen Konzil (3. Sitzung vom 24. April 1870) wurde nochmals bestätigt, was seit Anbeginn des christlichen Glaubens und ausdrücklich auf dem 4. Konzil im Lateran (Rom 1215) festgehalten worden war:

»Der allein wahre Gott schuf in seiner Güte und mit allmächtiger Kraft – nicht um seine Seligkeit zu mehren, noch um sich Vollkommenheit zu erwerben, sondern um seine Vollkommenheit zu offenbaren durch die Güter, die er den Geschöpfen mitteilt – in freiestem Willensentschluß zu Beginn der Zeit aus Nichts in gleicher Weise beide Ordnungen der Schöpfung, die geistige und die körperliche, d.h. die Engelwelt und die irdische Welt und dann die Menschenwelt, die gewissermaßen beide umfaßt, da sie aus Geist und Körper besteht«.

Dadurch, daß in den christlichen Glaubensbekenntnissen das Ereignis der Schöpfung mit dem Vater-Gott als »dem allmächtigen Schöpfer des Himmels und der Erde« verknüpft wird, kann allzuleicht die Vorstellung begünstigt werden, allein dem Vater-Gott, also der ersten göttlichen Person, sei die Erschaffung des Universums zuzuschreiben. Thomas von Aquin, der große Dominikanertheologe (1225–1274), hat dazu folgende Wegweisung vermittelt: »Die Schöpferkraft Gottes ist der ganzen Dreieinigkeit gemeinsam. Sie gehört also zur Einheit der Wesenheit, nicht zur Unterscheidung der Personen. Durch die natürliche Vernunft läßt sich also das von Gott erkennen, was die Einheit der Wesenheit betrifft, nicht aber das, was die Unterscheidung der Personen betrifft« (Summa theologica I, 32,1).

Die Antwort des Glaubens

Die Heilige Schrift spricht von der Schöpfungstat Gottes in einer kaum beachteten, symphonischen Weise. Es stellt eine verengte Sicht dar, nur auf den alttestamentlichen Schöpfungsbericht zu verweisen. Im Alten Testament (vor allem sind zu erwähnen Gen 1,1–2,25; Am 4,13; 5,8–9; 9,5–6; Jes 44, 6–7; 45,18; Ps 8; 19; 104) wie im Neuen Testament (erinnert sei an Röm 1,19–20; Kol 1,15–17; Eph 1,4–11; Hebr 11,3; Joh 1,1; 3,11; Offb 21, 2.5–6) wird ein buntes Mosaikgemälde über den Schöpfer-Gott vorgelegt. Die Bibel legt für die Glaubenseinsicht, daß Gott der souveräne und allmächtige Schöpfer aller unsichtbaren und sichtbaren Wirklichkeiten ist, keine Beweise vor. Der biblische Schöpfungsglaube stützt sich nicht auf die diskutierende und argumentierende Theologie. Es ist aus den biblischen Texten vielmehr eine Antwort des Glaubens herauszuhören, die sich nicht genug tun konnte, den Schöpfer-Gott immer wieder und mit immer neuen Bildern und Hymnen zu rühmen und zu preisen. Die liturgische Rühmung ist – nach den Auffassungen der alttestamentlichen wie der neutestamentlichen Schriftsteller – die einzig angemessene Weise, von der Schöpfungstat Gottes zu sprechen.

Daß Gott existiert und die Welt erschaffen hat, war so selbstverständlich, daß es nichts zu »beweisen« gab. Wie ein Franziskus von Assisi (1181–1226) seinen »Sonnengesang« gedichtet hat, ohne einen stichhaltigen Gottesbeweis mitzuliefern, so haben in ähnlicher Glaubensgewißheit auch die biblischen Schriftsteller die Schöpfungstat Gottes besungen, ohne die Existenz und Wirksamkeit Gottes erst beweisen zu wollen.

Schöpfung ist Gnade

Ehrfurcht, Erschrecken und Dankbarkeit spiegeln sich in den Worten wider, die der calvinische Theologe Karl Barth (1886–1968) über die Schöpfertat Gottes niedergeschrieben hat: »Gott gönnt es der von ihm verschiedenen Wirklichkeit da zu sein, er gönnt ihr ihre eigene Wirklichkeit, Art und Freiheit. Die Existenz des Geschöpfs neben Gott, das ist das große Rätsel und Wunder, das ist die große Frage, auf die wir Antwort geben müssen und geben dürfen, die Antwort, die uns durch Gottes Wort gegeben wird, die echte Existenzfrage, die sich von der auf Irrtum beruhenden Frage: Gibt es einen Gott? wesentlich und grundsätzlich unterscheidet. Daß es eine Welt gibt, das ist das Unerhörteste, das ist das Wunder der Gnade Gottes . . . Gott in der Höhe, der dreieinige Gott, der Vater, der Allmächtige, er ist nicht eigenmächtig, er gönnt auch diesem Anderen das Sein, er gönnt es ihm nicht nur, er läßt es ihm nicht nur, er gibt es ihm. Wir sind und Himmel und Erde sind in ihrer ganzen vermeintlichen Unendlichkeit, weil Gott ihnen das Sein gibt. Das ist die große Aussage des ersten Artikels«.

11.

WAS IST VON ENGELN ZU HALTEN?

Erledigt ist durch die Kenntnis der Kräfte und Gesetze der Natur der Geister- und Dämonenglaube.

Rudolf Bultmann

Es ist nicht zu bezweifeln, daß in früheren Jahrhunderten, auch noch bei der Generation unserer Eltern und Großeltern, Existenz und Verehrung der Engel eine unbestrittene Selbstverständlichkeit waren. Um die Situation zu kennzeichnen, die man in der gegenwärtigen Frömmigkeit und Theologie da und dort antreffen kann, ließe sich sagen, die Engel scheinen Wohnungsnot in manchem modernen Glaubensgebäude zu haben. Der Engel, so hört man heute sagen, gehöre wohl zum Kinderhimmel und zum Kinderglauben. Im Wörterbuch eines erwachsenen Christen könne aber das Stichwort »Engel« durchaus fehlen: Der Engel ist nicht gefragt – der Engel wird nicht benötigt. Wenn jedoch Michael Seemann im 2. Band des Werkes »Mysterium salutis« (Einsiedeln–Zürich–Köln 1967) schreibt, es würde die Autorität Jesu verneint, wo die Existenz der Engel geleugnet würde, so muß dies aufhorchen lassen und die Einsicht anbahnen, daß die Lehre von den Engeln keineswegs als ein überflüssiges Ornament des christlichen Glaubens angesehen werden kann und darf.

Die Skepsis gegen Engel

Es gibt heute eine weit verbreitete Skepsis gegenüber der kirchlichen Lehre von den Engeln. Ursachen und Motive hiefür sind außerordentlich bunt und unterschiedlich. So gibt es gläubige Menschen, vor allem der jungen Generation, deren Frömmigkeit durch eine profilierte Christozentrik gekennzeichnet ist. Christus, der eine und einzige Mittler zwischen Gott und den Menschen, steht für sie so stark, aber auch so isoliert im Mittelpunkt, daß mit den Heiligen auch die Engel völlig überblendet sind. Im saloppen Ton wird von solchen Christozentrikern gesagt, wer mit Christus sprechen will, hat zu ihm einen Direktkontakt und braucht daher nicht das vermittelnde Telefon der Heiligen oder der Engel.

Wiederum andere glauben, sich auf Argumente der Religionsgeschichte stützen und berufen zu können, wenn sie im Engelglauben einen Import aus altorientalischen, vornehmlich aus persischen Religionen sehen und ihn daher nicht zur Glaubenssubstanz rechnen. Gelegentlich kann man auch (oft jedoch nur hinter erhobener Hand ausgesprochen!) die Auffassung vernehmen, die Bibel schreibe zwar von Engeln, aber das Stichwort »Engel« stehe nicht für eine gottgeschaffene Wirklichkeit, sondern sei lediglich ein literarisches Klischee, ein Interpretament, eine katechetische Illustration für Gegenwart und Wirksamkeit Gottes.

Die Lehre von den Engeln

Einerseits gelingt es sehr wenigen Christen, der Lehre von den Engeln den rechten »Ort« in ihrem Glaubensbekenntnis einzuräumen. Anderseits wiederum stellen sie fest, daß in der biblischen Paradies- und Sündenfallgeschichte plötzlich der Teufel in Gestalt der verführerischen Schlange (Gen 3,1 ff.) auftritt. Woher kommt plötzlich »der« Böse? Ist vielleicht gar der Teufel von Gott erschaffen worden oder gibt es neben dem guten Gott ein ewiges, dämonisches Prinzip, den Teufel? Wenn aber wirklich nur die guten Engel von Gott erschaffen wurden, wann kam es unter diesen zur Scheidung der Geister?

Man könnte sich durchaus eine Reihung der Schöpfungstaten Gottes so vorstellen, daß Gott zuerst jene Schöpfungswirklichkeit ins Dasein gerufen hat, die ihm in seiner Unsichtbarkeit am nächsten kam: das Reich der unsichtbaren guten Geister, der Engel. Ehe Menschen ihr Nein zu Gott sprachen, hatten abtrünnige Engel ihr Nein gegen Gott gesprochen, wie es der apokalyptischen Darstellung (Offb 12,7–9) vom Kampf zwischen Michael und dem Teufel zu entnehmen ist.

Vom Geheimnis der gefallenen Freiheit hat mit aller Deutlichkeit das 4. Laterankonzil (1215) gesagt: »Der Teufel und die anderen bösen Geister sind von Gott ihrer Natur nach gut geschaffen, aber sie sind durch sich selbst schlecht geworden«. Daß gerade jene Ereignisse, die mit dem Fall der abtrünnigen Engel berichtet werden, für den christlichen Glauben eine viel zu wenig beachtete Orientierungs- und Verständnishilfe bilden wollen, hat überzeugend Hugo Rahner herausgestellt: »Die erste Sünde des Menschen ist nicht begreifbar ohne den Zusammenhang mit der geheimnisvollen Sünde der geschaffenen reinen Geisteswelt. Auch dieses heute so fast geschämig verschwiegene und unbewußt oft umgangene Stück der Offenbarung muß hier seine erste Grundlegung finden in unserer Verkündigung. Denn ohne das gläubige Wissen und ohne die rechte Verkündigung dieser Wahrheit . . . also ohne von der ungeheuren Tatsache zu sprechen, daß Gott eine Welt wunderbarer reiner Geister geschaffen hat, die nicht in seiner Gnade verharrten, sondern in die Gottferne stürzten, die wir Hölle nennen, ohne die Tatsache zu verkünden, daß diese gefallene Geisteswelt mit den ersten Menschen in einen geheimnisvollen Zusammenhang trat und so die Ursünde erst ganz verständlich wird; daß also ‚Sünde' sich fortsetzt in einem Mysterium des Bösen vom Fall der reinen Geister an bis zur letzten Sünde des letzten Menschen aus Adams Geschlecht: ohne all diese Wahrheiten können wir niemals richtig von der Erlösung sprechen, vom Königreich Christi und seinem Sieg über den Satan, von der Taufgnade als der Absage an den Teufel, von der gesamten Weltgeschichte als dem sich langsam vollziehenden ‚Hinauswerfen des Fürsten dieser Welt'. Genesis und Apokalypse, Anfang und Ende, innerlichste Zielsetzung des Reiches Gottes: alles wird unverständlich, wenn wir nicht gläubig klar und biblisch geformt vom Satan und seinen Engeln sprechen, gleich zu Beginn der Menschengeschichte«.

Die Botschaft der Bibel

Die moderne Exegese (und nicht erst sie!) hat in mühseliger Kleinarbeit aufzeigen können, daß es Texte gibt, in denen Wirken und Sprechen Gottes und der Engel beinahe konturlos ineinander übergehen, ja daß in einzelnen alttestamentlichen Stellen (u.a. Gen 16,7 ff.; 21,17 ff.; 22,11 ff.; 31,11 ff.; Ex 3,2 ff.; Ri 2,1 ff.) zwischen Jahwe und dem Engel nicht mehr unterschieden werden kann. Dem Ausdruck »der Engel des Herrn« kommt im Alten wie im Neuen Testament eine exzellente Bedeutung zu. Es läßt sich nicht leugnen, daß, je weiter die Schriftwerdung des Alten Testamentes voranschreitet, Engel häufiger genannt werden. Es ist ferner eine nicht unwichtige Tatsache, daß in der Septuaginta, der griechischen Übersetzung des Alten Testamentes, an verschiedenen Stellen (z.B. Ex 4,24; Ijob 20,15; Ps 8,6) nur vom Engel die Rede ist, während im hebräischen Originaltext es Gott selbst ist, der spricht und handelt.

Man wird daher, geführt von den Erkenntnissen der Exegese, ein Zweifaches sagen und festhalten können: Einerseits kann nicht überall, wo in der Heiligen Schrift ein Engel auftritt und spricht, mit Sicherheit von der Existenz des berichteten Engels gesprochen werden; anderseits kann aus der Heiligen Schrift auch nicht erschlossen und belegt werden, daß es überhaupt keine Engel gibt und daß sie nur literarische Klischees für die Gegenwart und Autorität Gottes und somit nur eine papierene Wirklichkeit wären. Man muß wohl von Fall zu Fall einen Text sehr genau untersuchen und auch besser differenzieren zwischen Sprachgestalt und Glaubensinhalt, als man es landläufig getan hat. Die Bibel liefert aber keine Argumente, um den »Abschied von den Engeln« zu proklamieren.

Lehre und Liturgie der Kirche

Alois Winklhofer (Die Welt der Engel. Ettal 1961, 144) schrieb mit Recht: »Es ist in der Tat so, daß man die Heilige Schrift selber radikal drangeben müßte und mit ihr die ganze Heilsgeschichte, wenn man der Engel ledig werden wollte.« Gegenüber einer verstiegenen Engellehre hatte bereits der Apostel Paulus sich kritisch geäußert (Röm 8,38; Gal 1,8; Kol 2,18) und bereits in der urchristlichen Spätzeit mußte energisch auf die »gesunde Lehre« (2 Tim 4,3; Tit 1,9; 2,1–2) hingewiesen werden.

Von Anbeginn gehört die Verehrung der Engel zum Glauben der Kirche. Eine Zusammenfassung der kirchlichen Engellehre findet sich im »Römischen Katechismus«, der 1566 nach einem Beschluß des Konzils von Trient (1545–1563) herausgegeben wurde. Darin heißt es: »Gott hat eine geistige Natur und unzählige Engel aus Nichts erschaffen, damit sie Gott dienen und vor ihm stehen; ferner hat er sie mit dem wunderbaren Geschenk seiner Gnade ausgezeichnet und geschmückt . . . Durch die Vorsehung Gottes ist den Engeln die Aufgabe anvertraut worden, das Menschengeschlecht zu beschützen und den einzelnen Menschen beizustehen, damit sie nicht einen größeren Schaden nehmen. Wie die Eltern ihren Kindern auf eine unsichere und gefahrvolle Reise Schützer und Helfer mitgeben, so hat der himmlische Vater auf dem Weg zum himmlischen Vaterland jedem von uns Engel vorgesetzt. Unter deren Schutz und Sorgfalt können wir die von den Feinden bereiteten Schwierigkeiten meiden, die gegen uns unternommenen Angriffe zurückweisen und unter ihrer Führung den rechten Weg einhalten, damit kein Irrtum, den der falsche Widersacher uns bereitet, uns vom Weg zum Himmel ablenken kann.«

Gewiß mag es da und dort eine unfromme Neugierde gegeben haben, die über Zahl, Titel und Rangordnung der Engel Genaueres wissen wollte. Der heilige Aurelius Augustinus (354–430) hat dazu gesagt: »Ich für meine Person muß gestehen, daß ich darüber nichts weiß.« In der Liturgiereform der Gegenwart hat die Kirche ihren Glauben an die Existenz und Wirksamkeit der Engel bekräftigt. Im kirchlichen Festkalender wird das Fest der Erzengel Michael, Gabriel und Raphael (29. September) und das Schutzengelfest (2. Oktober) ausdrücklich festgehalten. In vielen Gebeten, etwa zum Abschluß der Präfation, bestätigt die Kirche unermüdlich ihren Glauben an die Engel und Erzengel, an die Kerubim und Serafim. Die Kirche würde sich und andere belügen, würde sie zwar von Engeln reden, aber an ihre Existenz nicht glauben. »Die Engel sind mehr als eine poetische Staffage der Volks- und Märchenpoesie, sie gehören zu Gott und Christus und zum Heiligen Geist, aber sie gehören auch zu uns« (Erik Peterson). Nicht nur die Heiligen, auch die Engel kommen wieder!

12.

DER TEUFEL – DAS BÖSE ODER DER BÖSE?

Echte Seelsorge lebt von der Erkenntnis, daß der Mensch sich nicht selber helfen kann. Sie weiß sich deshalb von vorneherein an den gewiesen, der gekommen ist, die Werke des Teufels zu zerstören.

Joachim Scharfenberg

Man soll gewiß nicht »den Teufel an die Wand malen« und dort Schuld wie Sünde auf den Teufel abwälzen, wo Menschen Böses tun. Es ist aber auch die andere Reaktion voreilig, wollte man dem Teufel personale Existenz rundweg absprechen. Vielleicht steckt mehr als ein Körnchen Wahrheit in dem Satz von Charles Baudelaire (1821–1867): »Die raffinierteste List des Teufels ist es, uns einzureden, daß es ihn gar nicht gibt«. Gewiß gibt es eindrucksvolle Darstellungen des Teufels auf dem Gebiet der Literatur und der bildenden Kunst. Trotzdem bleibt zu beachten: Man kann den Teufel großartig und erschütternd darstellen und doch nicht an seine Existenz glauben.

Der Ursprung der Satanseuphorie

Es stellt eine paradoxe Situation dar, daß fast zur gleichen Zeit, da die römisch-katholische Kirche die Weihe zum Exorzisten »abschaffte« und aus den Texten der Sakramentenspendung (Taufe!) und der Weihungen die Sachbeschwörungen und Exorzismen tilgte, die Themen des Exorzisten, der Besessenheit, der sog. »Schwarzen Messen« und anderer satanischer Kulte außerordentlich aktuell geworden sind. Es scheint, daß gerade der Mensch, der nicht fest und lebendig in seinem Glauben wurzelt, keineswegs interesselos dem Dämonenglauben gegenübersteht, sondern für ihn durchaus ansprechbar und empfänglich ist. Ja, es läßt sich sogar feststellen, daß überall dort, wo der Glaube zerfällt, das Böse im Grund des Seins selbst gedacht und damit eine dämonische Deutung der Wirklichkeit begünstigt wird. Dem gegenüber sind in der Sicht des Glaubens das Böse und der Böse in ihrem Daseins- und Wirkbereich erheblich eingeengt, denn »Christus ist stärker, und wer sich in das Kraftfeld des Glaubens begibt, der steht in einer Kraft, die ihm die Furcht vor diesen Mächten abnimmt. Christsein heißt, von der Furcht erlöst sein« (Kardinal Joseph Ratzinger).

Aber auch in gläubigen Kreisen ist der Teufel zum Gesprächsthema geworden, weil da und dort bereits der »Abschied vom Teufel« (Herbert Haag) proklamiert, dem Teufel die Personalität abgesprochen und ihm lediglich als Symbolfigur, als literarisch-folkloristisches Klischee, als Interpretament oder gar als Requisit der Pädagogik ein Platz im christlichen Glauben eingeräumt wurde.

Erst jüngst (1978) hat der katholische Theologe Herbert Haag sich für eine Abschaffung des Teufelsglaubens ausgesprochen und wörtlich erklärt: »Ich protestiere dagegen, daß Christen im Namen der Heiligen Schrift verpflichtet werden, an den Teufel zu glauben«.

Gehört der personale Teufel wirklich zu einem heute überholten Denkmodell, wie in ähnlicher Weise das geozentrisch-altorientalische Weltbild zwar Hintergrundkulisse des biblischen Schöpfungsglaubens war, aber keineswegs mit ihm glaubensnotwendig verbunden ist? Gegenwärtig stehen sich Teufelsvorstellungen gegenüber, die aus recht unterschiedlichen Quellgründen kommen und mit recht unterschiedlichen Argumenten arbeiten.

Man sollte aber doch überlegen: »Wer meint, es handle sich bei einer Leugnung des personalen Bösen ‚wieder einmal' um das Herausbrechen eines Steines aus dem tradierten Glaubensgebäude, der möge auch dies bedenken: Welch ein Unsinn, welch ein Aberglaube, wieviel Unrecht wurde von der Kirche, auch vom Lehramt, nicht schon toleriert. Das kann und soll kein moralischer Vorwurf gegen die Kirche sein. Wer ohne Schuld ist, der werfe den ersten Stein – aber bitte nicht mit den Steinen des Mittelalters auf die Kirche von heute! Dennoch aber kann man sich nur schwerlich des Eindrucks erwehren, daß ein »etwas zuviel« an »Glaube« »vorsichtshalber« vom Lehramt eher geduldet wird als ein »etwas zu wenig« (Karl-Heinz Weger).

Jesus Christus und der Teufel

Das Alte Testament spricht bereits vom Teufel als einem persönlichen Wesen (Ijob 1,6–12; 2,1–7; vgl. Weish 2,23–24; Gen 3,1–5).

Das Neue Testament berichtet wiederholt (vor allem im Markus-Evangelium) von Teufelsaustreibungen durch Jesus, ja auch von dämonischen Versuchungen, denen Jesus ausgesetzt war. Es kann nicht bezweifelt werden, daß nach den neutestamentlichen Schriften Jesus den Teufel als personales Wesen angesprochen und aus Besessenen ausgetrieben hat (er hat aber auch Wind und Wellen wie personale Wesen behandelt!). Angesichts des Textbefundes steht man vor der sehr ernsten und folgenschweren Frage, ob Jesus Christus sich nur der mythischen Sprache seiner Zeit bediente, um von seinen Zuhörern verstanden zu werden, oder ob er tatsächlich von der personalen Existenz des Teufels in seiner Verkündigung geredet hat? Es kann nicht von der Hand gewiesen werden, daß in der damaligen Zeit und Medizin Epilepsie, Schizophrenie und andere pathologische Erkrankungen mit dem Teufel in Beziehung gebracht worden sind. Harvey Cox meinte daher: »Jesus hat sich in seinem Exorzismus neurotischer Krämpfe der einzelnen angenommen. Sein ganzes Leben aber repräsentierte eine Art radikalen Exorzismus der Neurose einer ganzen Kultur.«

Man kann gewiß der These zustimmen, daß die neutestamentlichen Schriftsteller bei der Niederschrift der Teufelsaustreibungen und anderer Wunder literarische Klischees aus der hellenistischen Literatur übernommen haben. Trotzdem besagt die Übernahme einer literarischen Darstellungsform und Verpackung noch keineswegs, daß der Inhalt der neutestamentlichen Botschaft nur mythologisch zu werten ist und daß Teufel, von denen das Neue Testament berichtet, nur symbolisch verstanden werden können.

Das Neue Testament, vor allem das Markus-Evangelium, berichtet von Jesus, daß er auch als Exorzist tätig war. Man würde den Text des Neuen Testamentes und zutiefst Jesus von Nazaret selbst in seiner Wahrhaftigkeit angreifen, wollte man das Personal-Dämonische gegenüber Jesu, den Teufel, nur als Folklore gelten lassen und ihm bestenfalls eine papierene Existenz zubilligen.

Die Lehre vom Teufel im Glauben der Kirche

Es ist heute das Verfahren häufig anzutreffen, mit der Bibel gegen die Kirche anzutreten und anzufechten. Ohne Kirche ist die Bibel eine zwar interessante Literatursammlung, aber nicht mehr. Die Frage nach der personalen Wirklichkeit des Teufels läßt sich daher nicht auf dem Boden der Bibel allein (sola scriptura) angehen und beantworten. Man würde der Glaubensüberlieferung und auch dem Glaubensbewußtsein der neutestamentlichen Heilsgemeinde Gewalt antun, wollte man den Teufel soweit differenzieren und entmythologisieren, daß am Ende nur noch das Wort »Sünde« übrigbliebe. Man muß sich in Erinnerung rufen, was das 4. Laterankonzil (1215) klar und unmißverständlich ausgesprochen hat: »Wir glauben fest und bekennen mit aufrichtigem Herzen . . ., daß Gott der eine Ursprung aller Dinge ist, der Schöpfer der sichtbaren und unsichtbaren, der geistigen und körperlichen . . . Der Teufel aber und die anderen bösen Geister sind von Gott ihrer Natur nach gut geschaffen, aber sie sind durch sich selbst schlecht geworden«.

Im Römischen Katechismus, der nach einem Beschluß des Konzils von Trient (1545–1563) im Jahre 1566 herausgegeben wurde, heißt es: »Der Teufel kann bei all seiner Macht und Hartnäckigkeit, bei dem tödlichen Haß gegen unser Geschlecht uns doch nicht versuchen oder quälen, so viel und so lange es ihm beliebt, sondern seine ganze Macht wird durch den Wink und die Zulassung Gottes regiert«. Von den bösen Geistern schreibt der (1930 von Kardinal Pietro Gasparri herausgegebene) Katholische Katechismus, »sie können dem ewigen Heil der Menschen ohne deren freie Zustimmung nicht schaden«.

Auch das 2. Vatikanische Konzil hat vom personalen Teufel gesprochen (Liturgiedekret Nr. 6; Missionsdekret Nr. 3 und 9). Gewiß steht die Lehre vom Teufel nicht an der Spitze der Glaubenswahrheiten. »Der Teufel ist kein Hauptthema der Theologie« (Kardinal Joseph Ratzinger). Trotzdem ist gerade heute – sei es gelegen oder ungelegen! – der Christ der Welt den Dienst der Wahrheit und der Demaskierung schuldig, denn die Anonymität ist schon immer das liebste Element der Dämonen gewesen.

Die Rede: Ich glaube »an« Gott hat eine andere Bedeutung als der Ausspruch: Ich glaube »an« den Teufel. An den Teufel glauben kann nur heißen, mit seiner Personalität und vor allem mit seiner verwirrenden Gegenwart und Wirksamkeit rechnen. Der Teufel gehört daher nicht im gleichen

Sinne wie Gott in das Glaubensbekenntnis. »An den Teufel kann man nicht ‚glauben', man kann ihm nur immer neu Widerstand entgegensetzen und ihm absagen« (Hans-Martin Barth, Der emanzipierte Teufel. München 1974, 160).

13.

DIE WELT – SCHÖPFUNG GOTTES

Alles Wahrnehmbare zeigt weder völlige Abwesenheit noch eine offenbare Gegenwart des Göttlichen, wohl aber die Gegenwart Gottes, der sich verbirgt. Alles trägt dieses Kennzeichen.

Blaise Pascal

Dem Menschen des planetarischen Zeitalters steht ein so umfassender Einblick in die physikalischen Kräfte und in die biochemischen Zusammenhänge des Kosmos zur Verfügung, daß man von einer neuen »kopernikanischen Wende« des Welt- und gewiß auch des Menschenverständnisses sprechen kann. Es ist aber nicht zu übersehen, daß mit der anfänglichen Weltfaszination sich mehr und mehr sehr ernste Fragen der Welt- und der Menschheitszukunft verbinden. Hat die Zukunft eine Zukunft? Ist die Welt ein riesiges Experimentierfeld, auf dem der Mensch schalten und walten kann, wie er will? Sehr nachdrücklich und besorgt beginnt man heute nach dem Sinn der Welt zu fragen. Immer breiter wird die Einsicht, daß diese Sinnfrage nur im großen Horizont des Weltursprungs und des Weltzieles beantwortet werden kann.

Die Auskunft der Bibel

Wer vom Ursprung der Welt spricht, wird sich gewiß erinnern an jenen Bericht, der auf den ersten Seiten der Schulbibel stand und mit dem schlichten Satz begann: »Am Anfang schuf Gott den Himmel und die Erde« (Gen 1,1). In der gegenwärtigen Religionspädagogik zerbricht man sich den Kopf, ob man wirklich Kindern im Kindergarten und in den ersten Klassen der Volksschule den biblischen Bericht von der Erschaffung der Welt vorlegen könne und dürfe. Es kann nämlich nicht geleugnet werden, daß kritische, hitzige und »atheistische« Diskussionen über den biblischen Schöpfungsbericht, die vor allem in oberen Klassen der Gymnasien geführt werden, auf ein Fehlverständnis zurückgehen, das sich in der Kinderzeit eingestellt hat und als belastende Hypothek bei nicht wenigen Erwachsenen noch registriert werden kann.

Ist der biblische Bericht von der Erschaffung der Welt und des Menschen (Gen 1,1–2,4a) als historisches Dokument zu werten? Kann man angesichts der modernen Evolutionslehre noch an einer Welterschaffung in sechs Tagen festhalten? Ist nicht der biblische Schöpfungsbericht ein naiver, altorientalischer Mythos, dem in unserer Zeit höchstens antiquarische Bedeutung zukommt? Man muß es offen gestehen: Um den biblischen Schöpfungsbericht in seiner Tiefe und Aussageabsicht »verstehen« zu können, muß man wesentlich älter sein als ein Schulanfänger. Der biblische Text ist – ganz abgesehen von seiner literarischen Gattung – das Konzentrat einer jahrhundertelangen, gläubigen Reflexion über Gottes Offenbarung und gleichzeitig auch das Zeugnis einer jahrhundertelangen Liturgie des Rühmens und Preisens Gottes.

Die durchsichtige Helle und Sparsamkeit der Sprache darf nicht über die unerhörte Dichte und Kühnheit der Gedanken hinwegtäuschen. Gewiß sind die Kulissen des biblischen Schöpfungsberichtes dem altorientalischen Weltbild entnommen. Aber in dieser literarischen Verpackung ist eine Aussage enthalten, die ohne Übertreibung als die mächtigste und folgenschwerste Entzauberung und Entmythologisierung altorientalisch-antiker Welt- und Göttervorstellungen angesprochen werden muß. Wenn »Sonne, Mond und Sterne« (Gen 1,14–19), die Tiere des Meeres (Gen 1,20–23) und des Festlandes (Gen 1,24–25) und auch der Mensch (Gen 1,26–31; vergl. Gen 2,4b–7,18–25) im biblischen Bericht als Geschöpfe Gottes genannt werden, dann sind alle babylonisch-assyrischen Sterngötter, alle ägyptischen Tiergötter und alle altorientalischen, wie Götter verehrten Herrscher mit einem Schlag vom Postament gestürzt worden. Dann erst beginnen die Konturen der Offenbarungsaussage deutlich zu werden, wenn man den biblischen Schöpfungsbericht versteht als bewußte Konfrontation gegen die damaligen Götter- und Weltvorstellungen.

Schöpfung oder Entwicklung?

Die biblischen Schriftsteller waren als Angehörige des altorientalischen Kulturkreises nicht mit den Erkenntnissen des evolutiven Weltbildes vertraut. Sie konnten daher nicht gegen eine kosmische Entwicklungstheorie schreiben. Der biblische Schöpfungsbericht gebrauchte gewiß als literarische Darstellungsform ein heute überholtes Weltbild, ohne jedoch dieses Weltbild selbst zum Glaubensinhalt zu machen. Der biblische Schöpfungsbericht ist weder für noch gegen die These der Weltentwicklung. Er ist vielmehr für eine Weltevolution durchaus offen.

Schöpfung und Entwicklung stehen sich nicht als unvereinbare Alternativen gegenüber. Vielmehr kann man sagen: Die Entwicklung der Welt hat die Schöpfung der Welt zur Voraussetzung. Die Erschaffung der Welt kann durch Gott so erfolgt sein, daß er ein »Ur-Atom« ins Dasein gerufen hat, in dem alle späteren Ausfaltungen und Entwicklungen bereits eingeplant waren. Gottes Allmacht und Allwissenheit erscheinen wahrhaftig dadurch in einem ganz neuen Lichte, wenn die Welt nach dem Konzept der Entwicklung auf den Weg geschickt wurde.

Der Paläobiologe Johannes Hürzeler schreibt mit Recht: »Die Evolution, die religiöse Eiferer im ersten Erschrecken kurzsichtig als teuflisches Blendwerk verworfen haben, ist das großartige Grundprinzip des Schöpfungsplanes, das jene immer wieder tief beeindruckt, die Gelegenheit haben, weiter in die Geschehnisse der Erde und besonders der Biosphäre und ihrer Geschichte einzudringen. Dieses Ereignis übt auf hellhörige und empfindliche Menschen, die noch fähig sind zu staunen und sich von einer alten Formelsprache – die für ein ganz anderes Welt- und Menschenbild geschaffen wurde – frei machen können, eine unerhörte Wirkung aus«.

Wer die Äußerungen des kirchlichen Lehramtes über Schöpfer und Schöpfung auf sich wirken läßt, wird entdecken, daß sie mit dem Glauben an den einen Gott als Schöpfer und Herr des Himmels und der Erde eine kaum bekannte Denkfreiheit ermöglichen, wie man sich im einzelnen den Schöpfungsprozeß vorstellt.

Der Mensch im Kosmos

Was im Alten Testament von der Erschaffung des menschlichen Leibes aus modellierbarer Erde (Gen 2,7) und von der Einhauchung des Lebensodems steht, stammt – wenigstens in den sprachlichen Bildern – aus dem Weistum einer jahrhundertelangen Erfahrung. Auch der Bericht von der Gestaltung Evas aus der Rippe Adams (Gen 2,21–25) wird nur dem simpel und bedeutungslos erscheinen, dem die hintergründige und auch heute durchaus beachtenswerte Auslegung dieser Stelle aus dem Talmud unbekannt ist: »Gott hat die Frau nicht aus dem Kopf des Mannes geschaffen, daß sie ihm befehle, noch aus seinen Füßen, daß sie seine Sklavin sei. Vielmehr aus seiner Seite, daß sie seinem Herzen nahe sei«.

Der biblische Text, der die Größe und Güte der Schöpfung besingt, zielt hin auf den Menschen, in dessen Wesenstiefe das Autogramm des dreieinigen, dreipersönlichen Gottes eingeprägt ist: »Laßt uns Menschen machen als unser Abbild nach unserer Gestalt . . . Gott schuf also den Menschen als sein Abbild; als Abbild Gottes schuf er ihn. Als Mann und Weib schuf er sie« (Gen 1,26–27). Man kann es nicht deutlich und laut genug betonen: Das biblische Wort von der »Gottebenbildlichkeit« des Menschen ist die Fundamentalaussage, in der alles über den Menschen, über Sinn und Ziel des menschlichen Lebens ausgesprochen ist: Der Mensch in seiner personalen Einmaligkeit – der Mensch in seiner Offenheit auf das Du – der Mensch in seiner Freiheit, in seinem schöpferischen Tun bei der Weitergabe des Lebens und in seiner Weltverantwortung – der Mensch als Entwurf auf absolute Zukunft. Alles, was von Philosophen oder Soziologen, von Biologen oder Psychologen über Sinn und Ziel des Menschen gesagt und geschrieben worden ist, nimmt sich bescheiden aus, gemessen an dieser grandiosen Aussage, die auch in den Worten des Psalmisten aufklingt:

»Was ist der Mensch, daß du an ihn denkst,
des Menschen Kind, daß du dich seiner annimmst?
Du hast ihn nur wenig geringer gemacht als Gott,
hast ihn mit Herrlichkeit und Ehre gekrönt.
Du hast ihn als Herrscher eingesetzt über das Werk deiner Hände,
hast ihm alles zu Füßen gelegt« (Ps 8, 5–7).

In seiner Pastoralkonstitution über die Kirche in der Welt von heute (vom 7. November 1965) hat das Zweite Vatikanische Konzil diese Gedanken nachdrücklich betont: »Gott hat den Menschen nicht allein geschaffen: denn von Anfang an hat er ihn ‚als Mann und Frau geschaffen' (Gen 1,27); ihre Verbindung schafft die erste Form personaler Gemeinschaft. Der Mensch ist nämlich aus seiner innersten Natur ein gesellschaftliches Wesen; ohne Beziehung zu den anderen kann er weder leben noch seine Anlagen zur Entfaltung bringen . . .

Aus der gesellschaftlichen Natur des Menschen geht hervor, daß der Fortschritt der menschlichen Person und das Wachsen der Gesellschaft als solcher sich gegenseitig bedingen. Wurzelgrund nämlich, Träger und Ziel aller gesellschaftlichen Institutionen ist und muß auch sein die menschliche Person, die ja von ihrem Wesen selbst her des gesellschaftlichen Lebens durchaus bedarf. Da also das gesellschaftliche Leben für den Menschen nicht etwas äußerlich Hinzukommendes ist, wächst der Mensch nach allen seinen Anlagen und kann seiner Berufung entsprechen durch Begegnung mit den Brüdern«.

Der Auftrag: »Bevölkert die Erde, unterwerft sie euch und herrscht über die Fische des Meeres, über die Vögel des Himmels und über alle Tiere, die sich auf dem Land regen!« (Gen 1,28) macht den Menschen für die Welt verantwortlich. Er soll im Sinne des Schöpfergottes die Schöpfung mitlieben und mittragen und die verborgenen Entwicklungsansätze des Universums erkennen, erforschen und zur gottgewollten Entfaltung bringen.

Das Weltgeheimnis in Jesus Christus

Die Auffassung, daß der allmächtige Vater-Gott der Schöpfer des Himmels und der Erde ist, hat eine Glaubensaussage fast völlig überblendet und in Vergessenheit geraten lassen, die im Neuen Testament zu finden ist und die beim Verständnis, bei der Deutung und Zielsetzung des gesamten, geschaffenen Kosmos nicht übersehen werden darf. Pierre Teilhard de Chardin (1881–1955) hat mit seinem Hinweis auf den »kosmischen Christus« nicht eine neue oder gar cinc unbiblische Botschaft verkündet. Im Gegenteil, er hat nur Vergessenes und Ur-Biblisches ins Bewußtsein des christlichen Denkens und Glaubens gehoben, so daß neutestamentliche Texte (vor allem Kol 1,15–17; Eph 1,3–14) plötzlich ganz neu zu reden beginnen. Jesus Christus ist nicht erst durch seine Menschwerdung in Beziehung zur Welt getreten. Mit dem Vater und dem Heiligen Geist ist er Schöpfer aller unsichtbaren und sichtbaren Dinge (Hebr 11,3). Jesus Christus ist »der Erstgeborene der Schöpfung« (Kol 1,15) und gleichzeitig Grundriß und Entwurf der gesamten Welt, die »auf ihn hin erschaffen ist« (Kol 1,17). »In ihm hat er uns auserwählt vor Erschaffung der Welt, damit wir heilig und untadelig vor Gott leben« (Eph 1,4). Auch ohne die Menschwerdung des Gottessohnes könnte man von der Welt nicht ohne ihn sprechen, denn »in ihm wurde alles erschaffen im Himmel und auf Erden, das Sichtbare und das Unsichtbare . . . alles ist durch ihn und auf ihn hin geschaffen. Er ist vor aller Schöpfung, alles hat in ihm Bestand« (Kol 1,16–17). Wer daher von der Welt spricht, muß von Jesus Christus sprechen. Man kann aber auch nicht gültig und umfassend von Jesus Christus sprechen und gleichzeitig an der Existenz und Zielsetzung des Kosmos interesselos vorbeischauen. Es war die große und bleibende Faszination, die ein ganzes Leben lang Teilhard de Chardin erfüllte, daß der Kosmos nicht ohne Christus, aber auch Christus nicht ohne den Kosmos gedacht und geglaubt werden kann. Er schreibt daher: »Irgendwie muß sich *ein* Standpunkt finden, von dem aus Christus und die Erde derart aufeinander bezogen erscheinen, daß ich den einen nur zu besitzen vermag, wenn ich die andere umfasse, daß ich mit dem einen nur in Gemeinschaft treten kann, indem ich mit der anderen verschmelze, daß ich nur absolut Christ sein kann, wenn ich ganz Mensch bin«.

14.

ABSCHIED VON DER ERBSÜNDE?

Wenn ich in einen Spiegel blickte und darin mein eigenes Gesicht nicht sähe, so hätte ich ungefähr dasselbe Gefühl, das mich überkommt, wenn ich die lebendige Welt betrachte und das Spiegelbild ihres Schöpfers nicht in ihr finde.

John Henry Newman

Franz Kafka (1883–1924) hat in dem Satz: »Der Mensch kommt mit einer blutenden Wunde in diese Welt« versucht, die allgemein menschliche Unheilsituation zu umschreiben, ohne jedoch auf theologische Aussagen und Perspektiven einzugehen. Ursprung und Bedrängnis des Bösen haben zu allen Zeiten den menschlichen Verstand beunruhigt und gequält. Wie ein Angelhaken, der Schmerz verursacht, hängt im Denken, ja im Selbstverständnis des Menschen die Tatsache des Bösen, das er in sich wie auch im Leben und Entscheiden der Mitmenschen vorfindet. Während die Tatsache des Bösen eine harte Realität ist, scheint sich die Herkunft des Bösen dem Zugriff des menschlichen Fragens hartnäckig zu entziehen. Gehört überhaupt die Frage nach dem Bösen zu jenem Themenbereich, auf den der Mensch nicht präzis, sondern nur mit Vermutungen, Hypothesen und Annäherungsdaten antworten kann?

Nicht verschwiegen werden darf, daß in der gegenwärtigen Diskussion das Böse, oder noch deutlicher die »Erbsündenlehre« in eine Zerreißprobe geraten ist, die Unruhe und Verunsicherung ausgelöst hat. Seit Herbert Haag den »Abschied von der Erbsünde« verkündet hat, wird immer lauter nach einer Revision der Erbsündenlehre gerufen.

Der gute Gott und das Böse

Überall dort, wo dualistische Weltanschauungen mit zwei (einem guten-geistigen und einem bösen-materiellen) Grundprinzipien vertreten werden, stellt die Frage des Bösen kein Problem dar; denn dann stammt das Böse im Menschen und im Kosmos vom Antigott, vom Dämon. Hält man aber im Glauben an einem einzigen Gott fest, der Himmel und Erde, Unsichtbares und Sichtbares erschaffen hat, dann stellt sich unausweichlich die Frage, woher denn das Böse stamme und ob nicht Gott selbst das Böse verursacht habe. Wie kommt das Unkraut des Bösen in das Weizenfeld des guten Gottes? Stammen die Möglichkeit und Folgen des Bösen, Leid, Krankheit und Tod letztlich nicht doch von Gott? Hätte der Schöpfergott eine bessere Welt erschaffen können? Sind die Möglichkeiten des Bösen begründet in Defekten, die bereits in der erschaffenen Welt wurzeln?

Das alttestamentliche Nachdenken über die Frage nach dem Ursprung des Bösen und der Unzulänglichkeitssituation, das erhellt und geleitet wurde von der Führung der göttlichen Wahrheit (Inspiration), hat zur Niederschrift des Paradies- und Sündenfallberichtes (Gen 2,8–3,24) geführt. Dieser biblische Text, der in seiner Grundform etwa um 1000 v. Chr. aufgezeichnet wurde, ist eine kühne Deutungsgeschichte (Ätiologie), die für die unleugbare Erfahrung des Bösen – durch einen deutenden Griff zurück in die beginnende Menschheitsgeschichte – eine Erklärung bieten will. Fast völlig verwehte Spuren von Ereignissen, die am Morgen der Geschichte stehen, bilden den Kern der biblischen Deutungsgeschichte. Wenngleich der Paradies- und Sündenfallbericht nicht als historisches Dokument im Sinne der modernen Geschichtsschreibung verstanden werden darf, so will er ohne Zweifel und mit großem Nachdruck unterstreichen, daß das Böse nicht in einem naturhaften Defizit begründet ist. Der Sündenfallbericht ist konzipiert als grandiose Freiheitsgeschichte. Er will ausdrücklich und mit großem Ernst das ethisch-personale Moment hervorheben und deutlich machen, daß der Bruch mit Gott aus personaler Freiheitsentscheidung vollzogen wurde. Auffallend ist jedoch die erstaunliche Isolierung der Sündenfallgeschichte im gesamten Alten Testament. »Weder ein Prophet noch ein Psalm noch ein Erzähler nimmt irgendwie einen erkennbaren Bezug auf die Geschichte vom Sündenfall. Man wird tatsächlich dem Jahwisten erst dann gerecht, wenn man ihn in seiner Vereinsamung sieht« (Gerhard von Rad, Das erste Buch Mose. Göttingen 1964 7,82).

Anfragen der modernen Wissenschaften

Ohne sogleich den Vertretern der modernen Wissenschaft häretische Absichten zu unterstellen, sollte man sich ruhig und gewissenhaft jenen Einwänden und Schwierigkeiten stellen, die von ihnen im Zusammenhang mit der Erbsündenlehre vorgebracht werden. Während von Seite der Exegeten auf die Literaturgattung des biblischen Sündenfallberichtes hingewiesen wird, wird von Seite der Naturwissenschaftler auf den mehrpaarigen Anfang (Polygenismus) der Menschheit aufmerksam gemacht und ein mächtiges Fragezeichen zum Monogenismus und damit zur Abstammungslinie aller Menschen von einem einzigen Menschheitspaar gesetzt, dem in der Bibel die Namen Adam und Eva gegeben worden sind. Muß die Erbsündenlehre vom Monogenismus entkoppelt werden?

Historiker und Humanwissenschaftler unterbreiten außerdem die Anfrage, ob angesichts der Entwicklungslehre »die ersten Menschen« überhaupt jene Entscheidungsfähigkeit und auch das Wissen um die Folgen ihrer Schuld hatten, die für Ursünde und Erbschuld erforderlich sind. Hat man nicht – vor allem seit Aurelius Augustinus (354–430) – die paradiesischen Menschen (Urstandsgnade) zu übermenschlichen Wesen hinaufgegipfelt, die ungeahnte und beneidenswerte natürliche wie außernatürliche Kräfte und Fähigkeiten hatten?

Orientierungsdaten der Erbsündenlehre

Mehr andeutend als in ausführlicher Breite sollen wenigstens einige Orientierungsdaten vermittelt werden. Es stellt eine unsachgemäße Engführung dar, die Erbschuldlehre nur mit alttestamentlichen Texten (Gen 3,1–12; 5,5; 8,21; usw.) zu belegen. Auch neutestamentliche Stellen (u.a. Röm 5,12–21; 1 Kor 15,20–22) sind heranzuziehen. Außerdem ist die Erbschuldlehre in der Glaubens- und Auslegungsgeschichte der Kirche zu berücksichtigen.

In einem Schreiben an Ymbertus, den Bischof von Arles (aus dem Jahre 1201) hat Papst Innozenz III. (1198–1216) auf den Unterschied von Erbsünde und persönlicher Sünde unmißverständlich aufmerksam gemacht: »Es gibt eine zweifache Sünde, die Erbsünde und die persönliche Sünde: die Erbsünde, der man ohne eigene Zustimmung verfällt, und die persönliche Sünde, die man mit Zustimmung begeht . . . Die Strafe der Erbsünde ist der Verlust der Anschauung Gottes, die Strafe der persönlichen Sünde aber die Qual der ewigen Hölle«.

Im Erbsündendekret (verabschiedet am 17. Juni 1546) hat das Konzil von Trient (1545–1563) irrige Lehren von der Ursünde wie von der Erbsünde scharf zurückgewiesen: »Wer nicht bekennt: Nachdem Adam, der erste Mensch, das Gebot Gottes im Paradies übertreten hatte, verlor er sogleich die Heiligkeit und Gerechtigkeit, in die er eingesetzt war, und zog sich durch die Beleidigung dieses Sündenfalls den Zorn und die Ungnade Gottes und somit den Tod zu, den Gott ihm vorher angedroht hatte, und mit dem Tode die Haft unter der Macht dessen, der daraufhin die Herrschaft des Todes innehatte, d.h. des Teufels, und Adam wurde durch diese Beleidigung des Sündenfalls ganz, an Leib und Seele, zum Schlechteren gewandelt: der sei ausgeschlossen.

Wer behauptet, Adams Sündenfall hat nur ihm, nicht aber seiner Nachkommenschaft Schaden zugefügt, und er hat die von Gott empfangene Heiligkeit und Gerechtigkeit, die er verloren hat, nur für sich, nicht aber auch für uns verloren; oder: befleckt durch die Sünde des Ungehorsams, hat er nur den Tod und die körperlichen Strafen auf das ganze Menschengeschlecht übertragen, nicht aber auch die Sünde, die der Tod der Seele ist: der sei ausgeschlossen.

Wer behauptet: Diese Sünde Adams, die in ihrem Ursprung eine ist und durch Abstammung, nicht durch Nachahmung, übertragen, allen innewohnt und jedem zu eigen ist, kann durch die Kräfte der menschlichen Natur oder durch ein anderes Heilmittel hinweggenommen werden, als durch das Verdienst des einen Mittlers, unseres Herrn Jesus Christus, der uns in seinem Blut mit Gott wiederversöhnt hat . . .; oder wer leugnet, daß eben dies Verdienst Jesu Christi, durch das Taufsakrament, das richtig in der Form der Kirche gespendet wird: den Erwachsenen sowohl wie den Kindern mitgeteilt wird, der sei ausgeschlossen«.

In einer gewaltigen Geschichtsperspektive hat das Zweite Vatikanische Konzil in seiner Pastoralkonstitution über die Kirche in der Welt von heute (vom 7. Dezember 1965) vom Ursprung und von der Geschichtsmächtigkeit des Bösen gesprochen. »Obwohl in Gerechtigkeit von Gott begründet, hat der Mensch unter dem Einfluß des Bösen gleich von Anfang der Geschichte an durch Auflehnung gegen Gott und den Willen, sein Ziel außerhalb Gottes zu erreichen, seine Freiheit mißbraucht. ‚Obwohl sie Gott erkannten, haben sie ihn nicht als Gott verherrlicht, sondern ihr unverständiges Herz wurde verfinstert, und sie dienten den Geschöpfen statt dem Schöpfer' (Röm 1,21 ff.). Was uns aus den Offenbarungen Gottes bekannt ist, steht mit der Erfahrung in Einklang: der Mensch erfährt sich, wenn er in sein Herz schaut, auch zum Bösen geneigt und verstrickt in vielfältige Übel, die nicht von seinem guten Schöpfer kommen können. Oft weigert er sich, Gott als seinen Ursprung anzuerkennen; er durchbricht dadurch auch die geschuldete Ausrichtung auf sein letztes Ziel, zugleich aber auch seine ganze Ordnung hinsichtlich seiner selbst wie hinsichtlich der anderen Menschen und der ganzen Schöpfung.

So ist der Mensch in sich selbst zwiespältig. Deshalb stellt sich das ganze Leben der Menschen, das einzelne wie das kollektive, als Kampf dar, und zwar als einen dramatischen, zwischen Gut und Böse, zwischen Licht und Finsternis. Ja, der Mensch findet sich unfähig, durch sich selbst die Angriffe des Bösen wirksam zu bekämpfen, so daß ein jeder sich wie in Ketten gefesselt fühlt. Der Herr selbst aber ist gekommen, um den Menschen zu befreien und zu stärken, indem er ihn innerlich erneuerte und ‚den Fürsten dieser Welt' (Joh 12,31) hinauswarf, der ihn in der Knechtschaft der Sünde festhielt. Die Sünde mindert aber den Menschen selbst, weil sie ihn hindert, seine Erfüllung zu erlangen.
Im Licht dieser Offenbarung finden zugleich die erhabene Berufung wie das tiefe Elend, die die Menschheit erfährt, ihre letzte Erklärung« (Art. 13).

»Die ganze Geschichte der Menschheit durchzieht ein harter Kampf gegen die Mächte der Finsternis, ein Kampf, der schon am Anfang der Welt begann und nach dem Wort des Herrn bis zum letzten Tag andauern wird. Der einzelne Mensch muß, in diesen Streit hineingezogen, beständig kämpfen um seine Entscheidung für das Gute, und nur mit großer Anstrengung kann er in sich mit Gottes Gnadenhilfe seine eigene innere Einheit erreichen« (Art. 37).

Es wird eine wichtige und keineswegs leichte Aufgabe der gegenwärtigen Theologie sein, die Fragen und Erkenntnisse der Historiker, Psychologen und Naturwissenschaftler mit der traditionellen Lehre von der Ursünde und der Erbschuld zu verbinden. Es stellt das Ernstnehmen des Mysteriums dar, wenn man sagt: Wir müssen ernstmachen mit dem Geheimnischarakter der Ursünde wie der Erbschuld und sollten nicht glauben, dieses Mysterium perfekt-rational lösen zu können. »Fraglos, nichts erregt heftigeren Anstoß als diese Lehre, und doch sind wir uns selbst ohne dieses Mysterium unbegreifbar« (Blaise Pascal). Nicht zuletzt wird es notwendig sein, das Geheimnis der Ursünde und der Erbschuld unter dem Kreuz Jesu Christi zu meditieren.

15.

VON DER VORSEHUNG GOTTES

Also sprach der Teufel einst zu mir: Auch Gott hat seine Hölle: das ist seine Liebe zu den Menschen.

Friedrich Nietzsche

Die Zukunftsplanung arbeitet heute nicht mehr – wie etwa in den vergangenen Jahrhunderten – mit vagen Ahnungen und Vermutungen. Sie stützt und verläßt sich auf die sogenannte Datenbank, in der wichtige Informationen und Angaben aus den verschiedensten Bereichen (wie Wirtschaft, Schulwesen, Soziologie, Bevölkerungsstatistik, Politik, Gesundheitswesen usw.) gespeichert sind. Dieses gespeicherte Material ist abrufbar und wirft für ganz bestimmte programmierte Fälle Daten und Prognosen der Zukunft aus.

Vielen Menschen unseres technischen Zeitalters könnte sich der Gedanke aufdrängen, Vorsehung und Weltplan Gottes hätten Ähnlichkeiten mit einer Datenbank, in die von Ewigkeit her die Geschicke jedes Menschen, ja ganzer Völker und Epochen vorprogrammiert, gespeichert sind und je nach der Entwicklung der Menschheitsgeschichte abgerufen werden. Heißt es doch z.B. im Epheserbrief: »In ihm (Jesus Christus) hat er (Gott, der Vater) uns erwählt vor Erschaffung der Welt . . . er hat uns aus Liebe im voraus dazu bestimmt, durch Jesus Christus seine Söhne zu werden . . . Durch ihn sind wir als Erben vorherbestimmt und eingesetzt nach dem Plan dessen, der alles verwirklicht, wie er es in seinem Willen beschließt« (Eph 1,4–5.11).

Freiheit – eine Illusion?

Nicht erst seit der Französischen Revolution (1789) gibt es das faszinierende Wort »Freiheit« und Emanzipation. Schon in der Heiligen Schrift läßt sich das Wort »Freiheit« entdecken, angefangen von der weisheitlichen Lehrerzählung des Sündenfalles (Gen 3,1–24), die eine einzigartige Freiheitsgeschichte ist, bis zur Proklamation des Apostels Paulus, die von der »Freiheit und Herrlichkeit der Kinder Gottes« (Röm 8,21) redet.

Der gesamten Heiligen Schrift, vor allem der Geschichte der menschlichen Schuld und Sünde, ist zu entnehmen, daß der Mensch nicht willenlose Marionette in der Hand Gottes ist. Er ist alles andere als eine Figur, die von Gott auf dem Schachbrett des Weltplanes nur hin- und hergeschoben wird. Wenn es eines Beweises für die menschliche Freiheit im Koordinatennetz des göttlichen Weltplanes bedürfte, dann müßte auf die Möglichkeit und die Tatsache der menschlichen Schuld und Sünde (posse peccare) verwiesen werden.

Liegt aber nicht doch ein Widerspruch vor, einerseits von der Freiheit des Menschen und anderseits von der Vorsehung Gottes zu sprechen?

Vorsehung und Liebe Gottes

Das Thema der Vorsehung Gottes hat im Laufe der christlichen Glaubensgeschichte wie eine Pflugschar den Boden des menschlichen Denkens tief aufgerissen. Nicht wenige peinigte die Frage, ob göttliche Vorsehung gleichzusetzen sei mit Prädestination, mit totaler Vorherbestimmung.

Die göttliche Vorsehung ist alles andere als ein Computer, der seelenlos und unbeteiligt seine Prognose vorlegt und verwirklicht. Weil Gott nicht eine unpersönliche Idee, nicht eine antlitzlose Abstraktion, sondern dreipersonale Liebe ist (1 Joh 4,8), ist göttliche Vorsehung nicht ohne Liebe. In die göttliche Vorsehung ist daher das liebende Vorauswissen um die freien Entscheidungen der Menschen einbezogen. Gott nimmt jene Freiheit ernst, die er selbst den Menschen gegeben hat. Weil Gott die freien Entscheidungen der Menschen respektiert, konnte sich im Laufe der Geschichte auch Schreckliches und Skandalöses ereignen. Mit dem armseligen Verlegenheitswort »Zulassung Gottes« versuchen wir solche Geschehnisse zu erklären, in denen Gott die Freiheit der Menschen sich austoben läßt.

John Henry Newman (1801 – 1890) hat einer seiner Predigten den Titel »Gottes Allmacht in Banden« gegeben. Er hat damit zum Ausdruck gebracht, daß sich Gottes Liebe und Allmacht gerade durch den Respekt Gottes vor der Freiheit des Menschen gebunden wissen. Menschliche Bosheit kann Gottes Weltplan zwar blockieren und verzögern, niemals aber völlig zunichtemachen. In dieser Predigt, gehalten am 6. Januar 1857 in der Universitätskirche zu Dublin, heißt es wörtlich: » . . . wenn wir Gott einfach als den Allmächtigen bekennen, haben wir nur eine unvollkommene Erkenntnis von ihm. Er ist der Allmächtige, der sich trotz seiner Allmacht mit Schwachheit umgeben und sich zum Gefangenen seiner eigenen Geschöpfe machen kann. Er besitzt, wenn ich mich so ausdrücken darf, die unbegreifliche Macht, sich selbst machtlos zu machen«.

Die oft zu hörende und quälende Frage: Warum läßt Gott dieses oder jenes in der Welt zu? ist daher in einen umfassenderen Fragehorizont zu stellen: Warum respektiert Gott die Freiheit des Menschen und warum läßt er ihr auch dort freien Lauf, wo sie zerstörerisch, gemein und lieblos handelt?

Göttliche Vorsehung und menschliche Freiheit

Weil Gott ein allwissender und vorausschauender Gott ist, weiß er um die Entscheidungen wie um die Unterlassungen der Menschen und vermag sie in seinen Weltenplan einzubeziehen. Für uns Menschen bleibt es undurchschaubar, wie die Fäden der göttlichen Vorsehung sich mit den Fäden der menschlichen Freiheit verbinden. Die Schöpfung ist ein ungeheures Potential und Materialfeld, das Gott dem Verstand und der Freiheit des Menschen anvertraut hat. Die Weltgeschichte gleicht einem handgeknüpften Teppich, den wir nur von unten sehen. Viele bunte Fäden gehen wirr durcheinander. Nur ein Ewigkeitsblick auf die Oberseite vermag die Farbzusammenstellung und die eingewebten Muster sichtbar zu machen.

Es kann nicht geleugnet werden, daß Menschen gerade durch ihre Freiheit befähigt waren und sind, die Geschichte mit Blut und Tränen zu schreiben. Tröstlich ist es aber, daß die göttliche Liebe größer ist als menschliche Schuld und daß sie sogar Schuld zur glückseligen Schuld (felix culpa) werden läßt. Gott schreibt gerade – auch auf krummen Zeilen. »Die christliche Zuversicht besteht nicht in sorglosem Optimismus. Sie vertraut auf die Vorsehung, sie glaubt an die Liebe. Sie ist weder leichtsinnig noch untätig. Sie gibt dem Leiden seinen Wert, dem Gebet seine Glut, dem Handeln seine Kraft« (Kardinal Jules Saliège).

JESUS, DER CHRISTUS

16.

MYTHOS ODER GESCHICHTE?

Bloß »historischer Glaube« rettet nicht; wissenschaftliche Resultate sind nicht deshalb Heilswahrheiten, weil sie historisch gesichert sind. Aber umgekehrt braucht »unhistorischer Glaube« nicht Zeichen starken Glaubens zu sein; manchmal ist er Zeichen schwachen Denkens.

Hans Küng

Dem Martyrologium Romanum, das seinen Grundentwurf im frühen Mittelalter und seine entscheidende Endfassung im 16. Jahrhundert erhalten hat, ist die eindeutige Absicht zu entnehmen, unter Verwendung der damals bekannten Geschichtsmaterialien Geburt und Leben Jesu von Nazaret in den Kontext der Weltgeschichte einzufügen, um dadurch mit großem Nachdruck die geschichtliche Existenz Jesu zu betonen. Der Text, der daraus am Vorabend des Festes der Geburt Jesu Christi (25. Dezember) in kirchlichen Gemeinschaften verlesen wurde, lautet:

»Im Jahre 5199 seit Erschaffung der Welt,
da Gott im Anfang Himmel und Erde schuf,
im Jahre 2957 seit der Sintflut,
im Jahre 2015 seit Abrahams Geburt,
im Jahre 1510 seit Mose und dem
Auszug des Volkes Israel aus Ägypten,
im Jahre 1032 seit der Salbung Davids zum König,
in der 65. Jahreswoche nach der Weissagung Daniels,
in der 194. Olympiade,
im Jahre 752 (754) seit der Gründung Roms,
im 42. Jahre der Regierung des Oktavian Augustus,

da auf der ganzen Erde Friede war, im sechsten Weltzeitalter wollte Jesus Christus, ewiger Gott und Sohn des ewigen Vaters, die Welt durch seine gnadenvolle Ankunft heiligen.
Empfangen vom heiligen Geist, neun Monate nach der Empfängnis, wurde er als Mensch zu Betlehem in Juda aus Maria der Jungfrau geboren: Die Geburt unseres Herrn Jesus Christus dem Fleische nach.«

Nicht wenige Christen unserer Zeit werden ein Verwundern kaum unterdrücken können, wenn sie diesem Text des Martyrologium Romanum präzise Daten von Geschehnissen entnehmen, die im Alten Testament berichtet sind. Die moderne Natur- und Geschichtswissenschaft hat ganz andere Zahlen über die Entstehung des Universums wie auch über die Entwicklung des Lebens und des Menschen vorgelegt. Abgesehen von der durchaus interessanten Information, wie man in früheren Zeiten die geschichtliche Perspektive gesehen hat, stellt das geballte Zahlenmaterial des Martyrologium Romanum eine indirekte Zurückweisung jener Auffassungen dar, Jesus sei eine erfundene oder erdichtete und damit eine ungeschichtliche Gestalt der Legende oder des Märchens.

Wer heute von Jesus spricht, braucht sich nicht auf vage Thesen oder Hypothesen zu stützen. Der Glaube an Jesus ist angebunden an einen nachweisbaren, geschichtlichen Pflock, wenngleich die Datierungen von Einzelereignissen seines Lebens und Sterbens nicht präzis festzulegen ist. Die Quellenforschung hat aus der griechischen und römischen Literatur des Zeitalters Jesu recht bemerkenswertes Material vorlegen und den Beweis für die geschichtliche Existenz Jesu von Nazaret erbringen können.

Außerbiblische Zeugnisse

■ *Flavius Josephus (37–97 n. Chr.)*

Flavius Josephus, in Jerusalem geboren, hat die christliche Urgemeinde von Jerusalem gekannt und sich als Angehöriger des jüdischen Priesteradels kritisch mit der neuen Religion beschäftigt. In seinem um 93 entstandenen Werk »Jüdische Altertümer« finden sich die folgenden beiden bedeutsamen Textstellen:

»Zu dieser Zeit lebte Jesus, ein weiser Mann (wenn man ihn überhaupt einen Menschen nennen darf). Er tat wunderbare Werke (und war ein Lehrer der Menschen, die mit Freuden die Wahrheit aufnahmen). Viele Juden und Heiden zog er an sich. (Er war der Messias). Und als ihn auf Anklage unserer vornehmen Männer Pilatus mit dem Kreuzestod bestraft hatte, ließen die nicht ab, die ihn früher geliebt hatten. (Er erschien ihnen nämlich am dritten Tag wieder lebendig, wie gottgesandte Propheten neben tausend anderen wunderbaren Dingen von ihm verkündet haben). Noch bis heute hat das Geschlecht derer nicht aufgehört, die nach ihm Christen genannt sind.« (XVIII, 3,3)

Diese Stelle ruft freilich Bedenken hervor: Kann ein Jude Jesus als Messias anerkennen? Eingehende Untersuchungen haben ergeben, daß in den Originaltext des Josephus später von christlicher Hand Ergänzungen (oben in Klammern gesetzt) eingefügt worden sind.

»Der Hohepriester Hannas versammelte den Hohen Rat zum Gericht und stellte vor denselben den Bruder des Jesus, der Christus genannt wird, den Jakobus, nebst noch einigen anderen und ließ sie zur Steinigung verurteilen.« (XX, 9,1)

Gemeint ist hier der Apostel Jakobus der Jüngere, der auch in Gal 1,19 »Bruder des Herrn« genannt wird und Ostern 62 gesteinigt wurde.

■ *Plinius der Jüngere (62–114 n. Chr.)*

Plinius d.J. bat 112 n. Chr. als Statthalter der Provinz Bithynien den Kaiser Trajan (98–117) um Weisung, wie er sich den Christen gegenüber verhalten sollte. In seinem Brief (Epist. X, 96) heißt es:

»Ich habe es mir zum Grundsatz gemacht, mein Herr, alles, worüber ich im Zweifel bin, dir zu berichten. Denn wer könnte mich bei meiner Unentschlossenheit besser leiten und bei meiner Unerfahrenheit besser belehren? An Gerichtsverfahren gegen die Christen habe ich nie teilgenommen, daher weiß ich nicht, was und wie bestraft und untersucht zu werden gepflegt . . . Andere, von einem Angeber mit Namen genannt, gaben unumwunden zu, daß sie Christen seien, stellten es aber dann gleich wieder in Abrede; sie seien zwar Christen gewesen, seien es aber jetzt nicht mehr . . .

Sie versicherten aber, ihr ganzes Vergehen oder ihr Irrtum habe darin bestanden, daß sie gewohnt seien, an einem bestimmten Tage vor Sonnenaufgang zusammenzukommen und Christus als einem Gott im Wechselgesang

Lieder zu singen. . . . Die Angelegenheit schien mir eine Anfrage wert, besonders wegen der Zahl derjenigen, die in einen Prozeß verwickelt sein könnten. Denn viele, jeden Alters, Standes und Geschlechtes, kommen und werden noch in Gefahr kommen. Nicht nur die Städte, sondern auch die Dörfer und das flache Land hat dieser ansteckende Aberglaube erfaßt, dem wohl noch Einhalt geboten oder abgeholfen werden kann. Ist es ja schon festgestellt, daß man die Tempel, die schon fast verödet waren, wieder zu besuchen anfängt, daß die feierlichen Feste, die man schon lange nicht mehr begangen hatte, wieder in Aufnahme kamen und daß man anfing, wieder Opfertiere zu verkaufen, für die sich bisher nur selten ein Käufer fand.«

■ *Publius Cornelius Tacitus (55-120 n. Chr.)*

Um 116 n. Chr. beschrieb Tacitus in seinen Jahrbüchern (»Annales« XV, 44) die Ereignisse der Jahre 14 bis 68 n. Chr., wobei er unter anderem die »Historien« Plinius' d.Ä., eines Augenzeugen der Eroberung Jerusalems, benutzte. Bei der Schilderung des Brandes der Stadt Rom (64 n. Chr.) berichtet Tacitus:

»Nicht durch menschliche Hilfe, nicht durch des Herrschers Spenden oder durch Sühneopfer für die Götter ließ sich der Schimpf wegwaschen, daß man glaubte, die Feuersbrunst sei von oben her befohlen worden. Um dieses Gerücht zu unterdrücken, hat Nero als schuldig hingestellt und mit ausgesuchten Martern diejenigen bestraft, die das Volk wegen ihrer Untat haßte und Chrestianer nannte. Der, auf den diese Bezeichnung zurückging, Christus, ist unter Tiberius vom Statthalter Pontius Pilatus mit dem Tode bestraft worden.«

■ *Cajus Suetonius Tranquillus (75–150 n. Chr.)*

Suetonius hatte als Kabinettsgeheimsekretär unter den römischen Kaisern Trajan (98–117) und Hadrian (117–138) Zugang zu den kaiserlichen Archiven. Um 120 verfaßte er Biographien der ersten zwölf römischen Kaiser, und in der über Kaiser Claudius (41 bis 54 n. Chr.) heißt es, dieser habe » . . . die Juden aus Rom vertrieben, da sie auf Anstiften von Christus (impulsore Chresto) häufig Unruhe stifteten.«

Daß unter der Bezeichnung »impulsore Chresto« Christus zu verstehen ist, ergibt sich daraus, daß die Schreibarten »Chrestos« und »Christus« nebeneinander liefen. Auch Tacitus spricht von »Chrestiani«, womit nur die Christen gemeint sein können. – Auf die Vertreibung der Juden aus Rom weist übrigens auch die Apostelgeschichte (18,2) hin.

- *Mara bar Serapion (um 70 n. Chr.)*

Der Syrer Mara bar Serapion, ein sonst nicht näher bekannter Stoiker, schrieb bald nach 73 n. Chr. (wie Josef Blinzler festhält) einen Brief an seinen Sohn, der in Edessa am Schwarzen Meer studierte. Der besorgte Vater weist in diesem Schreiben hin, daß die wahrhaft Großen und Weisen – er erinnert an Sokrates, an Pythagoras und an den weisen König der Juden (Jesus?) – oft von ihren Mitmenschen mißverstanden, verfolgt und nicht selten getötet worden sind. Der Vater möchte seinem Sohn ans Herz legen, daß nicht äußerer Erfolg oder Mißerfolg entscheidend sind, sondern die innere Haltung, die seelische Größe und Selbsttreue eines Menschen.

»Was hatten die Athener für einen Nutzen, daß sie Sokrates töteten . . . oder die Samier von der Verbrennung des Pythagoras . . . oder die Juden von der Hinrichtung ihres weisen Königs, da ihnen von jener Zeit an das Reich weggenommen war? (Offenbar die Katastrophe vom Jahre 70) . . . Die Athener starben Hungers. Die Samier wurden vom Meer verschüttet. Die Juden umgebracht und aus ihrem Reich vertrieben; sie leben allenthalb in der Zerstreuung. Sokrates ist nicht tot wegen Plato, noch Pythagoras wegen der Herastatue, noch der weise König wegen der neuen Gesetze, die er gegeben hat« (Cureton, Spicilegium Syriacum 43 ff.).

Der Gesamttext, der Sokrates und Pythagoras als Gestalten der Geschichte festhält, stellt neben diese als weitere historische Persönlichkeit den »weisen König« der Juden, unter dem niemand anderer als Jesus von Nazaret zu verstehen ist, der hingerichtet (gekreuzigt) wurde und der der Menschheit in seiner Botschaft »neue Gesetze« gegeben hat.

Ergebnisse der außerbiblischen Berichte

- Der Christenname leitet sich von Christus her (Josephus, Plinius d.J., Tacitus, Sueton).
- Jesus hat in Palästina gelebt (Josephus, Tacitus).
- Jesus wurde unter Tiberius (Tacitus) durch Pontius Pilatus (Josephus, Tacitus) verurteilt. Da Tiberius von 14 bis 37 regierte und Pilatus von

26 bis 36 römischer Statthalter in Palästina war, ergibt sich eine ziemlich genaue Zeitangabe für den Tod Jesu.

- Jesus wurde hingerichtet (Tacitus), und zwar am Kreuz (Josephus).

Die außerbiblischen Zeugnisse über Jesus von Nazaret, die von Nichtchristen aufgezeichnet worden sind, bieten keine anderen Aussagen als die Texte des Neuen Testamentes. Sie stellen vielmehr bis hinein in historische und geographische Details eine Bestätigung jenes geschichtlichen Rahmens dar, in dem auch nach den Zeugnissen der Bibel Jesus geboren wurde, gewirkt hat und unter Pontius Pilatus am Kreuz gestorben ist.

Geschichtliches Wissen – kein rettender Glaube

Mit dem Ausspruch: »Die Bibel hat *doch* recht« wurde mit einer gewissen Erleichterung festgestellt, daß die biblischen Texte in vielen geographischen und geschichtlichen Details durch moderne Forschungen und Handschriftenfunde bestätigt worden sind. Das kritisch-moderne Denken hat damit angesichts der Bibel eine Klärung und Beruhigung erhalten. Doch darf die Aussage, daß die Bibel doch recht hat, nicht schon als Glaubensbekenntnis gewertet werden. Wer mit seinem historisch-kritischen Sachverstand »weiß«, daß Jesus von Nazaret eine Gestalt der Geschichte ist, braucht deshalb noch lange kein gläubiger Christ zu sein. Historisches Wissen, das kritisch prüft und zur Kenntnis nimmt, liegt auf einer ganz anderen Ebene als christlicher Glaube, der Jesus von Nazaret als den menschgewordenen Sohn Gottes anerkennt.

Und doch hat das geschichtliche Wissen über Jesus eine fundamentale Bedeutung für den Glauben an Jesus. Das Heilsereignis der Erlösung hat sich nicht über den Wolken vollzogen, sondern im Raum der Geschichte. Der Sohn Gottes ist Mensch geworden »und hat unter uns gewohnt« (Joh 1,14). Das Wissen um die Geschichtlichkeit Jesu ist gewiß nicht bereits christlicher Glaube. Aber es bildet eine nachprüfbare Voraussetzung des Christusglaubens, der sich eben nicht auf Legenden und Mythen stützt. Es gibt eine »sichtbare« Linie der göttlichen Offenbarung, die vom Menschen eingesehen werden kann, ja die dem Menschen von Gott selbst zur Überprüfung angeboten worden ist. In diesem überprüfbaren, irdisch-geschichtlichen Vorfeld sollen jene Orientierungsdaten gefunden werden, um alles Nachprüfbare überprüft zu haben und um die Kühnheit des Glaubens mit allen Konsequenzen zu wagen.

»Die Dramatik der göttlichen Heilsveranstaltung spielt sich nicht in den seligen, unaussprechlichen Höhen reiner Geistigkeit ab, zu denen wir aus der Tiefe der verwirrenden Ausgeliefertheit an das Fleisch sehnsüchtig aufschauen . . . Der Dreifaltige läßt sich von den Menschen nur finden und umarmen in dem Menschgewordenen, den wir ‚mit Händen betasten'. Wer immer Gott jenseits dieses Menschen sucht, greift ins Leere seiner eigenen Geistgebilde« (Hugo Rahner).

17.

EMPFANGEN VOM HEILIGEN GEIST, GEBOREN AUS MARIA, DER JUNGFRAU

Auch die Gemeinde braucht eine sie durchwaltende Mitte, und wenn Maria diese Mitte ist, wird sie nie den Ausblick auf ihren Sohn verstellen. Sie zeigt auf ihn, wie er auf den Vater zeigt.

Hans Urs von Balthasar

Wer von Jesus dem Christus und Erlöser der Welt spricht, kann nicht nur vom Kreuz und von der Auferstehung reden. Er muß über seinen Christusglauben gerade dadurch Farbe bekennen, daß er aufzeigt, wie er über das Ursprungs- und Menschwerdungsgeheimnis dieses Jesus denkt. Damit steht die Frage zur Beantwortung an, was es ist um die Mutterschaft Marias und wie Stellung und Bedeutung Marias im Erlösungswerk ihres Sohnes zu sehen sind. Das Leben Marias ist freilich wegen der spärlichen Berichte der Evangelien dem neugierigen Zugriff des menschlichen Forschens weithin entzogen. Hugo Rahner hat daher von der »erhabenen und erschütternden Schweigsamkeit, mit der Gott selbst das Leben seiner Mutter umgibt«, geschrieben.

Fragen und Anfragen aus der Gegenwartsdiskussion

Über Maria und ihre menschlich-biologische Beziehung zu Jesus von Nazaret gibt es heute im kirchlichen wie außerkirchlichen Raum recht unterschiedliche Auffassungen, die bald aus der ehrlichen Besorgtheit des Glaubens, bald auch aus spöttischem Zynismus und Skeptizismus kommen. Man kann z.B. hören, die biblischen Texte, die von der jungfräulichen Empfängnis und Geburt Marias sprechen, seien nicht als Aussagen über Maria, sondern über ihren Sohn zu werten. Sie wollen Auslegung und Verdeutlichung (Interpretament) der Gottessohnschaft ihres Sohnes sein. Außerdem wird in diesem Zusammenhang verwiesen auf ein Wort des Apostels Paulus, der übrigens an keiner einzigen Stelle ausdrücklich von der Jungfrauschaft Marias redet, ja nicht einmal ihren Namen nennt, sondern lediglich feststellt: »Da kam die Fülle der Zeit und Gott sandte seinen Sohn, von einer Frau geboren« (Gal 4,4).

Mit Vorliebe wird ferner auf religionsgeschichtliche Parallelen in ägyptischen, babylonischen und griechischen Mythen verwiesen, in denen von rätselhaften Wundergeburten großer Männer die Rede ist. Allzu leicht ist man geneigt, in der neutestamentlichen Kindheitsgeschichte Jesu einen Niederschlag antiker Mythen und Klischeevorstellungen zu erblicken. Es wird darüber hinaus auch die Frage gestellt, ob der Glaube an das Geheimnis der jungfräulichen Gottesmutter Maria auch biologische Aussagen umschließt.

Das Menschwerdungsgeheimnis Jesu in Schrift und Überlieferung

Die neutestamentliche Kindheitsgeschichte nach Mattäus (Mt 1,1–2,23) und Lukas (Lk 1,5–2,52) läßt erkennen, daß bereits im apostolischen Zeitalter die mütterliche Beziehung Marias zu Jesus von Nazaret die gläubige Reflexion in hohem Maße beschäftigte. Recht unterschiedliche Motive (u.a. judenchristliches Interesse an der Herkunft Jesu; Auseinandersetzung mit der Täufersekte und gewiß auch mit der leibfeindlichen Gnosis) haben – abgesehen von der Erhellung und Mitteilung des Gottesgeistes – das christliche Denken in tiefe Erregung versetzt. Es ist unverkennbar, daß der »heiße« Jesaja-Text (Jes 7,14: »Siehe die Jungfrau – junge Frau? – wird empfangen und einen Sohn gebären«) dabei eine fundamentale Rolle gespielt hat. Gerade das lukanische Überbietungsmotiv setzt Empfängnis und Geburt Jesu scharf konturiert ab von der Empfängnis und Geburt anderer »Wunderkinder« altgewordener und kinderlos gebliebener Ehepaare, von denen das Alte Testament (Isaak, Samuel) und auch das Neue Testament (Johannes, der Täufer) spricht. Der Text Mt 1,18–25 will ganz bewußt eine klärende Fußnote zu Mt 1,16 sein und jede Auslegung ausschließen, die eine natürliche Empfängnis Marias vertritt.

Es ist ferner festzustellen, daß im Glaubensbekenntnis der Kirche von Anfang an (auch schon in den knappsten Kurzformeln) die Aussage niedergelegt ist: » . . . empfangen vom Heiligen Geist, geboren aus Maria, der Jungfrau«. Das erste Konzil zu Konstantinopel (381) formulierte in seinem

Glaubensbekenntnis: »Ich glaube . . . an den einen Herrn, Jesus Christus . . . Er hat Fleisch angenommen durch den Heiligen Geist aus Maria, der Jungfrau, und ist Mensch geworden«. Das Konzil von Chalkedon (451) bekundete seinen Glauben: »Vor aller Zeit wurde er (unser Herr Jesus Christus) aus dem Vater gezeugt seiner Gottheit nach, in den letzten Tagen aber wurde derselbe für uns und um unseres Heiles willen aus Maria, der Jungfrau, der Gottesgebärerin, der Menschheit nach geboren«. In bewußt harter und keine Zweifel aufkommenlassender Formulierung erklärte die Römische Kirchenversammlung im Lateran unter Papst Martin I. (649): »Wer nicht mit den heiligen Vätern im eigentlichen und wahren Sinne die heilige und immer jungfräuliche und unbefleckte Maria als Gottesgebärerin bekennt, daß sie eigentlich und wahrhaft das göttliche Wort selbst, das vom Vater vor aller Zeit gezeugte, in den letzten Zeiten, ohne Samen, vom Heiligen Geist empfangen und unversehrt geboren hat, indem unverletzt blieb ihre Jungfrauschaft auch nach der Geburt, der sei ausgeschlossen«.

Man muß wahrhaftig große Kühnheit haben, gegen das Glaubenszeugnis der Schrift und der kirchlichen Tradition anzugehen und den Abschied an den Glauben an die jungfräuliche Empfängnis und Mutterschaft Marias zu proklamieren.

Die Menschwerdung des Gottessohnes aus Maria, der Jungfrau, ist und bleibt Geheimnis, das Bibel und Glaubenstradition der Kirche festhalten, aber nicht erklären wollen. »Es ist bei seiner Erzeugung nicht so zugegangen wie es zugeht, wenn eine menschliche Existenz ihren Anfang nimmt, sondern diese menschliche Existenz beginnt in der Freiheit Gottes selber, in der Freiheit, in der Vater und Sohn eins sind im Band der Liebe, im Heiligen Geist. Wir sollen also, wenn wir auf den Anfang der Existenz Jesu blicken, hineinblicken in diese letzte Tiefe der Gottheit, in der Vater und Sohn eins sind . . . Gott selber tritt als Schöpfer auf den Plan und nicht als Partner dieser Jungfrau gegenüber. Die christliche Kunst früherer Zeiten hat versucht, dies wiederzugeben, daß es sich hier nicht um einen sexuellen Vorgang handelte. Und man hat wohl gesagt, daß diese Erzeugung durch das Ohr Marias realisiert wurde, das das Wort Gottes hörte« (Karl Barth). Einen ähnlichen Gedanken hatte bereits Aurelius Augustinus (354–430) in folgenden Worten wiedergegeben: »Seliger ist Maria durch den Glauben an Christus als durch die Empfängnis seiner Menschheit. Selbst die mütterliche Verwandtschaft hätte ihr nichts genützt, hätte sie nicht freudiger Jesus im Herzen getragen als im Mutterschoß«.

Orientierungshilfen für den Glauben

Es läßt sich gewiß die Frage aufwerfen, warum mußten Menschwerdung und Geburt Jesu »so kompliziert« sein? Es wäre – Jes 7,14 sei zunächst ausgeklammert – die Gottessohnschaft Jesu auch dann gesichert, wenn Jesus auf natürliche Weise empfangen und geboren worden wäre. Warum sollte aber der Schöpfergott, der in seiner Allmacht eine ganze Welt aus dem Nichts ins Dasein gerufen hat, über die Gesetze seiner Schöpfung hinaus nicht eine neue Schöpfungstat setzen können? »Wer das Wirken Gottes ins Labor schleppt, verbrennt sich die Finger, ehe er zu einer Diagnose kommt« (Elmar Gruber). Jungfrauschaft Marias meint mehr als nur eine biologische Aussage. Sie umschließt das ganze gläubige Menschsein Marias. Es ist Glaubensüberzeugung der Kirche, daß Maria »als jungfräulicher, Gott völlig zur Verfügung gestellter und von ihm völlig in Dienst genommener Mensch ihr Kind geboren hat« (Herbert Vorgrimler).

Daß ein Zeitalter, das vom Biologismus und Sexualismus eine starke Prägung empfangen hat, für das Muttergeheimnis Marias und das Menschwerdungsgeheimnis Jesu keine innere Antenne besitzt, kann nicht verwundern. Es scheint, daß die Glaubenswahrheit von der jungfräulichen Gottesmutterschaft Marias wie ein Angelhaken im Denken und Glauben auch der Christen steckt, um immer von neuem und immer tiefer dem Geheimnis Jesu Christi und seiner Mutter Maria zu begegnen. »Die Geburt Jesu aus der Jungfrau, von der in den Evangelien berichtet wird, ist den Aufklärern aller Art nicht erst seit gestern ein Dorn im Auge. Quellenentscheidungen sollen das neutestamentliche Zeugnis minimalisieren, der Hinweis auf das unhistorische Denken der Alten soll es ins Symbolische abschieben und die Einordnung in die Religionsgeschichte es als Variante eines Mythos ausweisen . . . Es sollte eigentlich keiner eigenen Erwähnung bedürfen, daß all diese Aussagen (der Jungfrauengeburt) Bedeutung nur dann haben unter der Voraussetzung, daß das Geschehen sich wirklich zugetragen hat, dessen Sinn ins Licht zu heben sie sich bemühen« (Joseph Ratzinger).

18.

JESUS CHRISTUS, DER GOTT-MENSCH

Jesus habe ich von Jugend auf als meinen großen Bruder empfunden. Daß die Christenheit ihn als Gott und Erlöser angesehen hat und ansieht, ist mir immer als eine Tatsache von höchstem Ernst erschienen, die ich um seinet- und um meinetwegen zu begreifen suchen muß.

Martin Buber

Es ist schwer, in das Geheimnis und Rätsel eines Mitmenschen einzudringen und seine letzten und tiefsten Schichten und Verästelungen wie hinter einem Röntgenschirm sehen und beschreiben zu können. Der Mensch ist dem Mitmenschen ein unaussprechliches und unauslotbares Geheimnis. Selbst Menschen, die wir jahrelang kennen – oder besser gesagt, zu kennen glaubten –, überraschen, enttäuschen oder erschüttern uns bisweilen durch ein Denken oder Tun, das wir in ihnen niemals vermuteten.

Wenn schon der Mensch seinen Mitmenschen letztlich ein Geheimnis bleibt, wieviel größer, ja geradezu unübersteigbar ist die Barriere, die vor dem Menschen Jesus von Nazaret aufgerichtet ist, von dem die Heilige Schrift und der christliche Glaube bekennen, er ist der menschgewordene Sohn Gottes, der Gott-Mensch!

Jesus von Nazaret – Deutungen seiner Zeitgenossen

Die Zeitgenossen Jesu, auch die Jünger und Apostel, haben sich sichtlich schwer getan, Jesus von Nazaret in den Schablonen ihres Denkens und der damals zur Verfügung stehenden liturgischen oder auch politischen Hoheitstitel zu bewerten. Für bestimmte Gruppen des jüdischen Volkes war Jesus ein Ketzer oder ein tragisch irrender Jude, der dem politischen Traum nachjagte, das Reich Davids wieder aufzurichten und dabei in den tödlichen Konflikt mit der römischen Besatzungsarmee geriet.

Selbst unter den Aposteln, den engsten Vertrauten und Mitarbeitern Jesu, schwankte die Stimmung zwischen Faszination und Zweifel. Ist Jesus wirklich der »richtige« Mann, auf den man religiös und politisch setzen kann, oder ist er nur einer der vielen Wanderprediger seiner Zeit gewesen, der wegen der fiebrig-messianischen Erwartungen, die damals im jüdischen Volke lebendig waren, so großen Zulauf und Erfolg hatte? Die Apostel und mit ihnen die urchristlichen Gemeinden haben sich auf den Weg eines langen und nie endenden Lernprozesses begeben, um Geheimnis und Rätsel des Mannes aus Nazaret zu verdeutlichen und zu erschließen. Sie haben in Jesus bald einen jüdischen Rabbi, bald einen oder gar den letzten Propheten gesehen; sie haben aber auch von ihm als dem Messias, dem Sohn Davids, dem Menschensohn, dem Retter und Herrn, dem Sohn Gottes gesprochen. Dieses gläubige Denken ging geradezu konturlos in Anerkennung und Anbetung über.

Die Apostel und die neutestamentlichen Schriftsteller waren gewiß Menschen ihrer Zeit, die mit menschlichen Worten und Titeln das Geheimnis Jesu zu ergründen und darzustellen versuchten und doch kann – erblickt man in der Heiligen Schrift das Wort Gottes – in diesem mühseligen Formulieren auch erkannt werden, was Gottes Geist im unzulänglichem Material irdischer Hoheitstitel über den menschgewordenen Sohn Gottes aussagen wollte. Es war keineswegs die Absicht der neutestamentlichen Schriftsteller, bereits eine allseits abgesicherte Begriffstheologie über Jesus, den Christus, niederzuschreiben. Wohl aber haben sie den christlichen Denkern aller kommenden Jahrhunderte unverzichtbare Informationen und Deutungen hinterlassen, die immer wieder neu befragt werden müssen und die fundamentale Orientierungsdaten für neue Verstehens- und Erfahrungszugänge zum Glauben an Jesus Christus bieten.

Auch unsere Zeit ist immer noch bemüht, in angemessener und situationsgemäßer Weise von Jesus Christus als dem einen und einzigen Mittler zwischen Gott und den Menschen zu sprechen. Je mehr gerade im abendländischen Denken der Mensch in den Mittelpunkt rückte und sich vornehmlich in der Neuzeit die Einsichten der Psychologie verfeinerten, umso mehr geriet die »Nahtstelle«, an der Gottheit und Menschheit Jesu sich treffen und verbinden, in den Fragehorizont des christlichen Glaubens. Kann aber wirklich von einer Psychologie Jesu gesprochen werden? War das menschliche Denken und Empfinden Jesu von den Informationen der göttlichen Allwissenheit durchströmt? Ist das Staunen (Mk 6,6), das Fragen

(Mk 9,16.33) und das Zunehmen an Weisheit (Lk 2,52), von dem die Evangelien sprechen, menschlich wirklich echt, oder hat Jesus sein göttliches Wissen zurückgehalten und nach außen hin nur so getan, als wüßte er nichts?

Man spricht es so schnell aus: Der Sohn Gottes ist Mensch geworden. Beginnt man aber nachzudenken, was damit gemeint ist und ob der menschliche Verstand überhaupt fähig ist, die Wirklichkeit des menschgewordenen Gottessohnes denkend und betend zu erfassen, so merkt man mit Erschrecken, daß ein wahres Gebirge von Denk- und Glaubensschwierigkeiten sich auftut. Überall dort, wo auch nur der Saum Gottes vom Menschen erfahren und ausformuliert wird, wird sich der Mensch der Unzulänglichkeit und Gebrechlichkeit seines Sprechens bewußt. Seine Reaktion ist Stammeln und Stottern. Wo man aber in glatter und selbstgefälliger Perfektion über den Gott-Menschen redet, besteht die Gefahr, an ihm vorbeizureden und nur die eigene Denkleistung ins Licht stellen zu wollen.

Extreme Deutungsversuche

Im Laufe der christlichen Glaubensgeschichte hat es zwei Deutungsversuche gegeben, die mißlungen sind, ja die mißlingen mußten, weil sie von jeweils einer einzigen (der menschlichen bzw. der göttlichen) Natur ausgegangen sind und die Wirklichkeit der anderen Natur unterschlagen oder ausgehöhlt haben.

Während der Arianismus einseitig die Menschheit Jesu herausstellte und in Jesus von Nazaret nur ein Geschöpf und Mittelwesen zwischen Gott und den Menschen sah, legte der Monophysitismus einseitig den Akzent auf die göttliche Natur, von der die menschliche Natur (wie ein Tropfen Wasser im Meer) aufgesaugt und aufgelöst werde. In einer Extremposition befand sich ebenfalls der Monotheletismus, der in Jesus Christus nur einen einzigen, nämlich göttlichen (nicht aber auch einen menschlichen) Willen annahm.

Neben diesen gegensätzlichen Denkpositionen, die entweder von der göttlichen oder von der menschlichen *Natur* ausgingen, gab es einen (vor allem von Nestorius, 381–451, vertretenen) Denkansatz, der die Bedeutung der *Person* herausstellte und es für notwendig hielt, daß der göttlichen und der menschlichen Natur im Gott-Menschen je eine göttliche und eine menschliche Person entspricht, die in geheimnisvoller Lebens-, Motiv- und Wirkgemeinschaft in Jesus, dem Christus, vereinigt wären. Es ist erstaunlich, wie sehr es den frühchristlichen Theologen und Konzilien – in harter Geistesarbeit und geführt vom Gottesgeist, dem »Weggeleiter in alle Wahrheit« (Joh 16,16) – gelungen ist, in dem extremen Pendelausschlag der damaligen christologischen Diskussionen die Balance und Mitte des Glaubens zu wahren, und zwar über viele Jahrhunderte hinweg, in denen nicht wenige religiöse und auch politische Intrigen und Machenschaften zu verzeichnen sind.

Der Zugang zur Menschheit Jesu

In unserer Zeit sind vor allem Menschheit und Menschlichkeit Jesu in den Interessenmittelpunkt ebenso der christlichen Frömmigkeit wie der wissenschaftlichen Theologie getreten. Man hat geradezu von einer Wachablösung der Christologie durch eine Jesulogie gesprochen und der überlieferten »Christologie von oben« eine »Christologie von unten« entgegengestellt. Heinz Zahrnt hat den modernen Akzent der Jesusfrage mit den Worten ausgesprochen: »Wir wollen keinen Gottesmann, der schon im vorhinein alles weiß und kann, sondern einen wirklichen, konkreten Menschen, der auch gerade dann, wenn es ihm um Gott geht, ohne Netz und doppelten Boden arbeitet«.

Blickt man in die frühchristlichen Jahrhunderte zurück, in denen die Christusfrage das beunruhigende Thema in den Debatten der Konzilien war, dann fällt auf, daß damals der entgegengesetzte Akzent, nämlich die Gottessohnschaft Jesu, die Geister erregte und entzweite. Die Botschaft vom menschgewordenen Gottessohn (wie auch von seiner Auferstehung) stieß im griechischen Denkraum auf erhebliche Schwierigkeiten. Neben dem grandiosen Ja zu Leiblichkeit des Menschen, das sich in den griechischen Plastiken wie auch in den antiken Olympiaden ausgesprochen hat, gab es im griechischen Denken eine mächtige Strömung der Leibfeindlichkeit. Dem Geist und der Idee des Guten stellte man Materie und Leib als böses Prinzip entgegen. Durch eine geheimnisvolle Verfehlung sei nach Platon im Menschen die Seele mit der Materie für eine bestimmte Zeit verbunden: Der Leib – Gefängnis der Seele. Dieser geistige Horizont macht das Wort eines griechischen Denkers verständlich: »Als Philosoph schäme ich mich, einen Leib zu haben.« Gegen die Menschwerdung Jesu hat im 2. christlichen Jahrhundert Markion (85–160) geschrieben: »Ein in Windeln gewickelter Säugling ist kein Gott, den ich anbeten kann.«

In dieser leibfeindlichen Atmosphäre hatte die Verkündigung der Menschwerdung des ewigen Gottessohnes einen schweren Stand. Manchem Christen, der aus dem griechischen Denkraum kam, wäre es gewiß leichtgefallen, von einem Scheinleib Jesu zu sprechen. Es fiel daher den Konzilien der frühchristlichen Zeit die dringliche, aber keineswegs gefahrlose Aufgabe zu, Menschheit und Menschlichkeit Jesu nachdrücklich zu betonen und jede Verkürzung abzuwehren.

Die Lehraussagen der Kirche

Der heutige Christ kann sich kaum mehr eine Vorstellung davon machen, wie sehr die frühchristlichen Diskussionen über Jesus, den Christus, das ganze Volk aufwühlten. Mit einer wahren Leidenschaft hat gerade das einfache Volk seinen Glauben an den Gott-Menschen Jesus Christus gegenüber allen Verkürzungen verteidigt und zwar nicht selten gegenüber kirchlichen Amtsträgern der damaligen Zeit. Der heilige Hilarius von Poitiers (315–367), der unter seinen bischöflichen Mitbrüdern kaum Rechtgläubige angetroffen hatte, mußte daher das Geständnis niederschreiben: »Die Ohren der Gläubigen waren reiner als die Herzen der Bischöfe« (Contra Auxentium, 6).

Die Kirche sah sich angesichts der tiefgreifenden Risse innerhalb des christlichen Glaubens, die ihre eigene Existenz und Glaubwürdigkeit zu bedrohen schienen, gezwungen, auf folgenden Konzilien die Christusfrage aufzugreifen und gegenüber allen Verkürzungen und Verzerrungen die kostbare und unverfälschte Lehre in klar formulierten Glaubenssätzen herauszustellen:

325 (20. 5.–25. 7.) Konzil von Nizäa (I), einberufen durch Kaiser Konstantin (306–337) unter Papst Silvester I. (314–335) – Hauptthema: Wesensgleichheit des Sohnes (gegen Arius).

381 (Mai–Juli) Konzil von Konstantinopel (I), einberufen von Kaiser Theodosius I. (379–395) unter Papst Damasus I. (366–384) – Hauptthema: Gottheit des Heiligen Geistes.

431 (22. 6.–17. 7.) Konzil von Ephesus, einberufen von Kaiser Theodosius II. (408–450) unter Papst Cölestin I. (422–432) – Hauptthema: Gottesmutterschaft Marias (gegen Nestorius).

451 (8. 10.–1. 11.) Konzil von Chalkedon, einberufen von Kaiser Marcian (450–457) unter Papst Leo d. Gr. (440–461) – Hauptthema: zwei Naturen in der einen Person Christi.

553 (5. 5.–2. 6.) Konzil von Konstantinopel (II), einberufen von Kaiser Justinian I. (527–565) unter Papst Vigilius (537–555) – Hauptthema: Verurteilung der »Drei Kapitel« der Nestorianer.

680/81 (7. 11. 680–16.9. 681) Konzil von Konstantinopel (III), einberufen von Kaiser Konstantin IV. (668–685) im Einverständnis mit Papst Agatho (678–681) – Hauptthema: Verurteilung des Monotheletismus, Honoriusfrage.

Bereits im sogenannten Athanasianischen Glaubensbekenntnis (entstanden zwischen dem Ende des 4. und dem Ende des 6. Jahrhunderts) findet sich die ausgewogene Mitte des kirchlichen Christusglaubens in folgenden Sätzen: »Das ist nun der rechte Glaube: Wir müssen glauben und bekennen, daß unser Herr Jesus Christus, der Sohn Gottes, Gott und Mensch ist. Gott ist er aus der Wesenheit des Vaters von Ewigkeit gezeugt, und Mensch ist er aus der Wesenheit der Mutter in der Zeit geboren. Vollkommener Gott, vollkommener Mensch, bestehend aus einer vernünftigen Seele und einem menschlichen Leibe. Dem Vater gleich der Gottheit nach, geringer als der Vater der Menschheit nach. Da er nun Gott ist und Mensch zugleich, so sind doch nicht zwei, sondern nur Ein Christus. Einer aber, nicht als ob die Gottheit in Fleisch verwandelt worden wäre, sondern weil Gott die Menschheit angenommen hat. Einer ganz und gar, nicht durch Vermengung der Wesenheit, sondern durch die Einheit der Person. Denn wie die vernünftige Seele und der Leib nur Einen Menschen ausmacht, so ist auch Gott und Mensch nur Ein Christus«.

Den Glauben an die Menschwerdung des Gottessohnes hat wahrlich in einer Sternstunde das Konzil von Chalkedon (451) mit folgenden Worten ausgesprochen: »Unser Herr Jesus Christus ist vollkommen der Gottheit und vollkommen der Menschheit nach, wahrer Gott und wahrer Mensch, bestehend aus einer vernünftigen Seele und dem Leibe. Er ist wesensgleich dem Vater der Gottheit nach, er ist wesensgleich auch uns, seiner Menschheit nach, er ist uns in allem ähnlich geworden, die Sünde ausgenommen (Hebr 4,15).

Vor aller Zeit wurde er aus dem Vater gezeugt seiner Gottheit nach, in den letzten Tagen aber wurde derselbe für uns und um unseres Heiles willen aus Maria, der Jungfrau, der Gottesgebärerin, der Menschheit nachgeboren:

Wir bekennen einen und denselben Christus, den Sohn des Herrn, den Einziggeborenen, der in zwei Naturen unvermischt, unverwandelbar, ungetrennt und ungesondert besteht. Niemals wird der Unterschied der Naturen wegen der Einigung geleugnet, es wird vielmehr die Eigentümlichkeit einer jeden Natur bewahrt, indem beide in eine Person und Hypostase zusammenkommen. Wir bekennen nicht einen in zwei Personen getrennten und zerrissenen, sondern einen und denselben einziggeborenen Sohn, das göttliche Wort, den Herrn Jesus Christus«.

Wie in einem Schlußakkord hat die Allgemeine 3. Kirchenversammlung in Konstantinopel (680–681) ihre Lehraussage zusammengefaßt und sie zur Glaubensorientierung des Gottesvolkes gemacht, wenn sie verkündete: »Auch wir verkünden, daß gemäß der Lehre der heiligen Väter zwei natürliche Willen und zwei natürliche Wirkweisen ungetrennt, unverändert, ungeteilt und unvermischt in ihm (Christus) sind. Diese zwei natürlichen Willen sind einander nicht entgegengesetzt. Sein menschlicher Wille folgt vielmehr; er widersteht oder widerstrebt nicht. Er ist seinem göttlichen und allmächtigen Willen unterworfen. Denn der menschliche Wille mußte sich regen, sich auch dem göttlichen Willen unterwerfen ... Gleichwie nämlich sein allheiliges und unbeflecktes, beseeltes Fleisch durch die Vergöttlichung nicht aufgehoben wurde, sondern in seinem eigenen Stande und seiner Art verblieb: so ist auch sein menschlicher Wille, obwohl er vergöttlicht ist, nicht aufgehoben. Er bleibt vielmehr erhalten.

Wir lehren ferner, daß zwei natürliche Wirkweisen ungetrennt und unverändert, ungeteilt und unvermischt, in unserem Herrn Jesus Christus, unserem wahren Gott, sind, nämlich die göttliche Wirkweise und die menschliche«. Konzilien sind nach christlichem Glauben Begegnungszentren, in denen menschlich-gläubiges Diskutieren und Formulieren in einem geheimnisvollen Mitwirkungs- und Mitentscheidungsprozeß Gottes selbst stehen und gerade darin sich die Christusverheißung erfüllt: »Noch vieles habe ich euch zu sagen, aber ihr könnt es jetzt nicht ertragen. Wenn aber jener kommt, der Geist der Wahrheit, wird er euch in die volle Wahrheit führen« (Joh 16,12–13). Was auf Konzilien geschichtlich feststellbar ist, gleicht nur der Spitze eines Eisberges. Was »eigentlich« geschieht, entzieht sich dem Zugriff der Menschen. »Die Christologie hat immer erst dann ihr Gleichgewicht gefunden, wenn es ihr gelungen war, die Wahrheitselemente derjenigen Lehre zu integrieren, die man vorher verketzert hatte. Das Geheimnis des Herrn, in dem alle Christen Gottes gültiges Wort erkennen und bekennen, ist immer größer als unsere eigenen Worte« (Piet Smulders).

Dem modernen Leser dieser berühmten Glaubensaussage mag es ergehen wie Mose, der aus dem Felsen nur mit Gottes Hilfe das Wasser des Lebens schlagen konnte. Manche Redewendung und Absicherung der Aussage ist nur aus den damaligen Diskussionen verständlich. Sie wollen die Christuswahrheit vor Mißdeutungen und Verkürzungen sichern, können aber dem heutigen Christen kaum Gebets- und Meditationsimpulse vermitteln. Auch die perfektesten Formeln und Begriffe können sich nie erkühnen, die volle Christuswirklichkeit zu erhellen und auszulegen. Die dogmatischen Formeln wollen vielmehr als Bojen und Orientierungsdaten verstanden sein, die dem rechten Glauben den Weg aufzeigen, und die gleichzeitig in eine Richtung deuten, um den rechten Glauben zu noch größerer Vertiefung zu befähigen.

Zur Begrifflichkeit der christologischen Dogmen hat mit Recht Johann Auer gesagt: »Eine harte Terminologie hat die große Theologie des 4. und 5. Jahrhunderts geschaffen, um über dieses göttliche Geheimnis etwas Gültiges aussagen zu können: eine Terminologie, die vor falschen Aussagen schützt, aber auch das lebendige Geheimnis durch die harte Sachlichkeit der Worte neu verhüllt, nachdem es die freundlichen Bilder des Evangeliums haben aufscheinen lassen«. Alle Formeln, die gläubiges Denken zur Verfügung stellt, wollen gewiß die Wahrheit sichern, sie bleiben aber – auch und gerade in der Geschliffenheit ihrer Begriffe – »Knechtsgestalt der Entäußerung« (Phil 2,7). Die Menschwerdung des Gottessohnes bleibt bis hin zum Jüngsten Tag lebendig und immer aktuell in den Wortwerdungen der verschiedenen Epochen und Sprachen. Wörter der Menschen suchen das Wort, das von Anfang bei Gott war, Fleisch geworden ist und unter uns gewohnt hat (Joh 1,1–14).

Was heute allseits nötiger denn je ist, das ist Glaubenstreue, Geduld und Vertrauen in allen Bemühungen um neue, christologische Konzepte. Der Weg der theologischen Forschung wird gewiß nicht an der Lehraussage von Chalkedon vorbeigehen, wohl aber kann die gläubige Denkrichtung unter dem Motto stehen: Mit Chalkedon über Chalkedon hinaus!, damit dem Menschen von heute, dem griechische Begrifflichkeit fremd geworden ist, eine neue, ihn ansprechende Glaubensbegegnung mit dem Gott-Menschen und Erlöser Jesus Christus ermöglicht wird, die betroffen macht und den Weg in die Nachfolge des Herrn öffnet.

19.

DIE HEILSBEDEUTUNG DES KREUZESTODES CHRISTI

Im Grunde gab es nur einen Christen, und der starb am Kreuz.

Friedrich Nietzsche

Der gekreuzigte Christus, »den Juden ein Ärgernis, den Heiden eine Torheit« (1 Kor 1,23), ist vom apostolischen Zeitalter bis zum heutigen Tag Mitte und zugleich Kriterium des christlichen Glaubens. Der Kreuzestod Jesu bildet zwar stets eine Verkündigungseinheit mit der Auferstehung. Durch die Verkündigung der Auferstehung wird aber das Kreuz nicht weggewischt noch so überblendet, daß es nicht mehr gesehen wird. Das Kreuz ist und bleibt für den christlichen Glauben und auch für die wissenschaftliche Theologie eine Verlegenheitsfrage, die durch die Auferstehung keineswegs behoben ist. Das Kreuz Jesu Christi läßt auch den wortgewandtesten Theologen stottern und stammeln. Der Gekreuzigte ist und bleibt in der gesamten Glaubensgeschichte eine nie zur Ruhe kommende, nie ausdeutbare Anfrage. Warum ist Erlösung durch den blutrünstigen Skandal des Kreuzes verwirklicht worden? Hätte es – so fragen nicht nur Menschen unserer Epoche – nicht eine humanere Möglichkeit gegeben, die Menschen von ihrer Schuld zu überzeugen und ihnen das Angebot der göttlichen Vergebung zu machen? Warum hat Gott ausgerechnet im Zeichen seines gekreuzigten Sohnes das Zeichen des Heiles für alle Welt aufgerichtet?

Die Sinndeutung des Kreuzestodes Jesu stößt vor in das Persongeheimnis des Gottmenschen. Dieses Geheimnis erfährt angesichts des Gekreuzigten ebenso seine Radikalisierung wie seine Verdunkelung. Kann man wirklich vom gekreuzigten *Gott* sprechen, der in Christus gelitten hat und gestorben ist? Wie war der Sohn Gottes an diesem Geschehen beteiligt? War es nur der Mensch Jesus von Nazaret, der das schreckliche Geschehen auf Golgota durchzustehen hatte? Angesichts des Kreuzestodes des menschgewordenen Gottessohnes versagen und zerbrechen alle noch so scharf geschliffenen Begriffe. Wer da meint, er könne den menschgewordenen Sohn Gottes ohne das Kreuz verstehen und verkündigen, ist vermessen, denn er spricht dem menschlichen Verstand die Kompetenz zu, jene Nahtstelle ausleuchten zu können, an der Gottheit und Menschheit sich in Jesus, dem Christus, begegnen. »Wer nur den Erhöhten kennt, der das Kreuz hinter sich gelassen hat, spricht nicht mehr von Jesus von Nazaret. Dessen Theologie der Auferstehung kann uns deshalb völlig gleichgültig sein« (Ernst Käsemann).

Die Sinndeutung des Kreuzes durch Jesus

Es gibt im christlichen Glauben Fragen, die zwar gestellt, die aber nicht oder nur mit großer Unsicherheit beantwortet werden können. Eine dieser quälenden Fragen lautet: Hat Jesus selbst seinen Tod (voraus-)gesehen und (voraus-)gedeutet? Ist Jesus mit der Katastrophe seines Todes plötzlich konfrontiert worden? Ist er als tragisch irrender Jude, der ein irreales messianisch-politisches Ziel anstrebte, am Kreuz gestorben und gescheitert?

Spätestens seit dem Tod des Täufers Johannes (Mt 14,12 f.) konnte es sich Jesus von Nazaret ausrechnen, daß er in das offene Messer seiner Kritiker und Gegner rennen wird, wenn er mit der gleichen Unerbittlichkeit wie der Täufer Johannes die Wahrheit und das Reich Gottes verkündigt. Nach der einhelligen Auskunft der Evangelien hat Jesus in erstaunlich diskreter und verhaltener Weise – nur selten direkt, meist jedoch bildhaft – von seinem Tod gesprochen. Hatte aber Jesus selbst den »Durch-Blick« und hat er seinem Kreuzestod wissend und wollend die Motivation »zur Vergebung der Sünden« und »um des Heiles aller Menschen willen« gegeben?

Es ist offensichtlich zu wenig, den Tod Jesu nur ethisch zu verwerten und in ihm (ähnlich wie im Tod des Sokrates) eine Orientierungshilfe zu erblicken, wie der Mensch würdig und angemessen mit seinem ureigenen Tod fertig werden soll. Geht es beim Kreuzestod Jesu nur um Fragen der Ethik und der menschwürdigen Bewältigung des Todes oder doch um die Frage des Heiles?

Wenn Jesus von Nazaret nicht gewußt hat, wofür er stirbt, und wenn er in keiner Weise motiviert war, für die Erlösung von Schuld und Sünde zu sterben, dann wäre wahrhaftig sein Sterben umsonst gewesen und »alles« hängt in der Luft. Von den wenigen und auch schriftlich faßbaren Sinndeutungen, die Jesus selbst von seinem Kreuzestod gegeben hat, ist das Ereignis des Letzten Abendmahles (und die bei der Überreichung von Brot und Wein gesprochenen Begleitworte) das bedeutungsvollste. Nicht nur, daß

Jesus von einem »Neuen« Bund gesprochen hat, ist entscheidend. Es kann nicht übersehen werden, daß bei der Darreichung der Heilsgaben bereits der Segen des bevorstehenden – geschichtlich noch nicht erlittenen – Todes übermittelt und daß durch Jesus selbst der Sinn seines Kreuzestodes erhellt und ausgelegt wird. Das Ereignis des Letzten Abendmahles und vor allem die mit der Gestaltentrennung von Fleisch und Blut verbundene Deutung des Kreuzestodes ermöglichen nicht nur einen Einblick in die Motivation Jesu. Sie eröffnen jene Perspektive der daran anknüpfenden Sinndeutungen, die in bemerkenswerter Mehrdimensionalität bereits im Neuen Testament, sodann im Glaubensbewußtsein der Kirche und auch im Eucharistieverständnis der Theologie vorliegen.

Die Mehrschichtigkeit der neutestamentlichen Deutungen

Im gesamten Neuen Testament finden sich unterschiedliche Sinndeutungen des Kreuzestodes Jesu. Daraus kann erschlossen werden, daß Jesus selbst nicht ein einziges und verpflichtendes Wort zu seinem Tod, sondern nur eine grundsätzliche Zielrichtung hinterlassen hat, die in einem breiten Spektrum ausgedeutet werden konnte. Innerhalb dieser Variationsbreite gab es mannigfaltige Möglichkeiten, den Kreuzestod Jesu auszulegen. Diese Deutungsversuche waren bedingt durch den juden- bzw. heidenchristlichen Standort der Adressaten, an deren Verständnis angeknüpft werden mußte. Es lassen sich zwei Grundrichtungen des Opferverständnisses entdecken, der Sühne- und Wiedergutmachungsgedanke aus dem zivilrechtlichen Bereich bzw. der Stellvertretungsgedanke, der im kultisch-rituellen Raum lebendig war. Wie verschieden die neutestamentlichen Sinndeutungen des Kreuzestodes Jesu waren, ist dem paulinischen Schrifttum zu entnehmen. Durchaus unterschiedliche Motive und Deutungen lassen sich z.B. in den beiden Korintherbriefen und auch im Schreiben an die Christengemeinden von Galatien entdecken.

Gerade die Mannigfaltigkeit der neutestamentlichen Sinndeutungen sollte eine Ermutigung sein, nicht eine einzige uniforme Sinndeutung zu kanonisieren, sondern aus dem je neuen Opferverständnis der Menschen und Völker, an die sich die christliche Verkündigung wendet, auch neue Deutungsversuche zu entwickeln, die durchaus im legitimen Deutungsspektrum des Neuen Testamentes liegen.

Das Kreuz Jesu Christi und die Leidensgeschichte der Welt

Die Zeiten sind zu ernst, als daß man, wie es der deutsche Philosoph Georg Wilhelm Friedrich Hegel (1770–1831) getan hat, den Karfreitag zu einem Ereignis der ewiggöttlichen Geschichte spekulativ emporstilisiert. Es stellt aber auch eine religiöse Engführung und Fehlhaltung dar, den Karfreitag mit dem Trauerflor der Trostlosigkeit über den Tod Jesu zu schmücken und so zu tun, als wäre ein historischer Totengedächtnistag mit alljährlich obligater Christentrauer zu kultivieren.

Es ist die Blickrichtung verfehlt, nur auf einen Toten zurückzuschauen. Man kann das Kreuz so sehr mit Papierblumen schmücken und ehren, daß »das schroffe Kreuz« seine harten Konturen verliert und zum erträglichen Zeichen wird, wie es Wolfgang von Goethe beschrieben hat:

»Es steht das Kreuz mit Rosen dicht umschlungen.
Wer hat dem Kreuze Rosen zugesellt?
Es schwillt der Kranz, um recht von allen Seiten
Das schroffe Kreuz mit Weichheit zu begleiten«.

Das harte und schroffe Kreuz Jesu Christi ist und bleibt aufgerichtet in der Geschichte der Menschheit. Wir müssen uns ihm stellen, wir können uns letztlich an ihm nicht vorbeilügen und vorbeidrücken. Das Kreuz Christi ist mit dem Blut vieler Kreuzträger aus allen Völkern und Nationen überströmt. Das Blut Christi vermischt sich mit dem Blut, das unaufhörlich aus einer anonymen Leidensgeschichte der Welt fließt.

Nicht wenige Christen sehen das Kreuz auf Golgota einsam und isoliert. Gewiß war das, was sich am Kreuze ereignete, einmalig, unwiederholbar, schrecklich. Trotzdem ist das Kreuz in der Geschichte des einzelnen wie der Völker gegenwärtig geblieben, und zwar nicht nur in der Meditation, sondern zutiefst im Leiden und Sterben vieler Unschuldiger. Aus allen Richtungen der Welt schaut uns an das »Haupt voll Blut und Wunden, voll Schmerz bedeckt mit Hohn«. Der Schrei des Gekreuzigten: »Mein Gott, mein Gott, warum hast du mich verlassen?« (Mk 15,34; Mt 27,46) ist von zahllosen, anonymen Kreuzträgern nachgesprochen und nachgelitten worden. Das Kreuz Christi hat uns nicht vom Kreuz befreit. Es hat uns aber gelehrt, unser eigenes Kreuz in seiner ganzen Härte und Furchtbarkeit zu sehen, sich ihm zu stellen, vom gekreuzigten Christus Kraft und Gnade zu erbitten, um in seine Kreuzesnachfolge einzutreten. »Bis an das Ende der Welt wird die Agonie Jesu dauern« (Blaise Pascal).

Der leidende Mensch hat nicht nur Christus auf seiner Seite. In seinen Wunden und Tränen, in seiner Einsamkeit und Anfechtung ist Christus selbst gegenwärtig. »Und sie wunderten sich und fingen an, ihn zu fragen: Herr, wann haben wir dich im Gefängnis gesehen? . . . Amen, ich sage euch: Was ihr für einen meiner geringsten Brüder getan habt, habt ihr für mich getan« (Mt 25,39 f). Wir können daher nicht das namenlose Leid der Menschen in eine profane Ecke der Weltgeschichte abschieben und nur auf den Gekreuzigten allein schauen. Das Blut des gekreuzigten Christus vermischt sich immer neu und immer wieder mit dem Blut all jener, die unschuldig gequält, gefoltert und getötet werden.

Wir müssen wohl alle wieder lernen, daß der Herr in seinem Wort und Sakrament gegenwärtig und wirksam ist, aber auch in unserer Gemeinschaft und Liebe wie im Leid und in der Todesnot der Unschuldigen. Um die christologische Perspektive des Menschenleidens jedoch ausloten zu können, vermag ein Text aus der neutestamentlichen Briefliteratur hilfreich zu sein: »Jetzt freue ich mich in den Leiden, die ich für euch ertrage. Für den Leib Christi, die Kirche, erfülle ich in meinem irdischen Leben das Maß seiner Leiden« (Kol 1,24). Man muß diesen Satz, der sicherlich zu den kühnsten des ganzen Neuen Testamentes zählt, öfter lesen, um die Ungeheuerlichkeit seiner Aussage erkennen zu können. Es wird von einem »Ergänzen« der Leiden Christi gesprochen. Drängt sich nicht der Gedanke auf, als würde dadurch das Erlösungswerk Christi geschmälert? Muß dem Leiden Christi wirklich noch etwas von Menschen hinzugefügt werden, um volle und letzte Gültigkeit zu erhalten?

»Das Maß der Leiden Christi erfüllen« (Kol 1,24) ist nicht Aktion neben Christus, es ist vielmehr Mitwirken-*Dürfen* in und mit Christus. Gewiß, Jesus Christus, der menschgewordene Sohn Gottes, hätte kein Leiden, keine Sühneleistung, kein Gebet und kein Martyrium eines Menschen benötigt, um seinem Erlösungswerk die Vollgestalt zu geben. Das Mittun, Mitleiden, Mitopfern ist in einem sozusagen amtlichen Sinne hineingenommen in die gott-menschliche Opferhingabe, die Jesus Christus dem ewigen Vater *so* und nicht anders darbietet und die der ewige Vater *nur so* als versöhnendes Opfer seines Sohnes angenommen hat. Das Leid der Erlösten, sicherlich auch das Leid der vielen, anonymen Unschuldigen ist hineingenommen in das Erlösungsleiden Jesu Christi. Es verflüchtigt sich nicht in einen profanen Raum, sondern empfängt von Christus mitsühnende, miterlösende und heilbringende Funktion für alle Menschen, die guten Willens sind.

Gewiß hat mit der Auferstehung und Erhöhung Jesu Christi bereits die Zukunft begonnen. Wir haben aber keineswegs die Gnade des Auferstandenen erhalten, um uns in Illusionen hineinzuträumen. Das Hier und Heute erinnert uns Christen hartnäckig daran, daß immer noch Karfreitag ist und daß der Kreuzweg der Weltgeschichte glaubend und hoffend zu gehen ist. Wer sich über den Karfreitag hinwegstiehlt, wird nicht den Ostertag erreichen, sondern einer Utopie verfallen, aus der es ein schreckliches Erwachen geben wird. So richtig es ist, daß es ohne Karfreitag keinen Ostertag gibt, ebenso beachtenswert ist es, daß es keinen Ostertag ohne Karfreitag gibt.

20.

DAS ÖSTERLICHE MYSTERIUM

Das Bekenntnis zur Auferstehung Jesu als einem wirklichen Ereignis gehört notwendig zum christlichen Glauben und kann nicht als zeitbedingte, zu anderen Zeiten auch anders aussagbare Ausdeutung einer innergeschichtlichen, innerweltlichen oder innermenschlichen Erfahrung verstanden werden.

Lehrschreiben der katholischen Bischöfe Deutschlands vom 22. September 1967

Es gibt im Leben jedes Menschen Ereignisse, die so einmalig, so überwältigend und im wahrsten Sinn des Wortes »unbeschreiblich« sind, daß sie eigentlich nie ganz erfaßt und dargestellt werden können. Alle Beschreibungen bleiben weit hinter dem zurück, was erlebt wurde. Auch dann, wenn man immer neu mit seinem Denken und Schreiben ansetzt, merkt man bestürzt, daß es doch nicht gelungen ist, sich selbst und erst recht anderen diese Ereignisse zu schildern. Man kommt geradezu in den Verdacht, Unwirkliches zu sagen, weil man das Erfahrene nie zur Gänze im Material menschlicher Sprache wiedergeben kann.

In ähnlicher Weise scheint es den Aposteln ergangen zu sein, wenn sie zu beschreiben versuchten, wodurch sie nach dem Tode Jesu am Kreuz zunächst verwirrt und beunruhigt, dann aber getröstet und schließlich mit unfaßbarer Freude und einem neuen Lebenssinn und Lebensauftrag beglückt worden sind. Ehe man überhaupt vom Glaubensgeheimnis der Auferstehung und Erhöhung des Herrn spricht, sollte man sich jener immensen Sprachnot bewußt werden, vor der die Apostel und die neutestamentlichen Schriftsteller bei dem kühnen Unterfangen standen, das Ereignis der Auferstehung und die Erscheinungen des Auferstandenen ins irdische Wort zu bringen.

Die Sprachnot der Auferstehungsverkündigung

Der gläubige Christ sollte sich bewußt werden, daß die Schilderung der Ereignisse, die sich zwischen dem Kreuzestod und der Himmelfahrt des Herrn ereignet haben, als ein exemplarischer Fall jener Not gesehen werden muß, die Wirklichkeit in die Sprache zu bringen. Die dialektischen Aussagen der Osterberichte – Erkennen und Nichterkennen (Joh 20,16; Lk 24, 16.31); Berührungsverbot und Berührungsgebot (Joh 20, 17.27) – machen die Hilflosigkeit und Unzulänglichkeit menschlichen Sprechens und Bezeugens angesichts der Erscheinungen des auferstandenen Herrn deutlich. Der Auferstandene ist in der Geschichte wohl gegenwärtig, aber er ist nicht mehr in jener materiellen Leiblichkeit greifbar und erreichbar wie in seinem vorösterlichen Leben. Hinter den neutestamentlichen Auferstehungsberichten wird ein Sprachproblem, ja eine echte Sprachnot und Sprachbarriere sichtbar. Daher auch das unaufhörliche Bemühen, in dialektisch-antithetischen Ausdrucksformen das Nicht-mehr-Ausdrückbare und das Nicht-mehr-Mitteilbare doch ausdrücken und weitergeben zu wollen. Es war gewiß das Wagnis und die Not des Sprechenmüssens, unter dem die neutestamentlichen Schriftsteller selbst am meisten gelitten haben und mit dem sie nie ganz fertig geworden sind. Wie würde es uns selbst ergehen, wenn wir eine ähnliche Christuserscheinung hätten und versuchten, darüber anderen Mitteilung zu machen?

Es war wohl die übergroße Mächtigkeit der Ostererfahrung der Jünger, die dazu führte, diese in einzelnen thematischen Ausfaltungen wenigstens einigermaßen in die Verkündigung einzubringen. Die Absicht, die Vielfalt der österlichen Erfahrungen festzuhalten und anzusprechen, ist unschwer dem Apostolischen Glaubensbekenntnis anzumerken, das sich bei diesem verdeutlichenden Bekennen auf neutestamentliche Aussagen stützen konnte. Das unbeschreibbare Ereignis des Todes und der Auferstehung des Herrn wurde daher in folgenden Einzelaussagen ausgefaltet und festgehalten:

> » . . . gelitten unter Pontius Pilatus,
> gekreuzigt, gestorben und begraben,
> hinabgestiegen in das Reich des Todes,
> am dritten Tage auferstanden von den Toten,
> aufgefahren in den Himmel;
> er sitzt zur Rechten Gottes,
> des allmächtigen Vaters«.

Auffallend ist, daß in keinem Glaubensbekenntnis die Erscheinungen des Auferstandenen erwähnt werden. Hinter den detaillierten Aussagen steht das theologisch-katechetische Anliegen, das Ganze des österlichen Mysteriums in seiner Vielschichtigkeit darzustellen und gleichzeitig die Einsicht zu festigen, daß hinter allen Einzelaussagen ein einziges Heilsereignis steht. Wie ein Lichtstrahl sich in einem Glasprisma in die Vielfalt der Regenbogenfarben auffächert, so bricht sich auch das eine österliche Mysterium in der Vielfalt von Einzelaussagen. Wie sehr die Auferstehung Jesu Christi zum unverzichtbaren Fundament und steten Kriterium des christlichen Glaubens gehört, hat der Apostel Paulus mit aller Deutlichkeit betont: »Wenn Christus nicht auferweckt worden ist, dann ist euer Glaube umsonst, und ihr seid immer noch in euren Sünden; und auch die in Christus Entschlafenen sind dann verloren. Wenn wir nur in diesem Leben auf Christus gehofft haben, ist unser Elend größer als das aller anderen Menschen« (1 Kor 15,17–19).

Hinabgestiegen in das Reich des Todes

Auf der Synode von Sirmium (359) wurde auf Vorschlag des syrischen Theologen Markus von Arethusa die Formulierung » . . . hinabgestiegen in das Reich des Todes« in das Apostolische Glaubensbekenntnis eingefügt und besitzt, weil es sich weder im altrömischen noch im nicäno-konstantinopolitanischen Glaubensbekenntnis findet, einen einzigartigen Stellenwert. Diese Glaubensaussage stützt sich auf verschiedene Texte des Neuen Testamentes (1 Petr 3,19; 4,6; Eph 4,9; Röm 10,7; Mt 12.40; Apg 2,27.31) und dürfte als erweiternde Interpretation der Sterbeaussage Jesu zu werten sein. »Christus ist der Sünden wegen ein einziges Mal gestorben, er, der Gerechte, für die Ungerechten, um euch zu Gott hinzuführen; dem Fleisch nach wurde er getötet, dem Geist nach lebendig gemacht. So ist er auch zu den Geistern gegangen, die im Gefängnis waren, und hat ihnen gepredigt« (1 Petr 3,18–19).

Es ist anzunehmen, daß die katechetische Absicht dahintersteht, die Zeitspanne zwischen dem Kreuzestod Jesu und seiner Auferstehung »am dritten Tage« aufzufüllen und die Wirksamkeit des am Kreuz gestorbenen, aber doch lebendigen Christus dem christlichen Glauben einzuprägen. Dabei bot das hebräische Wort »scheól«, das ebenso »Hölle« wie »Tod« bedeutet, eine zweifache Übersetzung an, die sich in der früher gebrauchten Formel » . . . abgestiegen zu der Hölle« wie auch in der Neufassung des

Apostolischen Glaubensbekenntnisses » . . . hinabgestiegen in das Reich des Todes« widerspiegelt.

Man spricht sicherlich keine Übertreibung aus, wenn man behauptet, daß kaum ein anderer Glaubensartikel dem modernen Bewußtsein so ferne steht und nach der Auffassung nicht weniger Christen durchaus gestrichen werden könnte als die Aussage: » . . . hinabgestiegen in das Reich des Todes«. Es scheint – nach der fast einhelligen Auffassung – der Rest einer schon längst revisionsbedürftigen Mythologie vorzuliegen, der für den Glauben und die Lebensentscheidungen bedeutungslos ist. Die christliche Kunst der Vergangenheit hat den »Höllenabstieg« Jesu meist so dargestellt, daß der am Kreuz verstorbene Christus in die Hölle (bzw. in den »Vor-Himmel«) hinabgestiegen ist, um den dort wartenden Gerechten des Alten Testamentes und der ganzen Menschheit das Heilsereignis der Erlösung zu verkünden und die Pforten der Voll-Erlösung und der himmlischen Herrlichkeit zu öffnen.

Im Anschluß an diese traditionelle Ausdeutung versteht Jürgen Moltmann den Abstieg Jesu in das Reich des Todes als »Triumphzug des Erlösers durch das Totenreich, die siegreiche Eroberung der Hölle, die Erlösung der dort gefangenen Gerechten des Alten Bundes, voran Adam und Eva. Man verstand darum die Höllenfahrt Christi als den Anfang seiner Himmelfahrt, mit der er zum Herrn über alles wird, über Lebendige und Tote«. Heinrich Schlier vertrat eine ähnliche Deutung, wenn er schreibt, Gemeinschaft mit den Toten bedeute die Überwindung der heilsfeindlichen Mächte und die Befreiung der darin Gebundenen.

Eine ganz andere Deutung hat Joseph Ratzinger vorgelegt. Er bringt den Höllenabstieg Jesu in Verbindung mit dem Todesruf des Gekreuzigten: »Mein Gott, mein Gott, warum hast du mich verlassen?« (Mk 15,34 und Mt 27,46; Ps 22,2) und rückt ihn ganz hinein in die Mitte der Menschheit Jesu, in seine Gottverlassenheit, in seine radikale Einsamkeit. Er schreibt: »Am Karfreitag bleibt immerhin der Blick auf den Gekreuzigten. Karsamstag aber ist der Tag des ‚Todes Gottes', der Tag, der die unerhörte Erfahrung unserer Zeit zu Worte bringt und vorwegnimmt, daß Gott einfach abwesend erscheint, daß das Grab ihn deckt, daß er nicht mehr aufwacht, nicht mehr spricht, so daß man nicht einmal mehr über ihn zu streiten braucht, sondern ihn einfach übergehen kann. ‚Gott ist tot, und wir haben ihn getötet'. Dieses Wort Nietzsches gehört sprachlich der Tradition der christlichen Passionsfrömmigkeit zu; es drückt den Gehalt des Karsamstags aus, das ‚abgestiegen zu der Hölle'«.

Der in das Reich des Todes abgestiegene Christus wird verstanden als der Angefochtenste und Verlassenste aller Menschen, als der Bruder aller Gequälten und Entrechteten. Mit dem Höllenabstieg Jesu kommt sicherlich auch zum Ausdruck, daß das Erlösungswerk universal ist und daß durch Jesus Christus das Alte Testament mit dem Neuen Testament, das alttestamentliche mit dem neutestamentlichen Gottesvolk und darüber hinaus mit den Gerechten aus allen Völkern, Sprachen und Kulturen verbunden wird. Die Gerechten und Heiligen des Judentums und des Heidentums verschmelzen gleichsam zum Grundstock des »neuen Israel«, zum »neuen Jerusalem«, weil sie alle im Glauben zu geistigen Nachkommen Abrahams und damit auch zu Erben der Abrahamsverheißungen geworden sind. Jetzt hat sich Gottes Heilsplan verwirklicht, in Jesus, dem Christus, »alles im Himmel und auf Erden als dem Haupt zusammenzufassen« (Eph 1,10), so daß »alle Knie sich beugen im Himmel, auf Erden und unter der Erde« (Phil 2,10).

Am dritten Tage auferstanden von den Toten

In Auferstehungsdiskussionen unserer Zeit fällt nicht selten die scheinbar originell anmutende Frage: Wenn vor dem Grab Jesu eine Fernsehkamera gestanden hätte, was hätte sie fotografieren können? Darauf wird meist recht prompt die Antwort: Nichts! gegeben und man glaubt damit, das Auferstehungsthema als absurdes Phantasieprodukt entlarvt zu haben. Ganz abgesehen davon, daß die Fragestellung und vor allem die Einfügung eines technisch-apersonalen Gerätes unangemessen ist, muß doch gesagt werden, daß durch solche und ähnliche Einwände der Glaube an die Auferstehung Jesu allzu schnell in das Reich frommer Phantastereien verwiesen wird.

Bereits Rudolf Bultmann (1884–1976) hat für solche Verunsicherungen das Stichwort gegeben, wenn er schrieb: »Der christliche Osterglaube ist an der historischen Frage nicht interessiert«. Der Hinweis auf die Fernsehkamera ist aber vor allem deshalb deplaziert, weil das Sehen und Erscheinen des Auferstandenen keineswegs begründet sind in der scharfen Beobachtungsgabe oder im guten Auge des Menschen. Sie gehen vielmehr allein auf das Sichtbarmachen durch Gottes Gnade zurück. Gott ist es, der ebenso die Augen verschließt (Lk 24,16) wie er auch die Augen öffnet (Lk 24,31). Gottes Heilstat vollzieht sich nicht an dem technischen Apparat einer Fernsehkamera, sondern im glaubensbereiten Menschen, dem der auferstandene Herr aus unverdienter Huld diese Erfahrung schenkt.

Der Ursprung des Osterglaubens

Man kann heute der These begegnen, der Auferstehungsglaube sei Hoffnungen, Tischgesprächen und liturgischen Versammlungen der urchristlichen Gemeinden entsprungen. »Mit einer solchen Auslegung wird das Geschehen nach der anderen Seite hin bloß ins Menschliche eingeebnet und seines Eigentlichen beraubt. Die Auferstehungsberichte sind etwas anderes und mehr als verkleidete liturgische Szenen: Sie machen das Gründungsgeschehen sichtbar, auf dem alle christliche Liturgie beruht. Sie bezeugen ein Zukommnis, das nicht aus dem Herzen der Jünger aufstieg, sondern von außen an sie herantrat und gegen ihren Zweifel sie übermächtigte« (Joseph Ratzinger). Die Initiative ist einzig und allein von Gott ausgegangen, dem die Beweislast zukam. Die Offenbarung des Auferstehungs- und Lebensgeheimnisses Jesu Christi paßte sich jedoch jenen Möglichkeiten an, die für aufnahmebereite, in Zeit und Raum lebende und argumentierende Menschen angemessen und erforderlich waren. Die Erschließung der Auferstehung Jesu Christi vollzog sich in jenem Grenzsaum, in dem Irdisches und Überirdisches, Geschichtliches und Übergeschichtliches, Diesseitiges und Jenseitiges, Menschliches und Göttliches sich berühren und durchdringen. Menschliche Skepsis und Resignation waren durch handgreifliche Argumente gerade dort zu überwältigen, wo das Greifbare und Beweisbare sich bereits dem Zugriff irdischer Tests zu entziehen beginnt.

Angesichts der neutestamentlichen Osterberichte tut man sich schwer, die Auffassung zu verfechten, die Apostel hätten den auferstandenen Christus mit ihren Augen nicht gesehen, mit ihren Ohren nicht gehört und mit ihren Händen nicht berührt (Apg 1,3; 2,23.32; 10,41) und es habe sich lediglich um innerseelische Vorgänge gehandelt, die erst nachträglich (vielleicht aus Gründen der illustrierenden Verkündigung) in »handgreifliche« Geschichten, niedergeschrieben in den Denkformen des damaligen mythischen Welt- und Existenzverständnisses, übersetzt worden seien.

Allen neutestamentlichen Berichten über Erscheinungen des auferstandenen Christus ist das Stammeln und Stottern anzumerken, innerlich genötigt über Erfahrungen sprechen und schreiben zu müssen, die in herkömmlichen, aus Raum und Zeit gewonnenen Begriffen und Denkformen sich nicht einbringen und darstellen lassen. Diese Osterberichte weisen sehr unterschiedliche Elemente und Motive auf. Die geradezu protokollartig-juristische Zeugenliste (1 Kor 15,5–8) hat offensichtlich eine kirchentheologisch-petrinische Zielsetzung, indem sie bewußt Petrus an die Spitze aller

Auferstehungszeugen stellt. Es gibt ferner Berichte, in denen die Erfüllungschristologie wirksam gewesen ist und die christologische Deutung des Alten Testamentes begründet wird (Lk 24,13–35.44–49). Es ist nicht zu leugnen, daß auch katechetische und apologetische Intentionen die Berichte mitgestaltet haben, einerseits um den Osterglauben der urchristlichen Gemeinden zu festigen, anderseits um Verdächtigungen der jüdischen Osterpolemik (Mt 27, 62–66; 28, 4. 11–15) wie der leibfeindlichen Gnosis und des Doketismus zurückzuweisen (Lk 24,13–43; Joh 20,11–29; 21,1–14).

Die Erscheinungen des Auferstandenen bewegen sich auf einer Grenzlinie, die die erinnernde Erkenntnis an den geschichtlichen Jesus weckt und bestätigt (Lk 24, 30–31; Joh 20,11–18; Joh 20,24–29), gleichzeitig aber unter großer Verwirrung das »Ganz-Anderssein« der neuen Existenzweise des Auferstandenen feststellt (1 Kor 15,45). Es ist gewiß Jesus und doch ist es nicht mehr jener Jesus, wie ihn die Apostel vor der Kreuzigung gesehen und erlebt hatten. Der Auferstandene, der auf seine Jünger zugeht, entzieht sich ihnen gleichzeitig. Der auferstandene Herr ist nicht in seine frühere, geschichtliche Daseinsweise zurückgekehrt; der Gleiche ist doch ein Ganz-Anderer, dem die Jünger staunend, ja verwirrt gegenüberstehen.

Es ist Heinrich Schlier zu danken, daß er gegenüber modischen Vergeistigungs- und Verflüchtigungstendenzen von den neutestamentlichen Osterberichten klar und unmißverständlich schreibt: »Zum Ereignis der Auferstehung Jesu Christi gehört auch die Selbstbekundung des Auferstandenen in der Geschichte und in die Geschichte hinein. Auferstehung Jesu Christi ereignet sich auch als ‚Erscheinung' vor Zeugen zu seinem Zeugnis . . . Der entscheidende Begriff: ‚er erschien' meint dabei: er ließ sich sehen, er gab sich zu sehen, er machte sich sichtbar und erfahrbar. Dafür kann auch gesagt werden: ‚Gott ließ ihn ans Licht treten' (Apg 10,4) oder auch: ‚es offenbarte sich Jesus den Jüngern, nachdem er von den Toten erweckt war' (Joh 21,14)«.

Es ist daher nicht nur eine Angelegenheit des menschlichen Sehens und Erkennens, die hinter den Berichten über die Erscheinungen des österlichen Christus steht. Der eigentliche Glaubensdurchbruch vollzieht sich erst dann, wenn für einen Menschen die gottgewollte Stunde der Gnade geschlagen hat. Es ist wahrhaftig das Sehen und Erkennen des Auferstandenen nicht optische oder intellektuelle »Leistung« des Menschen. Es ist ausschließliches Gnadenereignis, daß der auferstandene Christus sich sichtbar, erfahrbar und nachprüfbar macht. Gott allein ist es, der die Augen öffnet und jene förmlich überwältigt, die Zeugen seiner Auferstehung werden sollen.

Die machtvollste Demonstration der Identität des österlichen mit dem vorösterlichen Jesus Christus sind seine Wundmale. Die Zeichen der Geschichtlichkeit prägen auch die neue Existenz des erhöhten Herrn. Alle Literaturarten und Intentionen der neutestamentlichen Ostergeschichte besitzen einen »harten Kern« und setzen voraus »einen scharf konturierten Kraterrand, der eindeutig auf den Einschlag hinweist, der ihn hervorgebracht hat« (Kurt Frör). Die Argumente für die schöpferische Tat Gottes, die inmitten der irdischen Geschichte sich ereignet hat, werden nicht vom »leeren Grab«, sondern von den Erscheinungen hergenommen, die eine Vielzahl glaubwürdiger Zeugen hatten.

Die Formel »am dritten Tage«

Wie sehr von Anbeginn an die Auferstehung wie die Erscheinungen Jesu als Aktion und schöpferische Tat Gottes (und nicht als theologische Interpretamente oder als katechetische Illustrationen) verstanden wurden, ist der stereotypen Formel »am dritten Tage« zu entnehmen. Bereits im ältesten Auferstehungszeugnis (1 Kor 15,4) findet sich diese Formel. Sie erscheint ebenfalls in den drei Leidensweissagungen (Mk 8,31; 9,31; 10,34). Der Hinweis: »So steht geschrieben: Der Messias muß leiden und am dritten Tage von den Toten auferstehen« (Lk 24,7.46) greift offensichtlich alttestamentliche Bezüge auf.

Bereits in der Geschichte von der Opferung Isaaks wird von der rettenden Tat Gottes »am dritten Tage« (Gen 22,4) gesprochen. Auch die Gotteserscheinung und das heilgewährende Ereignis am Berg Sinai war »am dritten Tage« (Ex 19,16). Nicht zuletzt dürfte der Hinweis auf das »Zeichen des Jona« (Mt 12,38–42) diese Formel entscheidend mitgeprägt haben.

Die neutestamentlichen Berichte über Auferstehung und Erscheinungen Jesu dokumentieren den urchristlichen Glauben, daß Gottes Heilstat wirksam gewesen ist und daß die Erfahrungen und Erlebnisse der Auferstehungszeugen (1 Kor 15,4–8; Mt 28,9–10; Lk 24,13–49; Joh 20,11–29) einen historischen Rand haben, der glaubwürdig bezeugt: »Der Herr ist wahrhaft auferstanden« (Lk 24,34).

Aufgefahren in den Himmel, sitzet zur Rechten Gottes, des allmächtigen Vaters

Seit Astronauten in ferne Welträume vordringen, scheint es ein modischer Gag zu sein, die »Himmelfahrt Jesu« mit Anschauungsmaterialien der modernen Weltraumfahrt darzustellen. Man muß jedoch mit aller Entschiedenheit solchen Versuchen entgegenhalten, daß sie theologisch in keiner Weise hilfreich sind.

Auferstehung und Erhöhung

Die Aussagen des Neuen Testamentes über die Himmelfahrt des Herrn lassen erkennen, daß es schon in den urchristlichen Gemeinden Diskussionen gegeben haben muß, wann wirklich der Zeitpunkt der »Himmelfahrt« oder, richtiger, der »Erhöhung« und Heimkehr zum Vater gewesen ist. Es finden sich nämlich in den ältesten Überlieferungen Aussagen, Christus sei sogleich nach seiner Auferstehung in verklärter Gestalt in die Herrlichkeit des Vaters zurückgekehrt (vgl. 1 Thess 1,10; 1 Kor 15,4; Röm 8,34; Phil 2,9–11), wo er »zur Rechten des Vaters« (Apg 2,32–33; 5,31; 7,56; Hebr 12,2; 1 Joh 2,1; Offb 3,21) thront. Dieser Akzent ist auch in den Worten zu erkennen, die der auferstandene Christus zu Maria von Magdala spricht: »Halte mich nicht weiter fest; denn ich bin noch nicht zum Vater aufgefahren. Gehe aber zu meinen Brüdern und sage ihnen: Ich fahre auf zu meinem Vater und zu eurem Vater und zu meinem Gott und eurem Gott« (Joh 20,17).

Nach anderen Berichten ist der Auferstandene – nachdem er »vierzig Tage hindurch ihnen (den Aposteln) erschienen war und ihnen Aufschluß gab über das Reich Gottes« (Apg 1,3) – in den Himmel aufgefahren (Lk 25,51; Apg 1,9–10). Ausschließlich in der Apostelgeschichte wird die Zeitspanne der »vierzig Tage« (Apg 1,3) erwähnt. Dieser Hinweis steht jedoch nicht im Widerspruch zu den übrigen Aussagen. Er ist vielmehr so zu verstehen, daß Christus nach seiner österlichen Heimkehr zum Vater während eines heilsgeschichtlich bedeutsamen Zeitraumes sich wiederholt sichtbar und erfahrbar den Aposteln zeigte. Das Stichwort »vierzig Tage« will keineswegs als exakter Zahlenwert, sondern im alttestamentlichen Sinne verstanden werden, nämlich als Phase konzentriertester Nähe und Wirksamkeit Gottes. Gewiß sollte mit der Bezeichnung »vierzig Tage« als einer gottverfügten Heilszeit auch die quälende Frage mancher urchristlicher Gemeinden beantwortet werden, warum der auferstandene Herr nicht mehr in den letzten Jahrzehnten des apostolischen Zeitalters erschienen ist. Die »vierzig Tage« wollen als Gnadengeschenk verstanden werden, das Gott allein in seiner Freiheit und Vorsehung zuteilt.

Einübung der Kirche

Mit den Aposteln mußten sich die urchristlichen Gemeinden der schmerzlichen Frage stellen: Wo ist hier und jetzt der auferstandene Herr? Hat sich Christus völlig und endgültig aus der sichtbaren Welt zurückgezogen um zur Rechten des Vaters Platz zu nehmen? In der Gnadenzeit der »vierzig Tage« ist jener Umdenkprozeß in Gang gesetzt worden, auch dann an die Gegenwart und Wirksamkeit Jesu Christi in der sichtbaren Welt und in seiner Heilsgemeinde zu glauben, wenn er nicht sichtbar festgestellt werden kann. »Selig, die (den sichtbaren Christus) nicht sehen und doch (an seine Gegenwart in dieser Welt) glauben« (Joh 20,29). Mit den »vierzig Tagen« schließt die Epoche ab, in der der Auferstandene den Seinen sichtbar und erfahrbar erschienen ist. Die »Himmelfahrt« ist als das Ereignis der offiziell letzten, sichtbaren Erscheinung des Auferstandenen zu verstehen. Von jetzt an zieht sich der Herr in selbstgewählte Unsichtbarkeit zurück. Unter den »Zeichen« des Wortes, der Sakramente, des Glaubens und der brüderlichen Liebe bleibt er in verhüllter und verborgener Anwesenheit gegenwärtig. Der auferstandene Herr ist in seiner Gemeinde aber in einer Weise da, als wäre er nicht da. Es ist daher die »Wolke« (Apg 1,9), die den auffahrenden Herrn den Blicken der Apostel entzog, keine Trauerwolke, sondern Zeichen der Verhüllung, gleichzeitig aber auch Zeichen der Gegenwart, der Wirkmächtigkeit des Auferstandenen, wie etwa die »Wolke« während des alttestamentlichen Wüstenzuges Zeichen der Führung und Sorge Jahwes war.

Die »kleine Weile« (Joh 16,17 ff.) aber ist jene Zwischenzeit, in der die christliche Gemeinde den Herrn nicht mit leiblichen Augen sehen kann. In dieser Epoche der Heilsgeschichte ist der erhöhte Herr ebenso »zur Rechten des Vaters« wie auch »mitten unter uns«. Nur indem diese beiden Gesichtspunkte – sowohl zur Rechten des Vaters wie mitten unter uns – zusammengeschaut werden, gelingt es dem irdischen Glauben einigermaßen, die Wirklichkeit der Erhöhung des Herrn angemessen zur Sprache zu bringen und ohne Verzerrung zu verkünden; denn verzerrt wäre ebenso die Auffassung, der Herr sei nur »drüben« wie die Aussage, der Auferstandene sei nur »unter uns«. Das »Sowohl – als auch« bewahrt das Christusverständnis vor einem christologischen Deismus, der Christus exklusiv im Jenseits vermeint, wie auch das Kirchenverständnis vor der heute nicht selten anzutreffenden Bewertung, Kirche sei zwar Stiftung des Herrn, aber in ihrer jetzigen Gestalt bloße Institution.

Die »vierzig Tage« stellen eine geradezu unersetzliche Etappe für die Zurüstung und das Selbstverständnis der neutestamentlichen Heilsgemeinde dar, denn indem der auferstandene Christus den Aposteln »Aufschluß über das Reich Gottes gab« (Apg 1,3), hat er sie in das Geheimnis seiner Kirche und ihrer Geschichte eingeführt.

Die allkosmische Heilsbedeutung

Die Erhöhung Christi ist die Vollendung des Erlösungswerkes. Jesus Christus, der ewige Hohepriester, ist »ein für allemal in das Allerheiligste hineingegangen und hat eine ewige, gültige Erlösung bewirkt« (Hebr 9,12). Jetzt ist die Erlösung vollendet. Es muß nichts mehr für die Rettung der Welt getan werden; weil Christus sich selbst geopfert hat, »bedarf es keines Opfers mehr für die Sünde« (Hebr 10,18).

Der Weg des Auferstandenen führt keineswegs aus der Welt heraus, sondern im Gegenteil mitten in die Geschichte hinein. Christus ist auferstanden, um den Seinen noch näher als vor seiner Kreuzigung zu sein. Die Himmelfahrt Christi ist mehr als ein Schlußornament des Lebens Jesu. Sie will eine ganz neue Heilsbewegung und ein unerhörtes Weltengagement aufzeigen, die mit dem Tod und vor allem mit der Auferstehung Jesu Christi möglich und in Gang gesetzt worden sind. Himmelfahrt ist alles andere als Distanzierung des auferstandenen Christus von der Menschheit und vom Kosmos. Erlösung ist ein totales Ereignis, das ebenso den Menschen wie das ganze Universum betrifft. Seit seiner Auferstehung ist Jesus Christus zur Menschheit und zu allen Dimensionen der geschaffenen Welt in eine so tiefe und intensive Nähe getreten, wie sie in der vorösterlich-geschichtlichen Daseinsweise nicht möglich war.

Durch seine Menschwerdung ist der ewige Sohn Gottes nicht nur Bruder der Menschen, sondern auch Bruder des ganzen Kosmos geworden. Die Berührung des irdisch-geschichtlichen Jesus mit der sichtbaren Materie hat durch die Auferstehung eine ungeahnte, allkosmische Ausweitung erfahren

(Eph 1,10; 4,10). Es kommt nur deshalb jetzt noch nicht zur Vollgestalt der Erlösung, weil die Vollendung und Bekrönung durch Gottes Fügung während der sogenannten »kleinen Weile« (Joh 16,16) der Geschichte noch hintangehalten wird. Mit der »Himmelfahrt« des Herrn werden bereits die Horizonte der Eschatologie, des »neuen Himmels und der neuen Erde«, sichtbar. Die Erhöhung des Herrn gehört daher in Wahrheit »zu den letzten Dingen«.

21.

JESUS JA – KIRCHE NEIN

Nur einem von allen Schiffen ist es bestimmt, nicht zu scheitern: der Barke des heiligen Petrus. Fluctuat nec mergitur. Sie schwankt, aber sie sinkt nicht.

Richard Seewald

Menschsein heißt von Fragen geplagt sein und gerade durch Fragen, die richtungsweisende Antworten erhalten, den Weg zum Selbstverständnis wie auch zur Wir- und Weltbegegnung zu finden. Weil dem Christen das Denken nicht abgenommen, sondern im Gegenteil als eine sehr ernste Aufgabe überantwortet ist, ist auch er von Fragen nicht verschont. Auch im Glaubensbereich wird er immer wieder von Fragen beunruhigt und gequält. Eine dieser zentralen Fragen, die wahrlich nicht nur die Haut ritzen, sondern das Herz treffen, steht hinter der Alternative: Jesus ja – Kirche nein!

Das Nein zur Kirche

Es ist eine Tatsache, daß die Kirche für nicht wenige Menschen unserer Zeit zu einem Problem geworden ist und für den Glauben überflüssig, ja hinderlich erscheint. Gleichzeitig möchte man aber doch religiös sein und bleiben. Man versucht an der Kirche vorbei und ohne Kirche Christus zu finden, mit Christus ins betende Gespräch zu kommen oder vor Christus sich zu rechtfertigen.

Wenn ich mit Gott reden will, dann brauche ich nicht das Telefon der Kirche! Wenn ich meine Sünden bereue, brauche ich keinen Priester und kein Bußsakrament; das mache ich allein mit Gott aus! In der freien Natur – etwa bei einem Sonnenaufgang, den ich auf Bergeshöhe erlebe – erfahre ich Gott tiefer und ehrfürchtiger als in der Sonntagsmesse! Solche und ähnliche Redewendungen sind heute keine Seltenheit. Sie werden, was man eingestehen muß, durchaus ehrlich und sehr häufig auch ohne jeden Haß gegen die Kirche ausgesprochen. Man hat nichts gegen die Kirche, glaubt aber, ohne die Kirche nicht bloß ebenso gut, sondern sogar besser und aufrichtiger beten und mit Gott in Beziehung treten zu können.

Kirche – Brücke oder Barrikade?

Man muß sehr redlich solchen und ähnlichen Einwänden gegen die Kirche nachgehen, die auf unterschiedliche Ursachen und Beweggründe zurückgehen. Es gibt sicherlich vordergründige, aber durchaus auch ernstzunehmende Enttäuschungen über die Kirche – etwa über die Pillenenzyklika »Humanae vitae«, über spektakuläre Austritte aus dem Priester- und Ordensstand, über Verunsicherungen in der Glaubensverkündigung, über Fraktionsbildungen unter den Priestern, über liturgische Neuerungen und da und dort gewiß auch über die Kirchensteuer. Sehr häufig erscheint in der Kritik die Kirche als menschlich-geschichtliche Institution mit einer zwar ehrwürdigen Vergangenheit, aber nicht mit einer glanzvollen Gegenwart. Abwertend wird von der kirchlichen Institution und von der Amtskirche gesprochen. Man liebäugelt mit dem Gedanken, die Rechtskirche müsse von der Liebeskirche abgelöst werden, wenn Kirche in unserer Zeit überhaupt glaubwürdig bleiben will. Man träumt von einer idealen Kirche der Zukunft, weil man mit der Gestalt der konkreten Kirche nichts anzufangen weiß.

Es ist richtig, daß die Kirche in keiner Epoche ihrer Geschichte hundertprozentig ideal und perfekt gewesen ist. Auch heute gibt es in der Kirche – als Überbleibsel der Vergangenheit, aber auch als neue Fakten der Gegenwart – manche Angriffspunkte, über die man sicherlich nicht froh und glücklich sein kann. In der Kirche knistert wie in jeder menschlichen Gemeinschaft das Menschlich-Allzumenschliche, das Unzulängliche, das Skandalöse, das Unglaubwürdige. Selbst in der unmittelbaren Nähe Jesu konnte einer der Apostel zum Verräter, zum Judas werden. Ist aber Kirche wirklich nur diese äußere, geschichtlich-menschliche Seite, die angegriffen wird und die durchaus reformbedürftig ist?

Die richtige Perspektive

Wer Kirche sagt, erst recht wer zur Kirche nein sagt, muß sich darüber Rechenschaft geben, was er unter »Kirche« versteht und was er daher unter Zitierung des Stichwortes »Kirche« ablehnt. Man kommt nicht um die Tatsache herum, daß Kirche mit Jesus Christus zu tun hat. Man macht sich daher die Entscheidung zu leicht, wenn man von vornherein Jesus Christus aus der Diskussion über die Kirche ausklammert. Die Kirche beruft sich auf Jesus Christus als ihren Stifter. Dieser Jesus Christus ist kein irdischer Religionsstifter, kein bloßer Gründer eines frommen Vereins, an den sich die späteren Mitglieder nur noch auf Grund einer antiken Grabplatte erinnern.

Wer Kirche sagt, muß Stellung nehmen zu jenen Sätzen, die von Jesus Christus überliefert sind. Einer dieser bedeutsamen Sätze lautet: »Ich bin bei euch alle Tage bis zur Vollendung der Welt« (Mt 28,20). Kann man wirklich Jesus Christus gegen die Kirche ausspielen, nachdem Jesus Christus selbst in seiner Glaubensgemeinschaft gegenwärtig und wirksam geblieben ist?

Man kann leiden an der Unzulänglichkeit der Kirche. Man kann traurig sein, daß die Kirche die Herrlichkeit und Menschenfreundlichkeit Christi oft verdunkelt. Man kann es schmerzlich empfinden, daß die Würde Christi wegen der Unwürde und Unglaubwürdigkeit der Christen oft nur schwer gesehen werden kann. Kirche ist nicht Kirche, wenn sie nur unter dem einen Gesichtswinkel einer innerweltlichen Institution gesehen wird. Kirche ist immer unterwegs zu dem, was sie sein soll. Sie befindet sich in einem mühsamen Annäherungsprozeß an jene Wirklichkeit, die ihr durch Botschaft, Heilswerk und Gegenwart Jesu Christi überantwortet ist. »Teilhaben am Grundentscheid Jesu Christi ist Teilhaben am Grundentscheid der Kirche« (Joseph Ratzinger). Kirche als Glaubensgemeinschaft empfängt aus der Gegenwart des gekreuzigten und auferstandenen Herrn Jesus Christus ihr Leben und ihre Sendung, gleichzeitig aber auch das Wissen um ihr Ungenügen und den Auftrag zur ständigen Korrektur.

HEILIGER GEIST UND KIRCHE

22.

DER GLAUBE AN DEN HEILIGEN GEIST

Wenn man nicht auf das Geheimnis Gottes eingeht und die Kirche lediglich unter soziologischen Gesichtspunkten betrachtet, so haben wir die Kirche vielleicht »reformiert«, aber nicht »erneuert«. Man kann nicht ungestraft auf die Glaubensgemeinschaft im Heiligen Geist verzichten.

Leo Jozef Kardinal Suenens

Nach dem Bericht der Apostelgeschichte fand der Apostel Paulus in Athen »einen Altar, auf dem die Aufschrift stand: einem unbekannten Gott« (Apg 17,23). In einem ganz anderen Sinne, als er von Paulus in seiner Verkündigung in Athen aufgegriffen wurde, steht inmitten der Christenheit bis zum heutigen Tag ein Altar, geweiht einem unbekannten Gott – dem Heiligen Geist. Es kann nicht in Abrede gestellt werden, daß im christlichen Bewußtsein nur reichlich blasse und konturlose Vorstellungen vom Heiligen Geist lebendig sind. Man tut sich offensichtlich mit der Personalität des Heiligen Geistes schwer und verweist auf die biblischen »Zeichen« der Taube (Mt 3,16), des Sturmes und der feurigen Zungen (Apg 2,2–3), die mehr verhüllen als enthüllen. Es hat der Lehre vom Heiligen Geist sehr geschadet, daß sie viel zu wenig tief und anregend in jene Aussage des christlichen Glaubens und Betens eingedrungen ist, die in den Glaubensbekenntnissen vorliegt. Geheimnis und Wirksamkeit der Kirche sind darin geradezu untrennbar mit dem Geheimnis und der Wirksamkeit des Heiligen Geistes verknüpft.

Heiliger Geist und erhöhter Christus

Es gibt eine verengte Sicht der Kirche, die so extrem und zugleich so exklusiv von der Gegenwart und Wirksamkeit des auferstandenen Christus in seiner neutestamentlichen Heilsgemeinde spricht, daß der Heilige Geist geradezu unnötig erscheint. Es dürfte da und dort ein »christliches« Gottesverständnis geben, das mit dem göttlichen Vater und dem göttlichen Sohn allein auskommt. Und doch sollte gerade die Anbindung der Aussage von der Kirche an das Bekenntnis zum Heiligen Geist, wie sie in den Glaubensbekenntnissen vollzogen ist, darauf aufmerksam machen, daß der Heilige Geist die »nach außen« wirkende und immer neu belebende Macht Gottes ist, »durch die der erhöhte Herr inmitten der Weltgeschichte anwesend bleibt als Prinzip einer neuen Geschichte und einer neuen Welt« (Joseph Ratzinger).

Es müßte aufhorchen lassen und da und dort eine nicht unwesentliche Korrektur des Kirchenverständnisses nach sich ziehen, was ein orthodoxer Bischof anläßlich der Weltkirchenkonferenz in Uppsala (1968) über die Wirksamkeit des Heiligen Geistes in der Kirche Gottes gesagt hat: »Ohne den Heiligen Geist ist Gott fern, bleibt Christus in der Vergangenheit, das Evangelium ein toter Buchstabe, die Kirche nur eine Organisation, die Autorität nur Herrschaft, die Mission eine Propaganda, der Kult eine Beschwörung und christliches Handeln eine Sklavenmoral. Aber mit Ihm erhebt sich der Kosmos und stöhnt in den Geburtswehen des Königreiches, ist der auferstandene Christus da, ist das Evangelium die Kraft des Lebens, bedeutet die Kirche die dreieinige Gemeinschaft, ist Autorität ein befreiender Dienst, ist die Mission ein Pfingsten, ist die Liturgie Gedenken und Vorwegnahme, ist das menschliche Handeln verherrlicht« (Rapport d'Upsal 1968, Conseil oecuménique des Eglises, Genf 1969, 297).

Die biblische Botschaft vom Heiligen Geist

Mit erstaunlicher Zurückhaltung und sichtlicher Bedächtigkeit sind Wirklichkeit und Wirksamkeit des Heiligen Geistes durch den offenbarenden Gott den Menschen erschlossen worden. Im Alten Testament wurde, wohl um das jüdische Volk vor einem Abgleiten in die heidnische Vielgötterei (Polytheismus) zu bewahren, der Eingottglaube (Monotheismus) mit scharfen Konturen herausgestellt. Es fällt aber auch im neutestamentlichen Bereich auf, daß Jesus Christus selbst in seiner Jüngerunterweisung erstaunlich lange gewartet hat, ehe er vom Heiligen Geist gesprochen hat. Neben zahlreichen Hinweisen in den Paulusbriefen (u.a. 2 Thess 2,13; 1 Kor 3,16; 6,19; 12,4–6; 13,13; Röm 5,5) und neben der Taufformel (Mt 28,19) findet sich ein wahres Konzentrat von Heilig-Geist-Aussagen in den Abschiedsreden Jesu (Joh 15,26–16,15), wie sie im Johannes-Evangelium überliefert sind. Es fällt ferner auf, daß in der Apostelgeschichte sehr deutlich nicht bloß von der pfingstlichen »Taufe mit Heiligem Geist« (Apg 1,5), sondern auch von der Geistspendung durch die Apostel (Apg 8,14–17) und von einem eigenen Heilig-Geist-Sakrament gesprochen wird, das vom Sakrament der Taufe unterschieden wird (Apg 8,14–17).

Die Lehre vom Heiligen Geist in der Glaubensgeschichte

Gegenüber der Irrlehre des Mazedonius (gest. um 364) sah sich das erste Konzil von Konstantinopel (381) gezwungen, Gottheit und Personalität des Heiligen Geistes ausdrücklich als Glaubenswahrheit zu formulieren und vorzulegen. Jahrhundertelange Debatten wurden zwischen abendländischen und griechischen Theologen darüber geführt, ob der Heilige Geist (vgl. Joh 15,26) nur vom Vater (a patre per filium) oder vom Vater und zugleich vom Sohne (filioque) ausgeht (vgl. Mt 10,20; Apg 16,7; Röm 8,9; Phil 1,19). Den Schlußpunkt dieser heißen Diskussionen, die weit über den dogmatischen Bereich hinausgingen und erheblich zur Verschärfung der kirchenpolitischen Spannung zwischen West- und Ostkirche beigetragen haben, bildete die Feststellung des Patriarchen Photius (820–891) von Konstantinopel, die abendländische Lehre vom Ausgang des Heiligen Geistes aus dem Vater und zugleich aus dem Sohne stehe im Widerspruch zur Überlieferung des Evangeliums, der Apostel und der Väter.

Eine geradezu fiebrig-nervöse Stimmung löste die Geschichtsdeutung des Zisterzienserabtes Joachim von Fiore (gest. 1202) aus, der neben dem ersten (vorchristlichen) Zeitalter des Vaters und dem zweiten (christlichen) Zeitalter des Sohnes von einer bereits angebrochenen dritten Heils- und Weltzeit, dem »Dritten Reich« (imperium tertium) des Heiligen Geistes gesprochen hat. Die vielen Heilig-Geist-Kirchen der Barockzeit machen deutlich, daß sich ausgerechnet im Zeitalter der Aufklärung (17. und 18. Jahrhundert) eine starke Hinwendung des christlichen Lebens wie auch der caritativen Tätigkeit auf die Glaubenswahrheit des Heiligen Geistes abzeichnete. Im 19. und 20. Jahrhundert kann man jedoch trotz der intensiven theologischen Bemühungen, Kirche und vor allem Firmsakrament neu zu sehen und pastoral zu verwirklichen, wohl (noch) nicht von einer Heilig-Geist-Renaissance sprechen.

Der Heilige Geist – ewige göttliche Person

Angesichts des Unterfangens, das besondere Wesen des Heiligen Geistes in menschlichen Ausdrücken wiederzugeben, sprach bereits Thomas von Aquin (1225–1274) von einem beklagenswerten Mangel an Vorstellungen (inopia vocabulorum). Geist (hebräisch »ruách«) bedeutet Atem als Zeichen des Lebens, innere Bewegtheit, Außersichsein. Damit ist wenigstens eine erste Orientierungshilfe gegeben, die das dynamische Element des Heiligen Geistes ausdeutet. Der Heilige Geist ist ewige, göttliche Person wie der Vater und der Sohn ewige, göttliche Personen sind. Die Besonderheit seiner Person besteht in unverwechselbarer und unvertauschbarer Weise jedoch darin, daß der Heilige Geist jene ewige Selbstüberschreitung und Selbsthingabe ist, in der der Vater seinen Sohn weggibt und in der wiederum der Sohn sich an seinen Vater zurückgibt.

Der Heilige Geist ist »die eine göttliche Selbstweggabe, die göttliche Selbstüberschreitung, selbst und als solche« (Heribert Mühlen). Es scheint dem menschlichen Denken leichter zu fallen, von der heilsgeschichtlichen Wirkung »für uns« als vom »An-sich-Sein« des Heiligen Geistes zu sprechen. Gerade das Glaubensbekenntnis verweist auf die heilsgeschichtliche Wirksamkeit des Heiligen Geistes, so daß diesen Artikeln eine meist kaum erkannte und ausgeschöpfte Erschließungsfunktion zukommt: »Ich glaube an den Heiligen Geist, – die heilige katholische Kirche, – Gemeinschaft der Heiligen, – Vergebung der Sünden, – Auferstehung der Toten und das ewige Leben.« Nachdrücklich werden damit die Heilsgüter des Neuen Testamentes mit dem Glauben an den Heiligen Geist verknüpft. Die »kleine Weile« (Joh 16,16–27) zwischen der Himmelfahrt und Wiederkehr Christi am Jüngsten Tag ist die Geschichte des erhöhten Christus mit seinem neutestamentlichen Gottesvolk, das sich erlöst, geliebt, geführt und getröstet weiß »unter der Wolke« des Heiligen Geistes.

23.

KIRCHE – VOLK GOTTES

Je mehr die Kirche sich auf sich selbst konzentriert und um ihr Prestige besorgt bleibt, um so weniger entspricht sie ihrem Ursprungsgeheimnis. Dieses ist ganz im Herrn begründet.

Karl Lehmann

Während man in vergangenen Jahrzehnten – vor allem seit der Enzyklika »Mystici corporis« des Papstes Pius XII. vom 29. Juni 1943 – von der Kirche sehr häufig als dem mystischen Leib Christi gesprochen und geschrieben hat, hat seit dem 2. Vatikanischen Konzil (1962/65) das Selbstverständnis der Kirche sich vornehmlich an der Formulierung »Volk Gottes« orientiert. Diese Bezeichnung kann sich auf die Heilige Schrift des Alten wie des Neuen Testamentes berufen. Sie kommt außerdem auch den demokratischen Trends und Vorstellungen entgegen, die heute weit über den politischen Raum hinaus Anklang finden und zur Verwirklichung drängen.

Es ist aber sehr ernsthaft zu fragen, ob nicht da und dort mit der Parole »Volk Gottes« Auffassungen vertreten werden, die auf eine totale Demokratisierung der Kirche hinauslaufen und die nur schwer mit der Wirklichkeit und Wirksamkeit und der Berufung von oben in Einklang gebracht werden können.

Demokratisierung der Kirche

Dort, wo eine Ablösung des kirchlichen Zentralismus angestrebt wird und eine Verbesserung der innerkirchlichen Kontakt- und Entscheidungsfähigkeit erreicht werden soll, fällt heute das Wort »Demokratisierung der Kirche«. Es darf nicht verkannt werden, daß hinter solchen Wünschen durchaus das wichtige Anliegen steht, die Kirche für die Gegenwart und vor allem für die Zukunft besser zu rüsten. »Wer wünscht, daß die Kirche lebe als

Gottes lebendige Gemeinde, muß wünschen, daß sie stets sich verändere« (Hans Küng).

Erhält aber die Kirche durch die Demokratisierung wirklich jene Gestalt, die (noch) als Entfaltung der neutestamentlichen Kirchenstiftung angesehen werden kann und die außerdem ein besseres Zusammenwirken, Mitentscheiden und Mitverantworten vor allem für die Zukunft ermöglicht? Mario von Galli hat unmißverständlich davor gewarnt, politische Strukturen ohne erforderliche Modifikationen auf den kirchlichen Bereich zu übertragen: »Wogegen ich mich sträube, ist dies, daß man ein weltliches Schema noch dazu einer von mehreren Formen möglichen Demokratie wie einen gottgewollten Zwang auf die Kirche überträgt«. Paßt überhaupt ein totales demokratisches Modell zur Intention und Kirchenstiftung Jesu? »Unsere weltlichen Kategorien sind nicht in der Lage, das Mysterium der Kirche in seiner ganzen Tiefe zum Ausdruck zu bringen oder zu umschließen. Es wäre ein vergeblicher Versuch, die Kirche unter dem Etikett Monarchie, Oligarchie oder Demokratie einzuordnen. Ihre Wirklichkeit ist zu reich und zu komplex. Sie sprengt die menschlichen Rahmen und Analogien« (Kardinal Leo J. Suenens).

Demokratisierung ist sicherlich eine gute Sache, wenn sie bedeutet, daß die kirchlichen Autoritätsträger – Papst, Bischöfe und Pfarrer – intensiver als früher in das Volk Gottes hineinhören und in gemeinsamer Sorge und Verantwortung für die Kirche Initiativen und Aktivitäten der Laien ernstnehmen und zur Entfaltung bringen. Meint jedoch Demokratisierung nur das Pochen auf Rechte, dann kann sie zur unseligen Fraktionsbildung zwischen Priestern und Laien, ja zwischen Priestern und Priestern führen und mitschuldig werden an einer neuen Passion der Kirche. Es gibt freilich Bereiche und Entscheidungszonen, die sich nie und nimmer in Paragraphen einfangen und festlegen lassen, weil in ihnen Charisma »von oben» und Engagement »von unten« in nicht aufhellbarer Weise zusammenwirken.

Es wird nie gelingen, ein praktikables Kooperationsmodell für jenen Bereich zu erstellen, in dem einerseits göttliche Gnadenwirksamkeit und charismatische Berufung und anderseits menschlich-gläubige Mitverantwortung und Aktivität in Paragraphen sich reglementieren lassen. Es kann – wie die Geschichte des christlichen Glaubens bezeugt – durchaus geschehen, daß göttliche Impulse auch »von unten« ausgehen und die kirchlich-hierarchische Führung zunächst in Erregung und Verwirrung versetzen, schließlich aber doch kühne Reformen in Gang bringen. Im Volke Gottes kann es nur eine wirkliche Rivalität geben – dem Herrn mit tieferem Glauben und mit größerer Treue zu dienen. »Kirchenfrömmigkeit unserer Zeit will im Zentrum nicht Liebe zur Kirche, sondern Liebe der Kirche sein« (Hans Urs von Balthasar).

In der Kirche des Herrn gibt es Autorität und Gehorsam, die beide letztlich in der Autorität Jesu Christi gegenüber den Menschen und im Gehorsam des menschgewordenen Gottessohnes gegenüber dem ewigen Vater ihren Ursprung und ihre Begründung haben. »Wahre Treue des Christen und des Amtsträgers der Kirche lebt im Geist des Verhältnisses, das zwischen Christus und der Kirche besteht. Ist dies einmal angenommen, dann darf man in letzter Treue gleichsam alles riskieren, gleichzeitig aber sich selbst nichts schuldig bleiben. Erst recht darf solche Treue nie fehlen, wo man auf sie müßte rechnen dürfen. Eine solche Treue kann man auch nicht bezahlen oder entlohnen. Sie weiß auch bei aller Festigkeit und Entschlossenheit um die Möglichkeiten des Scheiterns und des Verrats« (Karl Lehmann).

Berufung zum Volk Gottes

Das Volk Gottes konstituiert sich nicht aus eigener Initiative und nicht durch eigene Verdienste. Es ist vielmehr Gemeinschaft der Herausgerufenen und Ausgesonderten, die auf das »Zuerst« des Rufes und der Gnade Gottes immer mehr und immer besser um eine Antwort auf die unverdient geschenkte Berufung sich mühen. Volk Gottes ist Berufungsgemeinschaft aus Juden und Heiden, aus Zöllnern und Sündern, aus allen Sprachen, Rassen und Nationen.

Die Geschichte des neutestamentlichen Gottesvolkes stellt, wie bereits das erste Pfingstfest (Apg 2,1–11) deutlich machte, eine Dokumentation des gottgewollten Pluralismus dar. Der Heilige Geist ist alles andere als ein Feldwebel, der das ganze Volk Gottes im ermüdenden Gleichschritt vorbeidefilieren läßt. Es bedarf aber heute mehr denn je eines gewissenhaften Nachdenkens, ob nicht bisweilen durch einen ausufernden Pluralismus oder durch Eitelkeit und Besserwisserei das Band der Einheit und der Liebe übermäßig belastet und schließlich zerrissen wird.

Es ist unrealistisch und auch unbiblisch, auf dem geschichtlichen Weg des Gottesvolkes nur Glanz und Erfolg zu erwarten. Wie zum alttestamentlichen Gottesvolk »die Wüste« gehörte, so muß sich das neutestamentliche

Volk Gottes darüber im klaren sein, daß es Durststrecken der »Gottesfinsternis« (Martin Buber) und der Glaubensnot zu durchwandern hat. Die Gemeinde des Herrn ist noch nicht am Ostertag angekommen. Sie muß auf ihrem Pilgerweg durch Raum und Zeit noch viele Kreuzwegstationen innerer Anfechtungen und äußerer Nöte durchleiden.

Man verhehle sich auch nicht, daß das Gottesvolk vom Glaubensabfall und vom Götzendienst bedroht ist. Der »Tanz um das Goldene Kalb« kann auf verschiedenen Ebenen und in recht geschickter Tarnung erfolgen. Fern von jedem Triumphalismus hat daher das 2. Vatikanische Konzil in seiner »Dogmatischen Konstitution über die Kirche« (vom 21. November 1964, Art. 8) gesagt: »Die Kirche schreitet zwischen den Verfolgungen der Welt und den Tröstungen Gottes auf ihrem Pilgerweg dahin und verkündet das Kreuz und den Tod des Herrn, bis er wiederkommt (vgl. 1 Kor 11,26). Von der Kraft des auferstandenen Herrn aber wird sie gestärkt, um ihre Trübsal und Mühen, innere gleichermaßen wie äußere, durch Geduld und Liebe zu besiegen und sein Mysterium, wenn auch schattenhaft, so doch getreu in der Welt zu enthüllen, bis es am Ende im vollen Lichte offenbar werden wird«.

24.

DAS ÄRGERNIS DER GESPALTENEN CHRISTENHEIT

Die Glaubensspaltung ist das Werk einer leidenschaftlichen Ungeduld gewesen. Die kirchliche Einheit kann nur das Werk einer langen Geduld sein.

Max Pribilla

Wer sich darüber Gedanken macht, von welchen Mächten die Gegenwart geprägt wird und auch die Zukunft in den Griff genommen werden will, kommt an der Feststellung nicht vorbei, daß die christliche Botschaft in politischen Weltanschauungen (Kommunismus) wie in den immer aktiver werdenden, großen Weltreligionen (Islam, Buddhismus) eine starke Konkurrenz erhalten hat. Schon stellt man die Frage: Wird Marx oder Christus, Buddha oder Mohammed die Zukunft prägen? Die Ursachen für die Minderung der christlichen Ausstrahlung sind vielfältig. Sie haben keineswegs ihre Wurzeln im Entscheidungsbereich unserer Epoche. Einer der Gründe dürfte in der Unglaubwürdigkeit der Christen selbst zu suchen sein. Alle berufen sich zwar auf den einen Erlöser Jesus Christus, aber wegen der jahrhundertelangen Kirchenspaltung sprechen sie nicht mehr mit einer einzigen Zunge, noch verkünden sie gemeinsam das Gotteslob. Stehen sich die Kirchen selbst im Wege und sind sie zu Barrieren für Christus und seine Botschaft geworden?

Tatsache der Kirchenspaltung

Alle Christen stimmen über die mannigfachen konfessionellen Zäune hinweg darin überein, daß der Stiftungswille Jesu Christi auf eine einzige Glaubensgemeinschaft abzielt (Joh 17,20 ff.). Es ist aber dem Neuen Testament zu entnehmen, daß bereits die Wurzel der neutestamentlichen Heilsgemeinde gespalten war (Röm 9,1–10,4; 11,17–26), da der größte Teil des alttestamentlichen Gottesvolkes zu Jesus und zu seiner neuen Gemeinde ein Nein sagte. In den ersten christlichen Jahrhunderten kam es vor allem über das gottmenschliche Persongeheimnis Jesu Christi zu heftigen Auseinandersetzungen und zur Abspaltung etwa der Arianer, der Nestorianer und der Monophysiten. » . . . es müssen unter euch auch Spaltungen vorkommen, damit die Bewährten unter euch offenbar werden« (1 Kor 11,19).

Ein bis zum heutigen Tag bestehender Riß zwischen der Westkirche und der Ostkirche, ja die erste Vorahnung des »Eisernen Vorhangs« zwischen Europa und dem Osten tat sich auf, als nach einer langen Vorgeschichte am 16. Juli 1054 der päpstliche Legat, Kardinal Humbert (gest. 1061), auf den Hochaltar der Hagia Sophia in Konstantinopel die Bannbulle legte. Das Zeitalter der Reformation (16. Jahrhundert) hat zu jenen christlichen Gemeinschaften neben der römischen Mutterkirche geführt, die mit den Namen Martin Luther, Calvin und Zwingli, aber auch mit der Aktivität des englischen Königs Heinrich VIII. verknüpft sind. Nach dem 1. Vatikanischen Konzil (1869/70) kam es zur Lostrennung der Altkatholischen Kirche. Wer aber unsere Zeit kritisch betrachtet, wird erkennen, daß sich heute eine stille Emigration aus der Kirche vollzieht. Man tritt nicht mehr amtlich aus der Kirche aus, man kommt jedoch nicht mehr zur Kirche, – man hört nicht mehr auf die Kirche, – man läßt sich von der Kirche nicht mehr in seine Entscheidungen hineinreden.

Ursachen der Spaltungen

Eines sollte man sich stets vor Augen halten: Nicht Gleichgültigkeit, sondern ein leidenschaftliches Interesse am Glauben stand vielfach im Vorfeld einer späteren Kirchenspaltung. Aurelius Augustinus (354–430), der selbst in seiner nordafrikanischen Diözese Hippo mit der Irrlehre der Pelagianer sich herumzuschlagen hatte, gab für die Urteilsbildung das entscheidende Stichwort: »Glaubt doch nicht, daß Ketzereien durch ein paar hergelaufene, kleine Seelen entstehen konnten. Nur große Menschen haben Ketzereien hervorgebracht» (ML 25,902).

Will man nur die wichtigsten Ursachen aufzählen, die zur Spaltung der christlichen Gemeinschaft geführt haben, so muß man verweisen auf menschliche und theologische Mißverständnisse, – auf biblische Fehlinterpretationen, – auf überspitzte Formulierungen, – auf den Mangel an Dialogfähigkeit und Dialogbereitschaft, – auf Rechthaberei, Besserwisserei, Sturheit und Dickköpfigkeit, – auf menschliche Eitelkeit, politische und innerkirchliche Intrigen, – auf eine Ausuferung persönlicher Probleme und Nöte hinein in die Gemeinschaft, – auf Lieblosigkeit, Sünde und Schuld.

Was heute nottut, um vor unsachlichen Emotionen bewahrt zu bleiben ist eine seriöse Information über die geschichtlichen Tatsachen, ihre Hintergründe und ihre Motivationen. Es ist heute niemand gedient, sich gegenseitig vorzurechnen oder gar vorzuwerfen, was »hüben« und was »drüben« falsch gemacht worden ist. Die Spaltung der Christenheit ist ein geschichtliches Faktum, das im heftigsten Widerspruch zum Stiftungswillen Jesu Christi steht und das ohne Zweifel auch die Unglaubwürdigkeit und schwindende Strahlungskraft der Christen mitverschuldet hat.

Erwartungen und Forderungen der Ungeduld

Es gibt heute eine wachsende Ungeduld, die den jahrhundertelangen Skandal der kirchlichen Uneinigkeit und Zerrissenheit kurzfristig beenden möchte um endlich die von Jesus Christus gewollte Einheit wiederherzustellen. »Laß sie alle eins sein. Wie du, Vater, in mir bist und ich in dir bin, so laß sie in uns eins sein, damit die Welt es glaube, daß du mich gesandt hast. Ich habe die Herrlichkeit, die du mir gegeben hast, ihnen gegeben, damit sie eins seien, gleich wie wir eins sind: ich in ihnen und du in mir. So laß auch sie vollkommen eins sein. Dann wird die Welt erkennen, daß du mich gesandt und sie geliebt hast, gleich wie du mich geliebt hast« (Joh 17,21–23). Es scheinen einerseits die Spannungen zwischen der kirchlichen Institution und dem Enthusiasmus einer »dritten Konfession« wie auch zwischen Äußerungen der offiziellen Kirche und denen der wissenschaftlichen Theologie (vornehmlich der Vertreter der ökumenischen Theologie) zuzunehmen und anderseits eine Gleichgültigkeit gegenüber Äußerungen der offiziellen Kirchenleitungen sich breit zu machen. Während z.B. ein Memorandum der Ökumenischen Universitätsinstitute in der Bundesrepublik Deutschland (1972) feststellte, daß »einer gegenseitigen Anerkennung der Ämter theologisch nichts Entscheidendes mehr im Wege steht« (Nr. 23), stellte dazu die Deutsche Bischofskonferenz (am 15. März 1973) fest, »daß für eine Anerkennung der Ämter im Sinne der These 23 des Memorandums keine ausreichenden Grundlagen gegeben sind«.

Bisweilen hat es den Anschein, als entziehe sich die ökumenische Bewegung der Kontrolle der Kirchenleitungen. Es verstößt gegen die theologische Wahrhaftigkeit wie auch gegen die christliche Redlichkeit, »eine schwierige Glaubensfrage durch Sammeln von Unterschriften beeinflussen zu wollen« (Lorenz Kardinal Jäger) oder Zeichen der Einheit zu setzen, wo in Wirklichkeit die loyale Anerkennung der Ungleichheit und der Lehrdifferenzen dienlicher wäre. Für einen authentischen und fruchtbaren Dialog ist außerdem wirkliche Sachkompetenz erforderlich. »Wo man das spezifisch katholische Verständnis der Botschaft Christi aus falsch verstandenem Irenismus, aus Unkenntnis oder aus Einseitigkeit der eigenen Theologie nicht in das ökumenische Gespräch einbringt, hilft man dem Fortschritt der Annäherung nicht. Das Gemeinsame soll dankbar betont, aber auch das noch Kontroverse darf nicht verschwiegen oder verharmlost werden« (Johannes Joachim Degenhardt).

Zeichen der Hoffnung

Es darf nicht übersehen werden, daß es trotz mancher Ernüchterungen doch hoffnungsvolle Zeichen für eine einige Christenheit der Zukunft gibt:

1948 (23. August) Konstituierung des Ökumenischen Rates der Kirchen (Weltkirchenrat);

1960 Gründung des Sekretariats zur Förderung der Einheit der Christen durch Papst Johannes XXIII. (Kardinal Augustin Bea);

1964 (21. November) Dekret des 2. Vatikanischen Konzils über den Ökumenismus;

1965 (7. Dezember) Aufhebung der gegenseitigen Exkommunikationen zwischen Rom und der Ostkirche.

Es gibt eine große und nicht verlorene Gemeinsamkeit aller Christen: Wir erwarten nicht von Marx, nicht von Lenin noch von einem anderen literarischen oder politischen Heilbringer, sondern einzig und allein von Jesus, dem Christus, Sinn, Ziel und Zukunft unseres Lebens. Wir sollten Kenntnis haben und uns aufrichtig freuen über alle Gemeinsamkeiten des Glaubens, der Frömmigkeit, der Liturgie, die trotz der Spaltung geblieben sind und die ein Band der Einheit bilden. Überall dort sollen ferner Christen aus ihren konfessionellen Zäunen heraustreten, sich zu gemeinsamen Aktionen formieren und mit einheitlicher Zunge laut und eindringlich sprechen, wo die Rechte Gottes und die Menschenrechte angegriffen oder mißachtet werden.

Das Bemühen um Wiedervereinigung der Christen kommt aber um keinen Schritt weiter, wenn die harten Unterschiede verschwiegen oder verschmiert werden. Nur dann wird der Tag X einer einigen Christenheit erreicht werden, wenn die schwierige und mühselige Zone der immer noch bestehenden Glaubensunterschiede (z.B. Eucharistie- und Amtsverständnis, Papsttum, Marien- und Heiligenverehrung) geklärt und durchschritten ist. Es gilt gerade »das Trennende immer wieder zu befragen« (Heinrich Schlier), und zwar ohne Rechthaberei, sondern einzig und allein getrieben von der Bereitschaft, der größeren Wahrheit Jesu Christi zu begegnen. Was der Apostel Paulus von Abraham, dem Vater des Glaubens, schrieb, muß innerste Haltung und Intention jeglicher ökumenischen Arbeit sein: »Gegen alle Hoffnung auf Hoffnung setzend, faßte er Glauben« (Röm 4,18).

Das Entscheidende darf aber nie vergessen werden. Die Christen können sich wohl bereit machen. Aber die Wiedervereinigung kann von Menschen nicht gemacht, noch erzwungen oder in vordergründigen Zwischenlösungen, die die unteilbare Wahrheit verraten, vordemonstriert werden. Weil die Spaltung der Kirche es mit Sünde und Schuld der Christen zu tun hat, ist die Wiedervereinigung letztlich Geschenk der verzeihenden Gnade. Gewiß ist auch der menschliche Einsatz erfordert, denn »wir sind Gottes Mitarbeiter« (1 Kor 3,9). Letztlich aber gilt, was das 2. Vatikanische Konzil in seinem Dekret über den Ökumenismus (vom 21. November 1964, Art. 24) erklärte: Das »Anliegen der Wiederversöhnung aller Christen in der Einheit der einen und einzigen Kirche übersteigt die menschlichen Kräfte und Fähigkeiten«.

25.

CHRISTUSBEGEGNUNG IN DEN SAKRAMENTEN DER KIRCHE

Billige Gnade ist der Todfeind unserer Kirche. Unser Kampf geht heute um die teure Gnade ... Billige Gnade ist Gnade ohne Nachfolge, Gnade ohne Kreuz, Gnade ohne den lebendigen, menschgewordenen Christus ... Teuer ist die Gnade, weil sie Gott teuer gewesen ist, weil sie Gott das Leben seines Sohnes gekostet hat – ‚ihr seid teuer erkauft' – und weil uns nicht billig sein kann, was Gott teuer ist.

Dietrich Bonhoeffer

Von Johann Adam Möhler (1796–1838), einem der Großen der Tübinger Schule, stammt der Satz, die Kirche ist die »andauernde Fleischwerdung des Gottessohnes«. Kirche ist nach Möhler nicht eine bloße Organisation, die in Jesus von Nazaret ihren Gründer sieht und deshalb die Erinnerung an ihn, an sein Leben und an seine Botschaft lebendig erhält. Kirche hat es mit einer geheimnisvollen Lebensmitte zu tun, die ohne die Gegenwart und Wirksamkeit des erhöhten Herrn nicht gedeutet werden kann. Wer daher die Frage: Wo ist Christus heute? beantworten will, kann dies nicht vollgültig tun, wenn er die Wirklichkeit der Kirche ausklammert.

Wie sehr die gottmenschliche Wirklichkeit Jesu Christi mit der sichtbar-unsichtbaren Wirklichkeit der Kirche Parallelen aufweist, wird bereits dadurch erkennbar, daß in der Sprechweise der Kirche und der wissenschaftlichen Theologie sowohl Jesus Christus wie Kirche mit »Ur-Sakrament« bezeichnet werden. Mit guten Gründen nennt man die Kirche »Ur-Sakrament«, weil sie Sichtbares und Unsichtbares, Institutionelles und Gnadenhaftes, Menschliches und Göttliches zu einer spannungsreichen Einheit verbindet. Man kann Kirche mißverstehen, wenn man nur die oft recht dicke Haut ihrer Organisation meint. In ähnlicher Weise kann es auch zu

Fehldeutungen der Sakramente kommen, wenn man nur die äußeren Zeichen (das gesprochene Wort) und die Naturelemente (Wasser, Wein, Brot, Öl usw.) sieht und von ihnen magische Unfehlbarkeit erwartet.

Wie es im Laufe der christlichen Glaubensgeschichte dem Christusverständnis stets geschadet hat, Menschheit und Gottheit gegeneinander auszuspielen, so ist es auch dem Kirchen- wie dem Sakramentenverständnis stets abträglich gewesen, das sichtbar-irdische Element gegen das unsichtbar-gnadenhafte Element auszuspielen oder umgekehrt. Was daher von der Kirche insgesamt gesagt werden kann, läßt sich in abgestufter Weise auch vom Einzelsakrament behaupten: »Die Kirche ist die sichtbare Erscheinungsform der Erlösungsgnade Christi in der Gestalt eines sozialen Zeichens« (Edward Schillebeeckx).

Christus und die Sakramente

Es ist gewiß richtig, daß der siebenfache Richtungssinn der Sakramente in der kirchenschöpferischen Intention Jesu Christi eingeschlossen ist. Die Verbindung der Sakramente zu Christus ist aber tiefer und geheimnisvoller als nur die zu ihrem Gründer. Die Sakramente nehmen teil am Gegenwarts- und Wirkgeheimnis des erhöhten Jesus Christus. Die Wirklichkeit der gottmenschlichen Existenz Jesu Christi spiegelt sich im Sakrament wider, denn auch in ihm ist unsichtbar-göttliches Leben verborgen in sichtbar-irdischer Gestalt. Die Sakramente sind mehr als »Gnadenmittel« (diese Ausdrucksweise hat sicherlich eine Sakramentenmagie wie einen heilsegoistisch orientierten Sakramentenindividualismus begünstigt). Sakramente sind »Handlungen, in denen Gott den Menschen begegnet . . . In den sakramentalen Zeichen, die aus dem Lebensbereich des Menschen genommen sind, begegnet uns Christus und schenkt uns sein Heil« (Beschlußtext der gemeinsamen Synode der Bistümer in der Bundesrepublik Deutschland »Schwerpunkte heutiger Sakramentenpastoral«, angenommen am 22. November 1974).

Christus ist »das« Sakrament, in dem »die Güte und Menschenliebe Gottes, unseres Retters« (Tit 3,4) erschienen sind. Im Sakrament ist Christus in der Wirkkraft des Heiligen Geistes greifbar und erreichbar geblieben. Über die Jahrhunderte hinweg ist er mitten unter uns. Wie einst zu Thomas, so spricht der im Sakrament gegenwärtige Herr immer wieder zu jedem der Skeptiker und Zweifler: »Leg deinen Finger hierher . . . und sei nicht ungläubig, sondern gläubig . . . Selig sind, die nicht sehen und doch glauben« (Joh 20,27.29). Es ist letztlich Christus selbst, der jedes Sakrament spendet. Der Priester leiht Christus nur seine Gestalt, seine Worte, seine Gesten. Nie und nimmer kann der Priester Christus ausschalten und ausspielen oder gar (wie es in modernen Priesterromanen zu lesen ist) Christus ein Schnippchen schlagen.

Die Sakramente und die Kirche

Zur traditionellen Begriffsbestimmung eines Sakramentes gehört, daß es einerseits ein von Jesus Christus eingesetztes und anderseits ein der Kirche anvertrautes wirksames Zeichen des Heiles ist. Der bereits erwähnte Beschlußtext »Schwerpunkte heutiger Sakramentenpastoral« hat diese Aussage durch die Betonung des personalen, dialogischen und sozialen Aspektes zu verdeutlichen versucht: »Alle Sakramente sind in Jesus Christus begründet . . . Christus ist das Ursakrament. Durch den Heiligen Geist, den Christus uns sendet, bleibt er mit seinem Heilswerk durch die Zeiten unter uns gegenwärtig. Die Kirche als die vom Heiligen Geist geeinte Gemeinschaft der Gläubigen ist für die Welt das bleibende Zeichen der Nähe und Liebe Gottes«.

Das 2. Vatikanische Konzil hat in seiner Dogmatischen Konstitution über die Kirche (vom 21. November 1964, Art. 11) nachdrücklich betont, daß einerseits in den Sakramenten sich das Wesen der Kirche entfaltet und verwirklicht und daß anderseits die Sakramente im Lebensprozeß und in den spezifischen Situationen des Einzelmenschen wie der menschlichen Gemeinschaft die tröstende, sündenvergebende und lebenspendende Gegenwart und Wirksamkeit Jesu Christi schenken: »Durch die Taufe der Kirche eingegliedert, werden die Gläubigen durch das Prägemal zur christlichen Gottesverehrung bestellt, und, wiedergeboren zu Söhnen Gottes, sind sie gehalten, den von Gott durch die Kirche empfangenen Glauben vor den Menschen zu bekennen.

Durch das Sakrament der Firmung werden sie vollkommener der Kirche verbunden und mit einer besonderen Kraft des Heiligen Geistes ausgestattet. So sind sie in strengerer Weise verpflichtet, den Glauben als wahre Zeugen Christi in Wort und Tat zugleich zu verbreiten und zu verteidigen.

In der Teilnahme am eucharistischen Opfer, der Quelle und dem Höhepunkt des ganzen christlichen Lebens, bringen sie das göttliche Opferlamm Gott dar und sich selbst mit ihm; so übernehmen alle bei der liturgischen Handlung ihren je eigenen Teil, sowohl in der Darbringung wie in der heiligen Kommunion, nicht unterschiedslos, sondern jeder auf seine Art. Durch den Leib Christi in der heiligen Eucharistiefeier gestärkt, stellen sie sodann die Einheit des Volkes Gottes, die durch dieses hocherhabene Sakrament sinnvoll bezeichnet und wunderbar bewirkt wird, auf anschauliche Weise dar.

Die aber zum Sakrament der Buße hinzutreten, erhalten für ihre Gott zugefügten Beleidigungen von seiner Barmherzigkeit Verzeihung und werden zugleich mit der Kirche versöhnt, die sie durch die Sünde verwundet haben und die zu ihrer Bekehrung durch Liebe, Beispiel und Gebet mitwirkt.

Durch die heilige Krankensalbung und das Gebet der Priester empfiehlt die ganze Kirche die Kranken dem leidenden und verherrlichten Herrn, daß er sie aufrichte und rette (vgl. Jak 5,14–16), ja sie ermahnt sie, sich bewußt dem Leiden und dem Tode Christi zu vereinigen (vgl. Röm 8,17; Kol 1,24; 2 Tim 2,11–12;1 Petr 4,13) und so zum Wohle des Gottesvolkes beizutragen.

Wer sodann unter den Gläubigen die heilige Weihe empfängt, wird im Namen Christi dazu bestellt, die Kirche durch das Wort und die Gnade Gottes zu weiden.

Die christlichen Gatten endlich bezeichnen das Geheimnis der Einheit und der fruchtbaren Liebe zwischen Christus und der Kirche und bekommen daran Anteil (vgl. Eph 5,32). Sie fördern sich kraft des Sakramentes der Ehe gegenseitig zur Heiligung durch das eheliche Leben sowie in der Annahme und Erziehung der Kinder und haben so in ihrem Lebensstand und in ihrer Ordnung ihre eigene Gabe im Gottesvolk (vgl. 1 Kor 7,7). Aus diesem Ehebund nämlich geht die Familie hervor, in der die neuen Bürger der menschlichen Gesellschaft geboren werden, die durch die Gnade des Heiligen Geistes in der Taufe zu Söhnen Gottes gemacht werden, um dem Volke Gottes im Fluß der Zeiten Dauer zu verleihen. In solch einer Art Hauskirche sollen die Eltern durch Wort und Beispiel für ihre Kinder die ersten Glaubensboten sein und die einem jede eigene Berufung fördern, die geistliche aber mit besonderer Sorgfalt«.

Das Sakrament ist Zeichen der Kirche, ihrer lebendigen Überlieferung und ihres Selbstverständnisses, das in der Gegenwart und Liebe des erhöhten Herrn wurzelt. Kirche ist und bleibt dann jene von Christus gewollte und gegründete Gemeinschaft der Glaubenden, wenn sie aus dem Anliegen Jesu Christi selbst lebt, handelt und entscheidet. Sie würde sich an dem sakramentalen Stiftungswillen Jesu vergreifen, würde sie je nach Zeitgeschmack oder je nach Frömmigkeitspraktiken von Christus eingesetzte und ihr anvertraute Sakramente abschaffen und menschliche Wunschgebilde als Sakramente ausgeben. Das Sakrament ist Zeichen der Kirche, weil es Zeichen ihres Christusglaubens und Bekenntnis ihrer Christustreue ist.

In den Sakramenten wird Kirche als Herrengemeinschaft und in ihr Christus selbst in der Öffentlichkeit gegenwärtig gesetzt. Vielfältig sind die Ströme, die von der Christusmitte der Sakramente ausgehen. Es gibt sicherlich ein individuelles Element der Sakramente in der personalen Christusbegegnung und Christusmystik. Gleichzeitig lösen die Sakramente einen dynamischen Sozialisationsprozeß aus, der die Erlösten mit Christus wie auch die Erlösten untereinander und mit der ganzen Menschheit immer tiefer und intensiver verbindet. Das Sakrament ist zu eng gefaßt, wollte man es als ausschließliche Ich-Christusbegegnung verstehen. Wer den sakramentalen Christus am Mitmenschen vorbei bzw. unter bewußter Ausklammerung des Mitmenschen haben und erleben will, verkennt das Sakrament als Zeichen der Nähe und Liebe Gottes in seiner gemeinschafts-schöpferischen Funktion.

Sakramente und Zukunft

Die Sakramente sind Zeichen, die den irdischen Weg des Gottesvolkes markieren. In diesen Zeichen geht der Herr mit seiner Gemeinde wie einst mit den beiden Wanderern nach Emmaus (Lk 24,13–32). Doch es wird der Tag kommen, an dem sich das Schriftwort erfüllt: »Siehe, ich mache alles neu« (Offb 21,5). Dann wird der wiederkommende Christus der Endzeit die Umhüllung und Verborgenheit der sakramentalen Zeichen durchbrechen.

Die Kirche ist das »Ur-Sakrament«, das einen zeichenhaften und endzeitlichen Richtungssinn hat und über sich hinausweist. Weil die Kirche nicht mit dem Reich Gottes identisch ist, sondern »Vor-Zeichen« des Reiches Gottes ist, das in Jesus Christus anwesend ist, gehört es zum Wesen der

Kirche, dann überflüssig zu werden, wenn der Herr kommt (1 Kor 11,26). Mit der Kirche zeigen die Sakramente auf eine Wirklichkeit, die größer und endgültiger ist als sie selbst und in der alles seine Vollendung erfährt. Was im eucharistischen Wandlungsereignis sich an nur geringen Teilen der Naturelemente vollzieht, wird den ganzen Kosmos in einem mächtigen Transformations- und Umwandlungsprozeß erfassen und zum neuen Himmel und zur neuen Erde werden lassen. In der himmlischen Stadt Jerusalem haben die Sakramente ihren zeichenhaften Sinn nicht mehr nötig: »Einen Tempel sah ich nicht in ihr. Denn der Herr, ihr Gott, der Herrscher des Alls, ist ihr Tempel. Die Herrlichkeit Gottes erleuchtet sie, und ihre Leuchte ist das Lamm« (Offb 21,22–23). Dann gilt von allen Menschen, was von den Emmauswanderern geschrieben steht: »Da gingen ihnen die Augen auf, und sie erkannten ihn« (Lk 24,31).

26.

DAS SAKRAMENT DER TAUFE

Das Christentum ist soweit abgeschafft, als die Taufe in Vergessenheit geraten ist.

Jacques-Bénigne Bossuet

Das Sakrament der Taufe ist neben den Sakramenten der Firmung und der Eucharistie das erste der drei christlichen Eingliederungs- bzw. Initiationssakramente, durch die der Mensch durch das Heilstun des Vaters im Sohn durch den Heiligen Geist aus einer verhängnisvollen Schicksalsgemeinschaft aller Menschen in Gottferne und Schuld herausgerufen und in die konkrete Gemeinschaft des pilgernden Gottesvolkes eingegliedert wird. Das Sakrament der Taufe ist Angebot Gottes, das vom Menschen in Dankbarkeit wie in Verantwortung aufgenommen werden kann. Wer aber nach der rettenden Hand Gottes greift, muß sich bewußt sein, daß nur aus dem Zusammenwirken von Gottes Gnade und menschlicher Bereitschaft in einem Menschen sich Heil ereignet, indem er hineingenommen wird in Tod und Auferstehung Jesu Christi. »Unser Tod konnte nur getilgt werden durch das Leiden des Herrn, unser Leben nicht hergestellt werden ohne sein Auferstehung« (Tertullian, Über die Taufe 11; vgl. dazu Röm 6,2–11; Kol 2,11–15).

Glaube und Elternrecht

Weil heute mit besonderem Nachdruck auf die Freiheit und Entscheidung des Menschen, oder – allgemein gesprochen – auf die Menschenrechte hingewiesen wird, stellt sich gerade bei der Baby-Taufe die Frage, ob durch sie ein Christsein ohne persönliche Entscheidung möglich wurde und ob daher der Einwand manches Erwachsenen berechtigt erscheint, er sei ohne seine persönliche Willensentscheidung in eine Kirche hineingetauft worden.

Mit zunehmender Häufigkeit kann man heute diese These hören, in der Taufe werde ein hilfloses Baby als willenloses Objekt eines kultischen Aktes seiner Eltern bzw. Erziehungsberechtigten mißbraucht. Dem ist entgegenzuhalten, daß es ein Grundrecht der Eltern ist, Entscheidungen für ihre Kinder zu fällen, solange diese noch nicht die Volljährigkeit und die Religionsmündigkeit besitzen. Wer selbst im christlichen Glauben lebt und aus der Gemeinschaft einer konkreten Kirche Sinn und Ziel, Glück und Tröstung seines Lebens erfährt, wird sicherlich auch seinem Kind diese Glaubens-, Lebens- und Orientierungshilfe geben wollen. Das Kind begegnet dem Heilsangebot Gottes im Glauben und durch den Glauben der Eltern und Paten. Gerade das jetzt von der katholischen Kirche vorgeschriebene Taufgespräch, das der Priester bzw. Diakon mit den Eltern und Taufpaten halten soll, will den Ernst der Taufverantwortung nachhaltig ins Bewußtsein heben. Aus dieser nicht leicht zu nehmenden Taufverantwortung ist es zu verstehen, warum (Beschlußtext der deutschen Synode »Schwerpunkte heutiger Sakramentenpastoral« vom 22. November 1974) gefordert wird: »Wer die Aufgabe des Paten übernimmt, muß Mitglied der katholischen Kirche und gefirmt sein. Ein nichtkatholischer Christ kann deshalb nur als Taufzeuge bei der Taufe mitwirken« (1. 1. 4). Es sollte das Leben der Eltern so sein, daß ihr getauftes Kind im Alter seiner Religionsmündigkeit bzw. der Volljährigkeit fähig ist, die von den Eltern übernommene Taufverantwortung persönlich zu bejahen und in einem konsequenten christlichen Leben zu verwirklichen. Aufgabe der Eltern und Paten wird es sein, durch ein glaubwürdiges Leben, aber auch durch Bildungs- und Erziehungsmöglichkeiten jene Atmosphäre zu schaffen, in der das heranwachsende Kind fähig wird, in Freiheit seine persönliche Antwort auf das Gnadengeschenk der Taufe zu geben.

Das Heilsereignis der Taufe

Was sich durch die Taufe in einem Menschen ereignet, ist eine solche Fülle von Gnaden, daß sie nicht mit einem einzigen Wort umschrieben, sondern nur in einzelnen Geschehnissen und Ausformulierungen entfaltet und verdeutlicht werden kann. Das Heilsgeschehen der Taufe hat Paulus mit dem kühnen Wort »Neuschöpfung« (Gal 6,15; 2 Kor 5,17) zu umschreiben versucht. Taufe ist von Christus geschenkte Freundschaft (Gal 3,17; Röm 13,14). Sie ist ein Angenommen- und Geliebtwerden durch Jesus Christus, so daß alles Sündhafte und Trennende (Erbschuld und – bei Erwachsenen – persönliche Sünden) vergeben und ausgelöscht wird. Die Christusfreundschaft prägt einen Menschen so tief und so einzigartig, daß sie für Zeit und Ewigkeit ein unauslöschliches Zeichen und Autogramm

Christi hinterläßt. »Nicht mehr ich lebe, Christus lebt in mir« (Gal 2,20; vgl. 1 Thess 4,14–15; 1 Kor 1,13–17; 6,11;10,1–2; 12,13; Röm 6,3–14).

Für die Einsetzung der Taufe durch Jesus Christus werden verschieden Texte des Neuen Testamentes genannt: Joh 3,22–38; 4,1–3; Mt 28,19. Auf Grund der Einsicht, daß hinter den Aussagen des Neuen Testamentes auch ein theologischer wie kirchlicher Entwicklungs- und Reifungsprozeß steht, läßt sich über die Stiftung des Taufsakramentes durch Jesus Christus sagen:

»Der genaue Zeitpunkt der Einsetzung der Taufe läßt sich aus den Angaben der Heiligen Schrift nicht feststellen. Die Meinungen der Theologen sind geteilt. Die einen nehmen die Taufe Jesu im Jordan . . ., andere die Unterredung mit Nikodemus . . ., andere die Verkündigung des Taufmandates vor der Himmelfahrt Jesu . . . als Zeitpunkt der Einsetzung an.

Die ersten beiden Ansichten gehen von der unwahrscheinlichen Annahme aus, daß die Jüngertaufe (Joh 4,2) bereits die christliche sakramentale Taufe war. Gegen die erste Ansicht spricht vor allem das Schweigen der Schrift, gegen die zweite sprechen die äußeren Umstände, unter denen das Wort Jesu von der Heilsnotwendigkeit der Taufe gesprochen wurde. Der Schwerpunkt des Beweises liegt jedenfalls auf Mt 28,19; doch schließt der Taufbefehl eine frühere Einsetzung nicht aus« (Ludwig Ott).

Mit und durch Jesus Christus ist der Getaufte durchströmt vom Leben des dreifaltigen Gottes, in dessen Namen die Taufe gespendet worden ist: »Ich taufe dich im Namen des Vaters und des Sohnes und des Heiligen Geistes« (Mt 28,19). Diese Christusfreundschaft darf aber nicht als nur persönliche Auszeichnung oder nur als Ich-Du-Bezogenheit verstanden werden. Sie ist vielmehr als große und umfassende Lebensgemeinschaft zu sehen, die alle verbindet, die das Sakrament der Taufe empfangen haben. Durch die Taufe vollzieht sich immer neu und immer umfassender das kirchenschöpferische Anliegen Jesu Christi. Das Heilsereignis der Taufe hat daher ebenso eine individuell-persönliche wie eine sozial-kirchenbildende Wirkung.

Taufe als Lebensprozeß

Das Ereignis der Taufe ist keineswegs mit dem Tauftag abgeschlossen. Der Tauftag ist vielmehr nur der Anfang eines Anfangs, der während eines ganzen Lebens in einer Vielzahl von Fortsetzungen seine Entfaltung und Ausreifung erfahren soll. Was aus dem Christusangebot der Taufgnade eines

Menschen wird, hängt in entscheidendem Maße vom Getauften selbst ab, sicherlich auch von dem Milieu und von dem Beispiel der Mitmenschen. In den Pfarreien werden gewiß die Listen der Getauften geführt. Aber diese Listen sind wahrhaftig nicht Aufzeichnungen eines allseits lebendigen Christenlebens. Es gibt in ihnen nicht wenige sogenannte »Karteileichen« von Taufscheinchristen, die sich selbst vom Leben Christi und seiner Kirche abgeschnitten haben und Kirche nicht mehr als Raum der Christusgnade in dieser Welt respektieren.

Es wird eine wichtige und dringliche Aufgabe der Kirche und auch der christlichen Familien sein, vor allem Tauferinnerungen (Tauftag, Namenstag, Fastenzeit, Taufwasserweihe, Osternachtliturgie, Weihwasser usw.) wieder mehr Gewicht zu geben. Der getaufte Christ ist immer unterwegs zu Christus (oder vielleicht richtiger gesagt, Christus ist immer unterwegs im Christen, um in seiner ganzen Lebensfülle in ihm zu wohnen), zu sich selbst, zur Pfarrgemeinde, zur Weltkirche. Mit der Taufe wird bereits jene Schwelle überschritten, die in jene Herrlichkeit führt, die Gott denen bereitet hat, die ihn lieben. Sage mir, was dir deine Taufe bedeutet und welche Konsequenzen du daraus ziehst, und ich sage dir, was dir Christus bedeutet!

Welche Konsequenzen die mit der Taufe begonnene und bejahte Nachfolge Christi für einen Menschen haben kann, hat Charles de Foucauld (1858–1916) nicht bloß beschrieben, sondern bis hinein in seinen Tod (erschossen durch Tuaregs) vorgelebt. Er schrieb: »Das vollkommene Leben besteht darin, Christus innerlich und äußerlich nachzufolgen; innerlich, indem wir unsere Seele der Seinen ähnlich werden lassen, äußerlich, indem wir eine der drei Arten von Leben führen, die er uns als Beispiel gegeben hat: das verborgene Leben (Nazaret), das Leben in der Einsamkeit (die vierzig Tage in der Wüste), das öffentliche Leben (die drei Jahre der Predigt). Diese drei Arten des Lebens sind alle gleich vollkommen, da Jesus, zu allen Zeiten seines Lebens gleich vollkommen, gleich göttlich, alle drei geführt hat. Alle drei sind an sich gleich vollkommen; aber für uns ist es nicht gleich vollkommen, ob wir das eine wählen oder das andere; wir müssen unbedingt dasjenige wählen, in dem Gott uns haben will«.

Eine quälende Frage

Nicht wenige Eltern quält die Frage: Was geschieht mit unserem Kind, das ohne Taufe gestorben ist? Sind Kinder, die ohne Empfang der Taufe gestorben sind, von der Herrlichkeit des Himmels ausgeschlossen? Wie steht es ferner mit jenen Kindern, die abgetrieben wurden? Werden sie gar noch dafür bestraft, daß andere ihnen das Leben und damit die Möglichkeit des Taufempfanges verwehrt haben?

Auf diese Fragen gibt die Heilige Schrift keine präzise Auskunft. Wohl aber kann aus vielfältigen Texten des Alten wie des Neuen Testamentes eine Antwort erschlossen werden. Auch das ungeborene und ungetaufte Kind ist »Bild und Gleichnis Gottes« (Gen 1,26) und damit Entwurf auf absolute Zukunft. Von Jesus Christus heißt es ausdrücklich, er habe Kindern »die Hände aufgelegt und für sie gebetet« (Mt 19,13). Cajetan von Tiene (1480–1547), ein Mitbegründer der Theatiner, hat die Zuversicht ausgesprochen, daß im Mutterleib und ohne Taufe gestorbene Kinder »durch das Gebet und den Segen der Kirche sowie eine Art stellvertretender Taufbegierde der Eltern der ewigen Verdammung entzogen werden können«. Dieser Auffassung hat sich auch der Beschlußtext »Schwerpunkte heutiger Sakramentenpastoral« der deutschen Synode angeschlossen; er äußert »das zuversichtliche Vertrauen, daß auch solche Kinder in den allgemeinen Heilswillen Gottes eingeschlossen sind und das Heil erlangen« (3.1.5). Es wäre nur schwer mit der Liebe Gottes zu vereinbaren, wenn das Gebet der ohnehin schwer geprüften Eltern für ihr ohne Taufe verstorbenes Kind nicht erhört oder wenn bei völliger Gleichgültigkeit und Glaubenslosigkeit der Eltern dem Kind nicht durch die Fürbitte der Kirche die ewige Herrlichkeit erschlossen würde. Unerforschlich sind Gottes Gnadenwege.

27.

DAS SAKRAMENT DER FIRMUNG

Wir müssen lernen, daß der Wert des Menschen sich nicht an seinem Bankkonto oder der Länge seines Wagens mißt, sondern allein an seinem Engagement.

Martin Luther King

Das Sakrament der Firmung weckt bei nicht wenigen Christen die Erinnerung an das punktuelle Ereignis eines Tages, an dem sehr unterschiedliche Erlebnisse (Eucharistiefeier mit Bischof, Festessen, Firmgeschenke, Autofahrt usw.) zusammengeflossen sind. Wie aber hat sich die Firmung im anschließenden Leben ausgewirkt? Welche Konsequenzen hatte sie für die vielfältigen Entscheidungen der Berufswahl, der Familiengründung, des Engagements in Kirche und Staat? Hat das Sakrament der Firmung nur eine sogenannte »Papier- und Traditionsform« und gehen von ihm keine spürbaren Impulse für immer neue Aktualisierungen aus?

Biblische Grundlegung

So richtig es ist, daß sich im gesamten Neuen Testament kein ausdrückliches Einsetzungswort Jesu für das Sakrament der Firmung findet, ebenso unbestreitbar ist es, daß einerseits bereits in der apostolischen Zeit das Sakrament der Taufe deutlich von einem anderen Sakrament des Heiligen Geistes unterschieden und daß anderseits dieses Sakrament auch als eigenes Sakrament gespendet wurde (Apg 8,14–17; vgl. 19,1–7; als weitere Schriftstellen wären heranzuziehen: 1 Petr 2,4–6; 2 Petr 2,9–10; 1 Kor 12,1–11; 14,1–5,12; Joh 20,19–22).

Sehr lange wurden – wie heute noch in der orthodoxen Kirche – die drei Initiationssakramente (Taufe, Firmung, Eucharistie) an einem einzigen Tag empfangen. Nach dem Aufweis der Liturgiegeschichte sind viele Zeremonien des Firmsakramentes (z.B. Handauflegung, Backenstreich) durch germanisches Brauchtum vornehmlich der karolingischen Zeit und Liturgie (8./9. Jahrhundert) geprägt worden. Das Sakrament der Firmung ist wegen der Begegnung des Firmlings mit dem Bischof als ein nicht unbedeutender Kontakt mit der Kirche erfahren worden. Viele Katholiken haben zeit ihres Lebens den Namen ihres Firmbischofs, der auf dem Firmandenken vermerkt war, nie vergessen. Einen Nachteil hatten jedoch die bisherigen Firmungen: Es waren sehr häufig Massenfirmungen, die sowohl in der Vorbereitung wie vor allen in der Nachbereitung nicht oder zu wenig Fühlung mit der konkreten Pfarrgemeinde, ihren Nöten und Aufgaben hatten. »Man wurde gefirmt«, weil man einer bestimmten Schulklasse und Altersstufe angehörte, in der »man« zur Firmung kommt.

Anliegen der Neugestaltung

Das Sakrament der Firmung will heute vor allem als Entscheidungssakrament verstanden werden. Es wird (wie es auch in dem Beschlußtext »Schwerpunkte heutiger Sakramentenpastoral» der deutschen Synode vom 22. November 1974 deutlich wurde) ebenso die Nähe wie auch die Unterschiedlichkeit von Taufe und Firmung gesehen. »Das in der Taufe Begonnene wird in der Firmung weitergeführt und vollendet. Deshalb liegt die Bedeutung der Firmung in einer der Situation des Menschen entsprechenden neuen Befähigung und Beanspruchung des Getauften zum christlichen Leben.« Daher sollte dieses Sakrament erst vom vollendeten 12. Lebensjahr an empfangen werden und zwar nur von jenen, die sich ausdrücklich und persönlich für die Firmung entscheiden und anmelden. Der junge Christ »wird nicht mehr automatisch mit der Klasse zur Firmung geführt, sondern meldet sich auf einen entsprechenden Aufruf in der Pfarrgemeinde . . . selbst zur Teilnahme an der Vorbereitung zur Firmung an. Mit der Bereitschaft zur Teilnahme an der mehr praktischen Hinführung zeigt der einzelne auch persönlich, daß ihm an der Firmung etwas liegt und daß er dafür etwas einsetzen will« (Kardinal Julius Döpfner in seinem »Hirtenwort zur Neuregelung der Firmung« vom 15. Januar 1973). Der Firmwillige soll bewußt und entschieden aus dem Glied seiner Altersstufe und Gemeinschaft heraustreten und damit ein Zeichen setzen, daß er sich persönlich hinter jene Entscheidung seiner Eltern und Taufpaten stellt, die ihm selbst die erste Christusbegegnung geschenkt hat. Er soll aus gediegener Information wissen, was er tut und wofür er sich entscheidet.

Wenn auch weiterhin die Behandlung des Firmsakramentes dem schulischen Religionsunterricht aufgetragen ist, so wird die spezielle und aktualisierende Vorbereitung und Nachbereitung des Firmsakramentes eine wichtige Aufgabe der Gemeindekatechese sein. Diese pfarrliche Firmvorbereitung wird von Priestern und Katecheten, aber auch von geschulten Laien übernommen und in kleinen Gruppen durchgeführt.

In der Apostolischen Konstitution (vom 15. August 1971) heißt es: »Das Sakrament der Firmung wird durch die Salbung mit Chrisam auf der Stirn, die durch Handauflegung geschieht, und durch die Worte gespendet: Sei besiegelt durch die Gabe Gottes, den Heiligen Geist.« Die Handauflegung will die Übertragung des Heiligen Geistes ausdrücken, zugleich aber auch als Einladung, zur aktiven Mitsorge und Mitarbeit in der Kirche verstanden werden. Das Chrisamkreuz auf der Stirne will andeuten, daß der Gefirmte allem Bösen »die Stirne bieten soll«. Wer Christus nachfolgen will, muß wissen, daß zum Leben Jesu Verspottung und Kreuz gehören und daß daher auch dem Christen in der Nachfolge des Herrn Verspottung und Zurücksetzung nicht erspart bleiben (Joh 15,20).

Bedeutung und Aufgabe des Firmpaten

Der Firmpate soll in erster Linie ein glaubwürdiger und überzeugter Christ sein, der der katholischen Kirche angehört und selbst gefirmt ist. Die Firmordnung (vom 22. August 1971) hat für die Wahl des Firmpaten drei Möglichkeiten vorgesehen: Der Taufpate übernimmt auch die Patenschaft bei der Firmung. – Der Firmpate wird neu gewählt. – Die Eltern führen das Kind selbst zur Firmung.

Die innere Zuordnung von Taufe und Firmung kommt dadurch in sinnvoller Weise zum Ausdruck, wenn der Taufpate auch die Patenschaft bei der Firmung übernimmt. Der Firmpate sollte sich nicht nur kümmern, daß sein Firmling den Firmunterricht gewissenhaft besucht. Er ist darüber hinaus für die richtige Vorbereitung zum Empfang des Firmsakramentes mitverantwortlich. Seine eigentliche Aufgabe besteht darin, den Firmwilligen durch sein überzeugendes Beispiel zur eigenen Glaubensentscheidung hinzuführen. Er bleibt über den Firmtag hinaus Helfer und Gesprächspartner seines Firmlings – auch und gerade dann, wenn die Eltern nicht mehr an ihre Verantwortlichkeit denken, die sie mit der Taufentscheidung übernommen haben, oder wenn die Eltern des Firmlings gestorben sind.

28.

DAS SAKRAMENT DER EUCHARISTIE

Das Sakrament der Eucharistie sollte nicht einfach unter die sieben Sakramente verrechnet werden. Es ist – so sehr es den einzelnen meint und ihn in die Gemeinschaft mit Christus immer wieder hineinnimmt – eben doch das Sakrament der Kirche als solcher in einem ganz radikalen Sinne.

Karl Rahner

Kein Sakrament hat in den nachkonziliaren Reformen ein so verändertes Gesicht erhalten wie das Sakrament der Eucharistie, das seit etwa 400 Jahren (Konzil von Trient 1545/63) in seinem äußeren Aufbau, in der lateinischen Sprache, in den Rubriken wie auch in den ausgewählten Lesungen des einen Kirchenjahres keine grundlegende Änderung erfahren hat. Folgende Dokumente des 2. Vatikanischen Konzils (1962/65) haben entscheidende Impulse für die liturgische Neugestaltung gegeben: Konstitution über die heilige Liturgie (vom 4. Dezember 1963, Art. 2, 5, 26, 47); Dogmatische Konstitution über die Kirche (vom 21. November 1964, Art. 1, 3, 7, 9–11, 26, 28, 33, 48); Dekret über den Ökumenismus (vom 21. November 1964, Art. 8 und 15); Dekret über die zeitgemäße Erneuerung des Ordenslebens (vom 28. Oktober 1965, Art. 2 und 15); Pastoralkonstitution über die Kirche in der Welt von heute (vom 7. Dezember 1965, Art. 38 und 42); Dekret über Dienst und Leben der Priester (vom 7. Dezember 1965, Art. 5).

Man muß aber heute bereits feststellen, daß die Meßreform nicht allseits beglückt hat und daß nicht wenige Wünsche offen geblieben sind. Es mehren sich die Auffassungen, daß neben dem Verstehbaren der deutschen Liturgiesprache, dem reichen Angebot von Schriftlesungen und der starken Betonung des Gemeinschaftscharakters der Messe der einzelne, vor allem der ältere und in einer geprägten eucharistischen Frömmigkeit belehrte und lebende Beter sich übergangen fühlt und daß außerdem auch zu wenig Raum für Stille und Meditation berücksichtigt wurde (wie der meditative

Nachholbedarf gerade der jungen Generation beweist). Ernst Tewes (Weihbischof von München) gesteht rückblickend: »Die letzten Jahre waren in ihrem Grundwasser aufklärerisch. Sie hatten etwas von intellektueller oder gar intellektualistischer Kopflastigkeit«. Vielleicht wird eine zweite Phase der Liturgiereform gerade dem gehetzten Menschen unserer Zeit wieder mehr Atempausen schenken und unter anderem durch eine stärkere Einbeziehung der Stille wie der Musik auch dessen Gemüt ansprechen, zum Gotteslob ermuntern und ihn vor der Austrocknung der meditativen und spirituellen Reserven bewahren.

Das Testament Jesu Christi

Den Texten des Neuen Testamentes ist zu entnehmen, daß Jesus Christus in einer Vielzahl von Mahlgleichnissen und auch in nicht wenigen Tischgemeinschaften mit seinen Jüngern, aber auch mit Außenseitern der damaligen Gesellschaft (Zöllner und Sünder) durch mehrere Jahre hinweg auf jenes letzte Mahl vorbereitet hat, das er vor seinem Sterben gefeiert hat (1 Kor 11,23–26; Mk 14,22–25; Mt 26,26–29; Lk 22,15–20). Anknüpfend an das Ritual des jüdischen Paschafestes hat Jesus unter der Gestaltentrennung von Brot und Wein einen »Neuen Bund« (1 Kor 11,25; Lk 22,20) gestiftet und damit die Umstiftung des alttestamentlichen Paschamahles zur Eucharistiefeier des Neuen Bundes vollzogen.

Von Anbeginn war dieses Mahl »die Quelle und der Höhepunkt des ganzen christlichen Lebens« (Dogmatische Konstitution über die Kirche, Art. 11) – Gedächtnismahl, in dem ein wirklichkeitserfülltes »Gedächtnis« gegenwärtig gesetzt wird, – Gemeinschaftsmahl, das durch die Gemeinschaft mit Christus auch die Gemeinschaft (Sozialisation) aller Erlösten bewirkt, – Opfermahl, in dem sich Christus (vgl. Jes 53,10) als der Gottesknecht im totalen Gehorsam (Phil 2,8) gegenüber dem Vater-Gott opfert, – Erlösungsmahl, in dem der menschgewordene Sohn Gottes sich hingibt »zur Vergebung der Sünden« (Mt 16,28; vgl. Jes 53,10; 1 Petr 2,24), – Erwartungsmahl, in dem der Tod des Herrn verkündet wird, »bis er wiederkommt« (1 Kor 11,26).

In der Feier der Eucharistie wird nicht bloß der Stiftungswille Jesu Christi erfüllt in der Form eines dankbaren Gedenkens. In ihr ist vielmehr der totale Gehorsam Jesu an den Vater und damit an die Welt, der seine Gipfelhöhe im Kreuz und in der Auferstehung erfahren hat, gerade durch die Gestaltentrennung von Fleisch und Blut sakramental gegenwärtig und wirksam. »Das hochheilige Opfer des Altares ist kein bloßes und einfaches Gedenken der Leiden und des Todes Jesu Christi, sondern eine wahre und eigentliche Opferhandlung, bei welcher der göttliche Hohepriester durch seine unblutige Hinopferung das tut, was er schon am Kreuze tat, sich selbst dem ewigen Vater als wohlgefälligste Opfergabe darbringend . . . Es ist demnach der gleiche Priester, Christus Jesus, dessen heilige Person sein berufener Priester vertritt . . . Es ist auch die gleiche Opfergabe, nämlich der göttliche Erlöser nach seiner menschlichen Natur und in der Wirklichkeit seines Leibes und Blutes . . . Die eucharistischen Gestalten, unter denen er da ist, versinnbilden die blutige Trennung des Leibes und des Blutes. So wird das Gedächtnis seines Todes, der sich auf Kalvaria wirklich vollzogen hat, in jedem Opfer des Altares neu begangen, insofern durch deutliche Sinnbilder Jesus Christus als im Zustand des Opfers befindlich dargestellt und gezeigt wird . . . Ferner sind es die gleichen Opferzwecke (Ehrung des himmlischen Vaters, die Gott geschuldete Danksagung, Sühne, Genugtuung, Versöhnung und Bittflehen)« (Papst Pius XII., Rundschreiben »Mediator Dei« vom 20. November 1947).

Gewandeltes Eucharistieverständnis?

Ein Rückblick in die Geschichte des christlichen Glaubens belehrt, daß es bisher drei Epochen gab, in denen um das Abendmahl heftig gestritten wurde: Im 9. Jahrhundert (Paschasius Radbertus, † 851), im 11. Jahrhundert (Berengar von Tours, † 1088) und vor allem im 16. Jahrhundert (Abendmahlslehre der Reformatoren). In den katholischen Katechismen der Neuzeit ist das Verständnis der heiligen Messe sehr nachhaltig durch die sogenannte Opfertheorie geprägt worden: » . . . die heilige Messe ist die unblutige Erneuerung des Kreuzesopfers«. Ohne Zweifel, ist gerade durch diese Formulierung, die in fast allen katholischen Katechismen bis in die Mitte des 20. Jahrhunderts zu finden war, die Vorstellung begünstigt, ja entscheidend geprägt worden, daß vornehmlich die Ereignisse der Passion (nicht aber das gesamte Leben Jesu) das eucharistische Zentralgeheimnis darstellten. Leider hat sich dadurch auch die Auffassung gefestigt, der Gebetsrhythmus der heiligen Messe bewege sich hin zum Kreuz Jesu Christi, während er in Wirklichkeit hin zum Vater-Gott zielt.

Bei den Bemühungen unserer Zeit um eine gläubige Neu-Interpretation und Neugestaltung der Eucharistiefeier hat die Mahltheorie Schwerpunkte gesetzt, so daß heute mit Vorliebe von der eucharistischen Tisch- und Mahlgemeinschaft und vom heiligen Brot gesprochen wird. Neben dem herkömmlichen Ausdruck »Wesensverwandlung« (Transsubstantiation) sind ergänzend neue Begriffe wie »Transsignifikation« bzw. »Transfinalisation« getreten, um den personalen wie auch den sozialen und eschatologischen Gesichtspunkt zu unterstreichen. Dazu heißt es in dem »Schreiben der deutschen Bischöfe an alle, die von der Kirche mit der Glaubensverkündigung beauftragt sind« (1967): »Durch die neue Zeichenhaftigkeit (Transsignifikation) wird aus dem natürlichen Brot die geistliche Speise, durch die neue Bestimmung (Transfinalisation) wird die neue Speise zur Speise für das ewige Leben«.

Es handelt sich dabei keineswegs nur um neue Formulierungen, sondern vielmehr um neue Fragestellungen und Anfragen. Stand nämlich hinter der mittelalterlichen Transsubstantiationsdiskussion die (materielle) Frage, was geschieht eigentlich durch die eucharistische Wandlung der heiligen Messe mit der »Substanz« des Brotes bzw. des Weines, deren Akzidentien (Farbe, Geschmack) unverändert bleiben, so zeichnet sich in den neuen Formulierungen »Transsignifikation« und »Transfinalisation« der Interessen- und Fragehorizont des modernen Christen sehr nachhaltig ab: nämlich die Frage nach der existentiellen wie sozialen und nicht zuletzt nach der eschatologischen Bedeutung der Eucharistiefeier für den Einzelchristen wie für das gesamte Gottesvolk.

Diese verschiedenen Formulierungen – Transsubstantiation, Transsignifikation und Transfinalisation – wollen und sollen nicht gegeneinander ausgespielt werden, sie wollen und sollen vielmehr einander ergänzen, um so das »Geheimnis des Glaubens« ebenso in ein größeres Spektrum zu rücken wie auch in neuen Aktualisierungen und Konkretisierungen für Menschen anderer Geistes- und Kulturepochen vollziehbar zu machen.

Es stellt eine dringliche Aufgabe der heutigen Eucharistie-Katechese dar, mit dem Mahlcharakter den Opfercharakter der Eucharistiefeier zu verbinden und gleichzeitig mit dem Mahl der Gemeinschaft die persönliche Begegnung des Christen mit seinem gekreuzigten und auferstandenen Herrn zu betonen, in der religiösen Praxis einzuüben und auch in den Texten der Religionsbücher herauszustellen. Neben der gemeinschaftlichen Feier der Eucharistie darf die persönliche Kommunionfrömmigkeit und nicht zuletzt die eucharistische Anbetung nicht zu kurz kommen. »Niemand kann kommunizieren, ohne zuerst angebetet zu haben« (Aurelius Augustinus).

Mit großer Sorge hat Kardinal Joseph Ratzinger festgestellt: »Je mehr die Kirche in das eucharistische Geheimnis hineinwuchs, desto mehr hat sie begriffen, daß sie Kommunion nicht in den begrenzten Minuten der Messe zu Ende feiern kann, sondern daß der Herr immerfort auf uns zugeht, und daß wir immerfort zugehen auf ihn . . . Wir stehen heute in großer Gefahr, daß unsere Kirchen Museen werden und daß es ihnen dann geht wie Museen: wenn sie nicht verschlossen sind, werden sie beraubt. Sie leben nicht mehr. Das Maß der Lebendigkeit der Kirche, das Maß ihrer inneren Offenheit wird sich darin zeigen, daß sie ihre Türen offenhalten kann, weil sie durchbetete Kirche ist.«

Der gespaltene Tisch der Eucharistie

Die Eucharistiefeier, die »Auferbauung der Gemeinde in Fülle« (1 Kor 14,12) wirkt, bietet angesichts der gespaltenen Christenheit keineswegs das Bild der Einheit, sondern der Uneinigkeit und der Zerrissenheit. Die Spaltungen der neutestamentlichen Heilsgemeinde hatten die Preisgabe der eucharistischen Gemeinschaft zur Folge. Wenngleich es in Notsituationen Interkommunion geben kann, so bedarf es noch einer sehr gründlichen und wohl auch langwierigen Klärung des Amts- und Eucharistieverständnisses, ehe die Christen aus den konfessionellen Spaltungen in die eine eucharistische Tischgemeinschaft mit dem einen Herrn und Erlöser treten können.

»Am Sakrament der Einheit zeigt sich die ganze Tragik unserer Trennung. Wir können es nicht verhüllen oder leicht nehmen und dürfen nicht versuchen, eine Einheit vorzutäuschen, die noch nicht da ist. Der Versuch, unter Nichtbeachtung der theologischen Realitäten durch einfache Aktion eine Interkommunion herzustellen, würde die Eucharistiefeier herabwürdigen zu einer Demonstration des guten Willens. Wenn dieser genügte, wäre die Einheit schon längst vollzogen, und die ganze ökumenische Bewegung hätte keinen Sinn mehr. Die Arbeit für die Einheit der Christen empfängt ihre dramatische Spannung und ihre stärkste Dynamik gerade aus dem schmerzlichen Erlebnis, daß wir nicht gemeinsam an dem einen Herrenmahl teilnehmen können. Gerade hier zeigt sich, daß der Weg zur Einheit Geduld als eine spezifische ökumenische Tugend erfordert« (Ausführungsbestimmungen der Deutschen Bischofskonferenz zum Ökumenischen Direktorium des Sekretariats für die Einheit der Christen, 1968).

29.

DAS SAKRAMENT DER BUSSE

Die tiefste Erfahrung von sich selbst, zu der der Mensch in seiner Natur und in der Gesellschaft vordringt, lautet nicht Freiheit, sondern Ohnmacht. Die tiefste Erfahrung vom Gelingen menschlichen Lebens ist eben darum nicht eine Erfahrung von eigener Macht, sondern von Gnade. Die tiefste Erfahrung des Menschen ist nicht der Mensch, sondern Gott.

Carl Friedrich von Weizsäcker

Zwei Tatsachen sind für die gegenwärtige Situation und Bewertung des Bußsakramentes prägend. Zunächst ist statistisch ein spürbarer Rückgang der Beichten in Pfarrgemeinden wie auch an Wallfahrtsstätten festzustellen. (Diese Tatsache sollte man nicht bedenkenlos als Mißachtung des Bußsakramentes auslegen!) Sodann gibt es eine sehr breite Verunsicherung nicht weniger Gläubigen, denn man hat nicht nur die Formen der individuellen Frömmigkeit des Heilsegoismus verdächtigt. Man konnte gelegentlich selbst aus Priestermund hören, daß auch mit einem Bußgottesdienst sakramentale Nachlassung schwerer Sünden verbunden sei. »Es muß in der Tat festgestellt werden, daß es Geistliche gibt, die ihre pastoralen Möglichkeiten überschreiten und in einem Bußgottesdienst Generalabsolution erteilen, was gegen die Ordnung der Kirche und ihnen auch verwehrt ist« (Weihbischof Ernst Tewes, München).

Die Kongregation für den Gottesdienst hat am 2. Dezember 1973 die Neuordnung der Buße (Ordo Poenitentiae) veröffentlicht. Im Anschluß an dieses Dekret ist es nötig, Unklarheiten abzubauen und falsche Hoffnungen und Erwartungen nicht weiter zu wecken, sondern die unverkürzte Theologie der Buße vorzulegen und zu einer Erneuerung des Bußsakramentes zu ermuntern.

Klarstellungen

Im 16. Jahrhundert, als die überlieferte Lehre vom Bußsakrament, vor allem aber das Verständnis und die Frömmigkeitspraxis des Ablasses von den Reformatoren einer harten Kritik unterzogen und abgelehnt wurden, sah sich das Konzil von Trient (1545–1563) genötigt, unter Hinweis auf die Belegstellen in der Heiligen Schrift (vor allem Mt 14,17–19; 18,15–20; Joh 20,21–23) und auf die kirchliche Tradition zu erklären: »Das Bekenntnis der Sünden ist für alle, die nach der Taufe fallen, nach göttlichem Recht notwendig, weil unser Herr Jesus Christus vor seiner Himmelfahrt die Priester als seine eigenen Stellvertreter zurückließ, als Vorsteher und Richter, vor die alle Todsünden gebracht werden müssen, in die die Christgläubigen fallen . . . Von den Büßenden müssen alle Todsünden in der Beichte genannt werden, deren man sich nach sorgfältiger Selbsterforschung bewußt ist . . . Die läßlichen Sünden, die uns von der Gnade Gottes nicht ausschließen und in die wir häufig fallen, kann man zwar richtig, mit Nutzen und ohne jede anmaßende Überheblichkeit beichten, wie es der Brauch gottesfürchtiger Menschen zeigt, man kann sie aber auch ohne Schuld verschweigen und mit vielen anderen Heilmitteln sühnen« (Lehrentscheid über das Sakrament der Buße vom 25. September 1551).

Das 2. Vatikanische Konzil (1962–1965) hat in seinem Dekret über die Hirtensorge der Bischöfe (vom 28. Oktober 1965, Art. 30) die Priester an eine ihrer wichtigsten Gewissenspflichten erinnert, indem es erklärte: »Die Pfarrer sollen bedenken, daß das Bußsakrament sehr viel dazu beiträgt, das christliche Leben zu fördern. Deshalb seien sie gerne bereit, die Beichten der Gläubigen zu hören; wenn es nötig ist, sollen sie dazu auch andere Priester beiziehen, die der verschiedenen Sprachen mächtig sind.«

Am 2. Dezember 1973 wurde im Ordo Poenitentiae (Ordnung der Buße) die vom 2. Vatikanischen Konzil angeregte Neugestaltung des Bußsakramentes verwirklicht. Da es aber seither nicht wenige Unklarheiten über Bedeutung und Beziehung von Bußgottesdienst und sakramentaler Einzelbeichte gibt (man konnte bisweilen sogar von einer Abschaffung und Ersetzung der sakramentalen Einzelbeichte durch die Teilnahme an Bußgottesdiensten hören), sei wenigstens kurz auf die grundsätzlichen Richtlinien der neuen »Ordnung der Buße« eingegangen.

Neben der bisherigen Form der sakramentalen Einzelbeichte gibt es künftig auch die gemeinsame Bußfeier mit sakramentaler Einzelbeichte. Um nämlich den gemeinschaftlichen Charakter der Sünde, der Buße, wie auch des Vorsatzes zu unterstreichen, kann diese zweite Form für die Zukunft sehr bedeutsam sein. Besonders für größere Personengruppen (Schulklassen, Jugendgruppen, Teilnehmer an Wallfahrten usw.) kann eine gemeinsame Gewissenserforschung wie auch eine Anregung für gemeinsame Vorsätze außerordentlich hilfreich sein.

Eingefügt in diese gemeinsame Bußfeier ist die sakramentale Einzelbeichte mit persönlichem Schuldbekenntnis, mit Bußauflage und sakramentaler Einzelabsolution durch den Priester. Für außergewöhnliche Situationen und schwerwiegende Notfälle und außerdem mit ausdrücklicher Erlaubnis der jeweils zuständigen Bischofskonferenz kann als dritte Form auch eine gemeinschaftliche Bußfeier mit sakramentaler Generalabsolution gehalten werden. Bei einer solchen Bußfeier ist jedoch der Priester gehalten, die Gläubigen eigens aufmerksam zu machen, daß sie trotz der empfangenen Generalabsolution schwere Sünden bei nächster Gelegenheit (spätestens innerhalb eines Jahres) in einer sakramentalen Einzelbeichte zu bekennen haben.

Um jeder Abwertung der sakramentalen Einzelbeichte von vornherein entgegenzuwirken, haben die deutschen Bischöfe (in einem Schreiben an die Priester aus Anlaß der Veröffentlichung des »Ordo Poenitentiae« in deutscher Sprache vom 1. Februar 1975) geschrieben: »Wir wissen heute, daß ein persönliches Sich-Stellen und Aussprechen schon rein anthropologisch von großer Bedeutung ist. Es hat deshalb auch dann seinen tiefen Sinn, wenn keine schwere Sünde vorliegt und es demnach nicht verpflichtend gefordert ist. Das individuelle Bekenntnis stellt nämlich eine der wenigen heute verbliebenen Möglichkeiten dar, in der der Christ als einzelner erreicht und ernstgenommen wird – eine Chance, die man in einer Zeit so verbreiteter Vereinsamung und fortschreitender Entpersönlichung des Lebens nicht aufs Spiel setzen darf. Man begegnet auch der Versuchung, in der Anonymität mit seiner Schuld allein bleiben zu wollen oder sie sich selbst auszureden.

Das Bußsakrament ist endlich ein von Jesus Christus gestiftetes Heilszeichen. In ihm wendet sich der verzeihende und uns aufrichtende Christus dem umkehrwilligen Menschen persönlich und wirksam zu. Er schenkt ihm in neuer Weise die Gemeinschaft mit Gott und den Brüdern. Nirgendwo sonst wird so deutlich und dem einzelnen so hörbar in seine Situation hinein gesagt: Deine Sünden sind Dir vergeben.

Sowohl die Begegnung mit Jesus Christus wie mit seiner Kirche erreicht im Bußsakrament eine spezifische Verdichtung. Deshalb ist jedem Christen – nicht zuletzt jedem Priester – zu raten, in überschaubaren Zeiträumen, sooft es dem geistlichen Wachstum dient, das Sakrament der Buße zu empfangen«.

Die neue Bußliturgie der sakramentalen Einzelbeichte hat (gegenüber früher) eine erweiternde Umgestaltung erfahren. Nach dem Eröffnungsritus wird zunächst ein Schrifttext gesprochen, dem Bekenntnis und der Bußauflage folgt die sakramentale Lossprechung. Bei der Lossprechung soll der Priester seine Hand über den Beichtenden ausstrecken. Ganz allgemein ist festzustellen, daß die neugestaltete Bußfeier mehr Zeit benötigt als die bisherige Beichtform. Es ist außerdem bemerkenswert, daß die Verpflichtung zur jährlichen Beichte nur für den Todsünder gegeben ist. Gleichzeitig spricht das Bußdekret von der großen Förderung des geistlichen Wachstums, die durch das öftere Bekenntnis »läßlicher« Sünden gegeben ist. Auch demjenigen, der sich keiner schweren Sünde bewußt ist, wird geraten, in nicht allzu großen Zeitabständen das Bußsakrament zu empfangen.

Klar setzt das neue Bußdekret die sakramentalen Bußfeiern von den Bußgottesdiensten (celebrationes paenitentiae) ab. Bei der sicherlich großen Bedeutung der Bußgottesdienste (Bildung eines wachen christlichen Glaubens) sowohl für den Einzelchristen wie vor allem für die christliche Gemeinde fällt auf, daß zweimal, im Vorwort auch nochmals in der Einführung zu den Bußgottesdiensten, ausdrücklich hingewiesen wird, man möge darauf bedacht sein, daß die Bußgottesdienste von den Gläubigen nicht mit dem Bekenntnis und der Absolution in der sakramentalen Einzelbeichte verwechselt werden (vgl. dazu meine Anleitung »Beichten ja – aber wie?« Aschaffenburg 1978[2]).

Sündenbewußtsein – heute

Man kann es nicht leugnen, daß für viele unserer Mitmenschen die Worte Tugend wie Sünde einen altmodisch-muffigen Beigeschmack haben. Wird das, was bisher »Sünde« bezeichnet wurde, heute nur noch Kavaliersdelikt genannt, ein unglücklicher Erb- oder Milieuschaden, eine Ungeschicklichkeit, eine Aktion oder Reaktion des Menschen, die wohl im zwischenmenschlichen Bereich unschön war, die aber (so meinen viele Menschen) beileibe nichts mit Gott zu tun hat und nichts zu tun haben will? Es ist aber doch bemerkenswert, daß es oft die gleichen Menschen sind, die einerseits »Sünde« wegerklären und entmythologisieren wollen und die anderseits energisch auf ihre Freiheit pochen. Schließt Freiheit nicht Entscheidungsfreiheit und damit auch das Fehlen- und Sündigenkönnen (posse peccare) ein? Selbst dort, wo man die Möglichkeit »kleiner« Sünden eingesteht, wird die Auffassung vertreten, der Mensch könne aber nie und nimmer eine Entscheidung von solcher Tragweite treffen, daß man von einer »Todsünde« sprechen könne.

Folgende Passagen von Bruno Schüller sind in diesem Zusammenhang bedenkenswert: »Man muß sich hüten, die Menschen schlechter zu beurteilen, als sie tatsächlich sind. Nur muß man sich als Christ vor Augen halten: wenn von der Sündigkeit des Menschen schließlich nichts mehr übrig bleibt, ist nicht mehr einzusehen, warum wir als Christen noch bekennen können, Christus sei gestorben um unserer Sünden willen. Außerdem fragt man sich mitunter, ob derjenige, der mit Bestimmtheit wissen will, die Todsünde sei im menschlichen Leben ein äußerst seltenes Vorkommnis, letzten Endes nicht denselben Grundfehler begeht, den er denen vorhält, die mit Bestimmtheit urteilen, die Menschen begingen häufig die Todsünde. Schließlich scheint man sich oft nicht bewußt zu sein, daß man die Menschen und ihre freie Selbstbestimmung nicht mehr ganz ernst nimmt, wenn man ihnen ihre Taten nicht mehr als verantwortlich getane voll zurechnet. Wer meint, die Menschen für das Böse, das sie tun, grundsätzlich nicht ganz verantwortlich machen zu dürfen, der kann sie konsequenterweise auch nicht für das Gute, das sie vollbringen, ganz verantwortlich machen. Die heutige Theologie ist entschieden darauf aus, überall den Menschen als Person zur Geltung zu bringen. Mit Pathos tritt sie ein für die Freiheit, Mündigkeit und Eigenverantwortung des Menschen. Hört der Mensch auf, ein freies, mündiges, verantwortliches Wesen zu sein, sobald er, zur Sünde versucht, auch tatsächlich sündigt?«

Es ist nicht von der Hand zu weisen, daß man früher allzu schnell, bisweilen sogar leichtfertig von der »Todsünde« gesprochen hat, so daß dadurch vielfach eine unglückselige Sündenangst, ja Sündenneurose entstanden ist. Heute jedoch dürfte eher das Gegenteil der Fall sein: Man spricht überhaupt nicht mehr von Todsünde. Vielleicht könnte aber das leidenschaftliche Pochen auf Freiheit, das die Menschen unserer Zeit prägt, einer der vorreligiösen Ansatzpunkte sein, um das Vorfeld des Sündenbewußtseins zu klären. »Menschen, die sich nicht zu den Sündern rechnen, existieren für die Erlösung nicht – richtiger gesagt: für sie besteht Erlöstwerden vor allem darin, daß sie ihre Sündigkeit erkennen« (Romano Guardini).

Sünde wird weder in der Botschaft Jesu verharmlost noch durch das Sakrament der Buße weggezaubert. Es ist keineswegs so, daß in den Augen Gottes die Sünde gar nicht so schlimm sei. Was Sünde wirklich ist, ist sichtbar an dem »teuren Preis« (1 Kor 6,20; 7,23) des gekreuzigten Gottessohnes, der das harte Lösegeld zur Vergebung der Sünde war.

Buße – mehr als Beichte

Die neuen Bußformen haben die erklärte Absicht, die Beichte aus einer individualistischen (und bisweilen auch heilsegoistisch akzentuierten) Engführung zu befreien und sie in den großen Horizont ebenso der göttlichen Barmherzigkeit wie auch der »Metanoia« (Umkehr) im Raum der Kirche zu stellen. Mit Recht betont man heute die gemeinschaftliche (ekklesiale) Bedeutung und Dimension des Bußsakramentes. Es wäre aber nicht gut, wenn eine der wenigen Einzelaktionen, zu denen sich der Christ in der sakramentalen Einzelbeichte aufraffen und durchringen soll, (wegen allzu knapp bemessener Beichtzeiten) mehr und mehr unmöglich würde. Es muß wohl noch sehr vieles getan werden, um der sakramentalen Einzelbeichte neben den gemeinschaftlichen Bußgottesdiensten ihr spirituelles Eigengewicht zu geben.

Vielleicht ist zu wenig bekannt, daß es vielfältige Formen der Buße und der Sündenvergebung gibt: Gebet, Lesung der Heiligen Schrift, gläubiges Hören auf Gottes Wort, Mitfeier der Eucharistie, Werke der Nächstenliebe und Formen des Verzichts, Versöhnung mit anderen (wie sie der Beschlußtext der deutschen Synode »Schwerpunkte heutigen Sakramentenpastoral« vom 22. November 1974 unter 4.1 aufzählt). Alles Leben des Christen soll Buße sein gemäß einem Wort des großen Theologen Thomas von Aquin (1225–1274): »Gott heiligt uns nicht ohne uns« (S. Th. I/II q 111 a 2 ad b). Haltung und Werke der Buße wurzeln in dem Wissen um die eigene Sündhaftigkeit und Erlösungsbedürftigkeit, um die unverdiente, sündenvergebende Barmherzigkeit Gottes, um die durch Jesus Christus neu geschenkte Freundschaft, um die Stärkung und Heiligung der Gemeinschaft der Gläubigen, um die kühnen Möglichkeiten des mit Christus Mitbeten-, Mitsühnen- und Mitopfern-Dürfens, um eine neue und ewige Zukunft mit Gott.

Das Bußsakrament ist Gnadengeschenk Gottes, »der uns durch Christus mit sich versöhnt hat« (2 Kor 5,18). Die alles entscheidende Initiative hat Gott ergriffen. Gott wird nicht versöhnt. Gott hat versöhnt. Es fällt daher auf, daß das bestimmende Wort der neuen Bußliturgie neben Buße »Versöhnung« (reconciliatio) heißt.

Kardinal Joseph Höffner, Erzbischof von Köln, hat den Gläubigen seiner Diözese Leitsätze über Buße und Vergebung zur Verfügung gestellt, die für alle, die guten Willens sind, klarstellend und zukunftweisend sind.

»Drei Sätze zur Buße: Buße ist Abkehr von der Sünde. – Buße ist Heimkehr zu Gott. – Es gibt Formen der Buße, durch die jeder einzelne seine immerwährende Buße ausdrückt, und Formen gemeinsamer Buße des Gottesvolkes. –

Fünf Sätze über die Vergebung der Sünden: Dem reuigen Sünder verzeiht Gott. Er vergibt ihm die Sünden und schließt ihn in seine barmherzige Liebe ein. – In besonderer Weise erfahren wir die verzeihende Liebe Gottes im Sakrament der Buße. – Der Empfang des Bußsakramentes ist für alle Gläubigen notwendig, die nach der Taufe schwer gesündigt haben. – Auch für die Gläubigen, die sich keiner schweren Sünde bewußt sind, ist der regelmäßige Empfang des Bußsakramentes eine wichtige Hilfe, »in der Liebe allseits auf den hinzuwachsen, der das Haupt ist, Christus« (Eph 4,15). – Das Sakrament der Buße kann nicht durch öffentliche Bußgottesdienste ersetzt werden«.

30.

DAS SAKRAMENT DER KRANKENSALBUNG

> *Tod ist ein Thema, das unsere Gesellschaft mit ihrer Verehrung der Jugend und Orientiertheit am Fortschritt übergeht, außer acht läßt und verleugnet. Es scheint beinahe so, als sähen wir im Tod nur eine weitere Krankheit, die überwunden werden muß. Aber es bleibt eine Tatsache, daß der Tod unvermeidlich ist. Wir werden alle sterben. Das ist nur eine Frage des Zeitpunktes.*
>
> Joseph F. Laurie D. Braga

In einem Zeitalter, in dem (verglichen mit der gesamten, bisherigen Geschichte der Menschheit) die Lebenserwartung nicht unbeträchtlich gestiegen ist, hat die Frage des Altwerdens und damit die sinnvolle Gestaltung des länger gewordenen Lebensabends eine ganz neue Bedeutung erhalten. Die Gerontologie, die Wissenschaft vom Altwerden, hat einen so deutlichen und publikumswirksamen Wellenschlag, daß neben den Journalisten, Politikern und Soziologen auch die Psychologen, Philosophen und Theologen sich mit den damit zusammenhängenden Problemen in zunehmendem Maße zu beschäftigen beginnen.

Der Mensch, der länger lebt, muß sich länger mit den Nöten und Beschwernissen des Älterwerdens auseinandersetzen. Er sieht auch den Tod, dem er doch nicht entkommen kann, längere Zeit vor sich. Nicht das Sterben konnte wissenschaftlich besiegt, lediglich der Zeitpunkt des Sterbens konnte in einen tieferen Zukunftsraum hinausverlagert werden.

Es ist sicherlich mehr als eine zufällige Tatsache, daß ausgerechnet in dieser Epoche der Neubewertung des Alters auch jenes Sakrament im katholischen Glaubensverständnis eine nicht unwesentliche (letztlich urbiblische)

Neuakzentuierung erfahren hat, das angesichts der Lebens- und Glaubensprobleme des Alters Antwort, Tröstung, ja besondere Christusnähe schenken möchte: das Sakrament der Krankensalbung. Während dieses Sakrament in den überlieferten Katechismen mit der Bezeichnung »Letzte Ölung« bzw. Sakrament der Todesweihe aufgeführt wurde, wird es seit dem 2. Vatikanischen Konzil auch in der offiziellen Sprache der Kirche »Krankensalbung« genannt: »Die ,Letzte Ölung', die auch – und zwar besser – ,Krankensalbung' genannt werden kann, ist nicht nur das Sakrament derer, die sich in äußerster Lebensgefahr befinden« (Konstitution über die heilige Liturgie vom 4. Dezember 1963, Art. 73).

Der neue Akzent

In der Apostolischen Konstitution über das Sakrament der Krankensalbung (am 30. November 1972 von Papst Paul VI. unterzeichnet) wie auch in dem Dekret der Gottesdienstkongregation (vom 7. Dezember 1972), mit dem der offizielle Ritus der Krankensalbung und der Seelsorge an den Kranken (Ordo unctionis infirmorum eorumque pastoralis curae) veröffentlicht wurde, erhielt dieses Sakrament seinen theologischen Akzent von Mk 6,13: » . . . sie (die Apostel) salbten viele Kranke mit Öl und heilten sie«, wie vor allem von Jak 5,14–15: »Ist einer von euch krank? Dann rufe er die Ältesten der Gemeinde zu sich: Sie sollen für ihn beten und ihn im Namen des Herrn mit Öl salben. Das gläubige Gebet wird den Kranken retten, und der Herr wird ihn aufrichten; wenn er Sünden begangen hat, werden sie ihm vergeben.«

Das Sakrament der Krankensalbung soll nicht erst in der letzten, sondern schon in der vorletzten Etappe des menschlich-irdischen Lebens empfangen werden, – in jener Phase, da geistig-seelische und gewiß auch körperliche Schwierigkeiten an den Menschen und damit die ersten Boten und Anläufe des Todes spürbar herantreten. Es würde daher dem Sinn der Neuakzentuierung dieses Sakramentes sicherlich nicht entsprechen, wollte man grundsätzlich eine bestimmte Altersschwelle für den Empfang des Sakramentes der Krankensalbung ansetzen. Es scheint, daß das erste Zittern und Bangen über die Unausweichlichkeit des Todes geistig und körperlich erfahren und erlitten wird, jene individuell unterschiedliche Schwelle andeuten, an der das Sakrament der Krankensalbung empfangen werden soll.

Dieses Sakrament blickt ebenso zurück in die Vergangenheit wie voraus in die Zukunft. Es will für Falsches und Mißlungenes der Vergangenheit noch genügend Zeit des Wiedergutmachens und der Buße eröffnen um mit einem ruhigen Gewissen in das Urteil Christi treten zu können. Mit Recht wird daher heute der Bußcharakter dieses Sakramentes betont. Es soll die verlängerte Lebenserwartung nicht bloß Angelegenheit der Rente bzw. Pension oder eines gesicherten Platzes in einem Altenheim sein, sondern eine Phase, von der wirklich das Wort gilt: »das Zeitliche segnen«. Das Sakrament der Krankensalbung will jene Gnade schenken, die den alten und kranken Menschen befähigt, Unrecht noch gut zu machen, – für sich und andere intensiver und gezielter zu beten, – für Sündhaftes und Verfehltes zu sühnen, – Leid und Krankheit im Geiste Jesu Christi aufzunehmen, – anderen ein Beispiel zu geben, gottergeben und gläubig Schmerzen und Einsamkeit zu ertragen, – Verwandten und Bekannten, die in ihrem Glauben gleichgültig geworden sind, die Sinnfrage des Lebens erschließen zu helfen, – das eigene Leiden und Sterben zum Segen für andere werden zu lassen.

Das Sakrament der Krankensalbung ist daher ebenso ein Sakrament der Buße wie der Nächstenliebe und der Weltverantwortung. Vor allem aber ist es ein Sakrament, in dem ein gnadenhaft geschenkter Vorgriff auf jenen Läuterungsprozeß möglich ist, den wir »Fegfeuer« nennen. Das Sakrament der Krankensalbung will in einer überaus wichtigen Etappe ein gutes und treues Leben mit Christus ermöglichen, damit der endgültige Überschritt in die Ewigkeit, der auch beim Mißlingen nicht wiederholt werden kann, gelingt. Das Sakrament der Krankensalbung will den gläubigen Christen befähigen, ja durch Gottes Gnade ermuntern, nach vielen, kleinen und recht bescheidenen, eher passiven als aktiven Ja des Gut-Alt-Werdens das große und endgültige Ja und Amen eines guten Sterbens sprechen zu können.

»Was morgen ist,
auch wenn es Sorge ist,
ich sage: Ja!« (Wolfgang Borchert)

Die Feier der Krankensalbung

Nach der theologischen Neuakzentuierung der Krankensalbung soll dieses Sakrament nicht erst im Zustand der Bewußtlosigkeit und der Agonie empfangen werden, sondern als gottesdienstliche Feier ein Mittun und Mitvollziehen sein, »bei dem sich unser Glaube ausdrücken solle« (Einführung Nr. 7 des neuen Ordo). Dieses Sakrament soll jenen Gläubigen gespendet werden, die sich »wegen Krankheit oder Altersschwäche in einem bedrohlichen, angegriffenen Gesundheitszustand befinden« (Nr. 8). So einsichtig diese Bestimmung auch sein mag, so schwer ist es jedoch für Angehörige, diesen bedrohlichen Gesundheitszustand einem lieben Verwandten, etwa der Mutter oder dem Ehemann, »beizubringen«.

Folgende Erläuterungen (Nr. 8–15) sind in dem Ritus der Krankensalbung (vom 7. Dezember 1972) zu finden: »Was die Beurteilung der Schwere einer Erkrankung anbelangt, so genügt es, darüber zu einem umsichtigen Wahrscheinlichkeitsurteil zu kommen. Dabei soll jede kleinliche Ängstlichkeit ausgeschlossen und gegebenenfalls der Arzt zu Rate gezogen werden.

Das Sakrament kann wiederholt werden, wenn der Kranke nach empfangener Krankensalbung wieder zu Kräften gekommen war, oder wenn, bei Fortdauer derselben Krankheit, eine weitere Verschlechterung eintritt.

Vor einem chirurgischen Eingriff kann die Krankensalbung immer dann gespendet werden, wenn eine gefahrbringende Erkrankung der Grund für die Operation ist.

Alten Menschen, deren Kräftezustand sehr geschwächt ist, kann die heilige Salbung gespendet werden, auch wenn keine ernsthafte Erkrankung ersichtlich ist.

Auch Kinder können die heilige Salbung empfangen, wenn sie soweit zum Vernunftgebrauch gekommen sind, daß sie durch dieses Sakrament Stärkung erfahren können.

In der öffentlichen wie auch der häuslichen Glaubensunterweisung sollen die Gläubigen dahin geführt werden, daß sie von sich aus nach der Krankensalbung verlangen, und sie sofort, wenn die rechte Zeit zum Empfang des Sakramentes gegeben ist, mit vollem Glauben und tiefer Andacht empfangen. Man soll nicht der Unsitte nachgeben, das Sakrament hinauszuschieben. Alle aber, die mit der Betreuung von Kranken zu tun haben, sollen über Sinn und Wert dieses Sakramentes gründlich unterrichtet werden.

Kranken, die das Bewußtsein oder auch den Vernunftgebrauch verloren haben, kann das Sakrament gespendet werden, wenn sie im Besitz ihrer geistigen Kräfte mit Wahrscheinlichkeit als gläubige Menschen nach dem Sakrament verlangt hätten.

Ist der Kranke beim Kommen des Priesters schon tot, soll der Priester für den Verstorbenen beten, daß Gott ihn von den Sünden löse und ihn gütig in sein Reich aufnehme; die Salbung aber soll der Priester in diesem Falle nicht vornehmen. Im Zweifel, ob der Kranke auch wirklich verstorben ist, kann er ihm das Sakrament bedingungsweise spenden.«

Das Sakrament der Krankensalbung, das innerhalb wie auch außerhalb der Eucharistiefeier bzw. des Wortgottesdienstes in der Pfarrkirche oder auch in einer Wallfahrtskirche gespendet werden kann, wird durch die Salbung der Stirne und der Hände mit Krankenöl gespendet. Bei der Salbung der Stirne spricht der Priester: »Durch diese heilige Salbung helfe dir der Herr in seinem Erbarmen. Er stehe dir bei mit der Kraft des Heiligen Geistes«. Bei der Salbung der Handinnenflächen werden die Worte gesprochen: »Der Herr, der dich von Sünden befreit, richte dich auf und rette dich!«

Das Sakrament der Krankensalbung will nicht nur eine Tröstung und Gnadenhilfe für den altersschwachen und kranken Mitchristen sein. Es hat eine nicht zu übersehende Bedeutung für alle, die diese Liturgie vorbereiten und miterleben, denn niemand weiß, wann und wo und wie der Tod über ihn selbst kommen wird. Glücklich der Christ, der wie Franziskus von Assisi (1181–1226) in seinem Sonnengesang sprechen kann:

> »Gelobt seist du, mein Herr,
> für unsern Bruder, den leiblichen Tod;
> ihm kann kein Mensch lebendig entrinnen.
> Weh denen, die in Todsünden sterben;
> doch selig, die er findet
> in deinem heiligen Willen;
> der zweite Tod tut ihnen kein Leides«.

31.

DAS SAKRAMENT DER PRIESTERWEIHE

Wagt es, es ist ein seliger Beruf! Er überfordert euch, aber es ist Gott, seine Gnade, seine Treue und sein seliger Ruf, der euch überfordert; und sich von Gott rufen und überfordern lassen, das ist ein seliges Los. Wir haben es nicht bereut.

Karl Rahner

Es gibt in den gegenwärtigen Diskussionen über das Priestertum gegensätzliche Positionen. Die eine spricht von einem geradezu magischen Wirken des Priesters, die andere stellt das allgemeine Priestertum aller Getauften (1 Petr 2,5–9) so stark heraus, daß für das besondere Priestertum kaum noch Platz bleibt. Aurelius Augustinus (354–430) hat in einzigartiger Weise Würde des Christseins (und damit des allgemeinen Priestertums) und Bürde des Amtes (und damit des besonderen Priestertums) mit folgenden Worten zu umgreifen versucht, die wahrhaftig mit dem eigenen Herzblut niedergeschrieben sind: »Wo mich erschreckt, was ich für euch bin, da tröstet mich, was ich mit euch bin. Für euch bin ich Bischof, mit euch Christ. Jenes bezeichnet das Amt, dieses die Gnade, jenes die Gefahr, dieses das Heil« (Sermo 340, 1; PL 38, 1483).

Aus den Menschen genommen

Ist schon das Christsein Gnade, die man nicht erzwingen, nur empfangen kann, so wurzelt erst recht das Priestertum im Charisma der Berufung (Hebr 5,4). Dem Neuen Testament ist zu entnehmen, daß Jesus Christus, der eine und einzige Mittler zwischen Gott und den Menschen (1 Tim 2,5; Hebr 8,6; 9,15; 12,24), in seine Sendung und Repräsentation einen engeren, klar umrissenen Kreis besonders Berufener (Mk 3,13; Lk 10,17; 2 Kor 5,20) einbezogen, geschult und auch erprobt hat. »Der Apostel steht innerhalb des Offenbarungsvorgangs und bringt ihn zum Abschluß. Der

Apostel ist Offenbarungsempfänger und Offenbarungszeuge . . . Christus schafft durch den Apostel das Evangelium, indem er autoritativ durch ihn spricht« (Josef Finkenzeller). Zum besonderen Priestertum gehört nicht nur die Berufung, sondern die Bevollmächtigung um mit Autorität ausgestatteter Repräsentant Christi sein zu können. »An Christi Stelle walten wir des Amtes« (2 Kor 5,20).

Die Doppelstruktur der priesterlichen Berufung und des kirchlichen Amtes ist einerseits der Christusbezug, andererseits die Dienstfunktion. Vollmacht und Dienst, Autorität und Dienst schließen sich nicht aus, sondern gehören zusammen. Die Berufung zum kirchlichen Amt in Gestalt des besonderen Priestertums ist grundsätzlich und wesenhaft verbunden mit der Diakonie, mit dem Dienst an Christus und an der Gemeinde (Mk 10,43–45), letztlich und übergreifend mit dem Dienst »an der Sache des Herrn« (1 Kor 7,32) und mit der Aufgabe in der Kirche.

Der besondere Ruf Gottes wird (wie es die Dogmatische Konstitution über die Kirche vom 21. November 1964 klarlegt) sichtbar in der dreifachen Stufung des Amtspriestertums: im Diakon (Art. 29), Priester (Art. 28) und Bischof (Art. 20–27). »Die Bischöfe haben das Dienstamt in der Gemeinschaft zusammen mit ihren Helfern, den Priestern und Diakonen, übernommen« (Art. 20). Vornehmste Aufgabe des Bischofs ist die Verkündigung des Gotteswortes, die Leitung der Kirche und die Weitergabe des Amtes. Dem Priester obliegt es, die Botschaft Gottes weiterzugeben, die Sakramente zu spenden, vornehmlich mit seiner Gemeinde die Eucharistie zu feiern. Dem (verheirateten) Diakon hingegen ist neben der Spendung einzelner Sakramente und der Verkündigung des Gotteswortes der Dienst der helfenden Liebe aufgetragen und – in der priesterlosen Gemeinde – ein glaubwürdiges Vorsteheramt vorzuleben.

In der Diakonie wurzeln die ungeteilte Dienstbereitschaft und die grundsätzliche Verfügbarkeit, die der priesterliche Zölibat in der abendländischen Kirche ermöglichen und vertiefen soll. Der Zölibat soll den Priester (und Diakon) befähigen, sich »in ungestörter Hingabe« (1 Kor 7,35) für die Sache des Herrn zu sorgen und sich noch mehr den Mitmenschen mit der Liebe Christi selbst hinzugeben. Was der Zölibat der katholischen Kirche sein will, hat die Regel von Taizé in den Worten nachempfunden: »Unser Zölibat bedeutet weder Unterdrückung menschlicher Zuneigung noch Indifferenz, sondern er beruft uns zur Umbildung unserer natürlichen Liebe. Christus allein bewirkt die Verwandlung der Leidenschaften in völlige

Liebe zum Nächsten. Wenn der Egoismus der Leidenschaften nicht von einer wachsenden Großmut übertroffen wird, . . . dann kannst du nicht mehr Christus in dir lieben lassen, und dein Zölibat wird dir zur drückenden Last. Dies Werk Christi in dir verlangt unendlich viel Geduld.«

Man kann mit Recht fragen, ob ein Mensch nicht doch überfordert ist, gleichsam mit einem Blankoscheck sein ganzes Leben Christus zu überantworten. Was weiß der Primiziant von jenen tiefen Nöten und Finsternissen, die über ihn noch kommen? In seinem Buch »Der Mensch Job redet mit Gott« (München 1934, 190–192) hat Peter Lippert in einem betenden Gespräch mit Gott von solchen Überforderungen gesprochen: »Herr! Ich weiß nicht, was ich von diesen deinen Dienern denken soll. Ich schwanke zwischen Ehrfurcht und Angst, zwischen Liebe und Widerwillen. Ich möchte sie verehren, wie wenn sie aus der Schar deiner Engel wären. Aber es sind so allmächtige Befehlshaber unter ihnen und Großsiegelbewahrer, und manche sind allzu gestrenge Wächter deines Hauses und arg mürrische Hausverwalter. . . . Herr, ich glaube, du hast ihnen zu viel aufgebürdet, mehr als Menschen in so großen Scharen, wie du sie brauchst, tragen können . . . Muß deine ständige Gegenwart ihn (den Priester) nicht erdrücken und aufreiben? Oder wird sie ihm nicht zu einer alltäglichen Sache, so wie anderen Menschen das Essen und Trinken und die häuslichen Verrichtungen und die abendliche Unterhaltung mit dem Nachbar? Kann ein Mensch das aushalten, immerfort groß und ergriffen und erhaben und feierlich zu sein? Kann ein Mensch das aushalten, nur immer von dir reden zu dürfen, ja von dir reden zu müssen, auch in Augenblicken, wo seine Seele dich nicht findet oder wo sie überdrüssig ist und in Ekel, Angst und Traurigkeit versinkt? Wird nicht dein gewaltiger Name schließlich klein und gewöhnlich klingen in seinem Munde?«

In jüngster Zeit ist wiederholt die Frage aufgeworfen worden, ob auch Frauen zum besonderen Priestertum in der katholischen Kirche zugelassen werden können (wie dies z.B. in der protestantischen Kirche Schwedens und in der anglikanischen Kirche möglich ist). Dazu hat die römische Kongregation für die Glaubenslehre in ihrer »Erklärung zur Frage der Zulassung der Frauen zum Priestertum« (vom 15. Oktober 1976) festgestellt: »Niemals ist die katholische Kirche der Auffassung gewesen, daß Frauen gültig die Priester- oder Bischofsweihe empfangen können . . . In der Tatsache, daß sie nur Männern die Priesterweihe erteilt, bewahrt sie eine Tradition, die durch die Jahrhunderte konstant geblieben und im Orient wie im Okzident allgemein anerkannt ist, stets darauf bedacht, Mißbräuche so-

gleich zu beseitigen. Diese Norm, die sich auf das Beispiel Christi stützt, wird befolgt, weil sie als übereinstimmend mit dem Plan Gottes für seine Kirche angesehen wird . . . Wenn die Stellung und Funktion Christi in der Eucharistie sakramental dargestellt werden soll, so liegt diese ‚natürliche Ähnlichkeit', die zwischen Christus und seinem Diener bestehen muß, nicht vor, wenn die Stelle Christi dabei nicht von einem Mann vertreten wird« (Übersetzung vom Sekretariat der Deutschen Bischofskonferenz).
Als auf Grund einer Eingabe an das 2. Vatikanische Konzil (1962/65), auch Frauen zum Priestertum zuzulassen, die Diskussionen und zweifelsohne auch die Emotionen hohe Wellen geschlagen hatten, meldete sich auch Ida Friederike Görres zu Wort. Nach gewissenhafter Abwägung vieler (theologischer, dogmatischer, aber auch psychologischer und psychosomatischer) Gründe schrieb sie (veröffentlicht in der Zeitschrift »Der christliche Sonntag» vom 20. Juni 1965, Seite 199): »Auch abgesehen von der theologischen Basis, sehe ich keinen einzigen sachlichen Grund, . . die Glaubenserfahrung und die Vernunft von Jahrtausenden zu mißachten. Unser Auftrag und unsere Chancen als Frauen im Gottesvolk und für das Gottesreich sind so reich, so vielfältig, so notwendig und unentbehrlich, daß wir es wirklich nicht nötig haben, die einzige verschlossene Tür zu bestürmen«.

Für die Menschen bestellt

Der geweihte Priester hat in erster Linie die schwere und beseligende Bürde übernommen, anschaulich und ansteckend Christus zu leben und zwar durch das Zeugnis einer glaubwürdigen Christusnachfolge, einer gelebten Hoffnung und einer nie versiegenden, sich verströmenden Liebe.

Aus dieser besonderen Repräsentanz (in persona Christi) entfalten und verwirklichen sich die mannigfachen Aufgaben und Dienste des geweihten Priesters – als Vorsteher der Eucharistiefeier und als Verkünder der Geheimnisse des Herrn in der Wortverkündigung wie in der Spendung der Sakramente. Gerade die enge Zuordnung von Wort und Sakrament entspricht nach dem Befund des Neuen Testamentes der Heilssendung des kirchlichen Amtsträgers (1 Kor 1,17; 4,15; Apg 6,1–4). Der Priester nimmt in besonderem Maße und in radikaler Weise teil an dem Heilsauftrag wie an der Heilssorge Christi.

Jesus Christus, und zwar der Gekreuzigte, ist die wahre und ständige Herausforderung des Priesters. Dienstamt und Wirksamkeit des Priesters entscheiden sich letztlich daran, wie der einzelne auf jene Herausforderung antwortet, die vom gekreuzigten Herrn ausgeht.

Jeder priesterliche Dienst ist und bleibt geprägt und getragen von der Diakonie. Es gibt keinen geistlichen Dienst, der nicht Dienstbereitschaft wäre. »Der Menschensohn ist nicht gekommen, um sich dienen zu lassen, sondern um zu dienen« (Mt 20,28; vgl. Lk 22,27; Joh 12,26). »Ein Priester, der aufhören würde, Diakon zu sein, würde auch seinen priesterlichen Dienst nicht mehr recht erfüllen. Und ein Bischof, der nicht Diakon bliebe, wäre kein wirklicher Bischof mehr. Und ein Papst, der nicht Diakon wäre, wäre kein rechter Papst mehr. Diakon ist und bleibt eine Dimension jedes geistlichen Amtes, weil der Herr, der all diese Ämter trägt, selbst unser Diakon geworden ist und in der hl. Eucharistie bis zum Ende aller Tage bleibt« (Joseph Ratzinger).

Das Konzil von Trient hat in seiner 23. Sitzung (vom 15. Juli 1563) klar betont, daß der Ordo (das besondere Priestertum) ein wahres und eigentliches, von Christus eingesetztes Sakrament ist und gegenüber der reformatorischen Leugnung vor allem die Vollmacht der Eucharistiefeier nachdrücklich und primär herausgestellt: »Da im Neuen Bund die katholische Kirche nach der Einsetzung des Herrn die heilige Eucharistie als sichtbares Opfer empfangen hat, so muß man auch bekennen, daß es in ihr ein neues, sichtbares, äußeres Priestertum gibt . . . Dieses Priestertum wurde von unserm Herrn und Heiland eingesetzt; den Aposteln und ihren Nachfolgern im Priestertum wurde die Gewalt übertragen, seinen Leib und sein Blut zu verwandeln, darzubringen und auszuteilen, sowie Sünden zu vergeben und zu behalten«.
Einen anderen Akzent, nämlich die hervorragende Bedeutung der Verkündigung, setzte die Dogmatische Konstitution über die Kirche (vom 21. November 1964, Art. 28): »Christus, den der Vater geheiligt und in die Welt gesandt hat (Joh 10,36), hat durch seine Apostel deren Nachfolger, die Bischöfe, seiner eigenen Weihe und Sendung teilhaftig gemacht. Diese wiederum haben ihr Dienstamt in mehrfacher Abstufung verschiedenen Trägern in der Kirche rechtmäßig weitergegeben. So wird der aus göttlicher Einsetzung kommende kirchliche Dienst (ministerium ecclesiasticum divinitus institutum) in verschiedenen Ordnungen ausgeübt von denen, die schon seit alters Bischöfe, Priester und Diakone heißen.«

In außerordentlich geglückter Weise hat Karl Rahner die Zuordnung von Wort und Sakrament, von Verkündigung und Eucharistiefeier herausgestellt und damit jede einseitig akzentuierte Sicht des priesterlichen Dienstes, ja der Kirche selbst – hier »Kirche des Wortes«, dort »Kirche des Sakramentes« – in die Schranken gewiesen. Er schreibt: »Es gibt viele wirksame Worte, die im Auftrag Christi gesprochen werden. Diese Worte sind von verschiedener Wirksamkeit in sich und in den hörenden Menschen. Wann wird das dichteste, das wirksamste Wort gesprochen? Wann ist alles auf einmal gesagt, so daß nichts mehr gesagt werden muß, weil mit diesem Worte wirklich alles da ist? Welches ist das Wort des Priesters, von dem alle anderen nur Auslegungen und Abwandlungen sind? Es ist das Wort, das der Priester dort spricht, wo er leise, ganz hineingenommen in die Person des fleischgewordenen Wortes des Vaters, sagt: »Das ist mein Leib . . . Das ist der Kelch meines Blutes . . .« Da wird nur Gottes Wort gesprochen. Da wird das wirksame Wort gesagt. . . . Dieses wirksame Wort ist dem Priester anvertraut. Ihm ist das Wort Gottes gegeben. Das macht ihn zum Priester. Darum kann man sagen: der Priester ist der, dem das Wort anvertraut ist. Alles andere Wort, das er spricht, über das er nachdenkt, über das er Theologie treibt, das er verkündet, für das er Glauben fordert, für das er sein Blut zu geben bereit ist – jedes andere Wort ist nur Auslegung und Nachklang dieses einen Wortes. In ihm sagt der Priester, mit seiner Person ganz in Christus hinein verschwindend, nur das, was Christus gesagt hat . . . Wir dürfen wirklich getrost festhalten: Der Priester ist der, dem das wirksame Wort Gottes anvertraut ist. Man könnte auch sagen: Er ist der, dem das Urwort Gottes in die Welt hinein so anvertraut ist, daß er es in seiner absoluten Dichte sprechen kann.«

Angesichts des gegenwärtigen Priestermangels hat das 2. Vatikanische Konzil eine Hauptsorge der Kirche dem Gebet und der Opferbereitschaft aller Christen empfohlen. »Berufe zu fördern ist Aufgabe der gesamten christlichen Gemeinde. Sie erfüllt sie vor allem durch ein wirklich christliches Leben. Den wichtigsten Beitrag dazu leisten einmal die Familien; durchdrungen vom Geist des Glaubens, der Liebe und der Frömmigkeit werden sie gleichsam zum ersten Seminar; zum andern die Pfarrgemeinden, an deren blühendem Leben die Jugendlichen selbst teilnehmen« (Dekret über die Ausbildung der Priester vom 28. Oktober 1965, Art. 2).

32.

DAS SAKRAMENT DER EHE

Warum hat man uns das Geschlecht heimatlos gemacht, statt das Fest unserer Zuständigkeit dorthin zu verlegen? . . . Und warum gehören wir nicht zu Gott von dieser Stelle aus?

Rainer Maria Rilke

In den gegenwärtigen Diskussionen über die Ehe sind viele und durchaus aktuelle Themen (wie vorehelicher Verkehr, Geburtenplanung, Ehescheidung, Ehekommune, Gleichberechtigung von Mann und Frau) so sehr in den Vordergrund getreten, daß Mitte und Tiefe der Ehe überhaupt, erst recht der christlichen Ehe,wie durch ein Gestrüpp verdeckt erscheinen. Es würde der Ehe keineswegs dienlich sein, nur einzelne Symptome klären und heilen zu wollen. Es ist nötig, die Heilung an der Wurzel zu beginnen und die Ehe auf dem Fundament der Schöpfungs- und Erlösungsordnung zu sehen und zu verwirklichen.

Die Schöpfungsordnung der Ehe

Ein recht bemerkenswerter Kontrast ist aus dem biblischen Schöpfungshymnus herauszuhören. Zunächst wird immer wieder betont: »Und Gott sah, daß es (sehr) gut war« (Gen 1,4.10.12.18.21.25.31). Dann aber heißt es plötzlich und unerwartet: »Es ist nicht gut, daß der Mensch alleine sei« (Gen 2,18). Die Erschaffung der Frau bzw. die Geschlechtsdifferenzierung ist nach der biblischen Aussage die letzte der vielen Wohltaten, die Gott dem Menschen erwiesen hat. Indem der Mensch als »Bild und Gleichnis Gottes« (Gen 1,26 f.) erschaffen wurde, ist er ebenso in seiner Personwürde begründet wie auch dialogisch und gemeinschaftlich geöffnet worden. Der Mensch ist nicht als Monolog, sondern als Dialog von Gott geschaffen. Diese Ich-Du-Bezogenheit des Menschen betätigt sich ebenso in der Sprache wie in der Liebe und in seiner Geschlechtlichkeit.

Nicht durch menschliche Reflexionen, sondern durch die geschlechtliche Begegnung soll nach göttlichem Willen Leben weitergegeben werden. »Und Gott schuf den Menschen nach seinem Bild und Gleichnis; als Mann und Frau schuf er sie. Und Gott segnete sie und sprach: Seid fruchtbar und mehret euch und füllet die Erde!« (Gen 1,27–28). Die Geschlechtlichkeit ist nicht bloß auf den Leib beschränkt. Sie prägt alle Dimensionen der menschlichen Existenz, ja sie gehört zur intimsten Tiefe, zur größten Beglückung wie zur schmerzlichsten Verwundbarkeit und Enttäuschung des Menschen.

Bereits in der Schöpfungsordnung gelingt die Ehe nur dann, wenn ihr Selbstfindung und Selbstdisziplin vorausgehen und wenn sie fähig ist zur Selbsthingabe, ja zum Selbstverzicht und zur Selbstverleugnung. Eine gute und dauerhafte Ehe lebt nicht vom Haben- und Genießenwollen, sondern von der Größe des Verzeihens, des Wiedergutseins und von der ständigen Sorge, den anderen (in dieser irdischen und auch in der ewigen Welt) glücklich zu machen. Weil die Ehe der Freiheit des Menschen überantwortet ist, gibt es in ihr Glück wie Unglück, Freude wie Trauer. Die Freiheit des Menschen ist das große Wagnis jeder Liebe und die stete Bewährung jeder Ehe. »Einen Menschen lieben heißt einwilligen, mit ihm alt zu werden« (Albert Camus).

Es hat im Laufe der Geschichte viele Formen und unterschiedliche Nöte der Ehe gegeben, denn die Ehe bricht sich im Medium verschiedener Menschen und Epochen immer wieder neu, beglückend und aufregend. So hatten die alttestamentlichen Patriarchen ein ganz anderes Eheverständnis als etwa der Apostel Paulus. Selbst im Neuen Testament gibt es zwischen einem generellen (1 Kor 7,10–16) und einem von der konkreten Situation geprägten Eheverständnis (Mk 10,2–12; Mt 5,31–32; 19,3–9; Lk 16,18) recht bemerkenswerte Unterschiede, so daß angesichts heutiger Ehenöte die Frage aufgeworfen worden ist: Wie auflöslich ist eigentlich die Unauflöslichkeit der Ehe?

Die Erlösungsordnung der Ehe

In Schrift und Überlieferung der Kirche ist die gemeinsame Grundaussage enthalten, daß Christus, der Herr, die Ehe zur Würde des Sakramentes erhoben hat und daß daher die Ehe unter Christen ein sakramentales Mysterium ist. Die Liebes- und Lebensverbindung Jesu Christi mit seiner Braut, der Kirche, ist und bleibt das große Zeichen (Eph 5,21–33), so daß jede Ehe aus dem Treubund und der Opferbereitschaft Christi immer wieder wesentliche Prägungen und Impulse empfängt. Weil diese christologische Grundlegung jeder Ehe zugrunde liegt, ist Ehe unter Christen alles andere als »ein weltlich Ding«. Jede Ehe unter Christen hat es mit Christus, mit seiner Liebe und Treue, mit seiner Opferbereitschaft und seiner unermeßlichen Heilssorge zu tun.

Der Beschlußtext »Christlich gelebte Ehe und Familie« der deutschen Synode hat in einer guten Zusammenfassung die kirchliche Lehre von der Ehe als Sakrament vorgelegt: »Viele halten die unbedingte Annahme eines Menschen in der Ehe für eine harte und schwer erfüllbare Forderung. Jesu Gebot zu unverbrüchlicher Treue (Mk 10,11 f.) steht jedoch in Zusammenhang mit seiner Gnadenbotschaft von der Gottesherrschaft. Die Ehe als Lebensform ist nämlich Gabe des Schöpfers. Darin gründet die Kraft für die vorbehaltlose Annahme des anderen und die unbegrenzte Treue bis zum Tod. Jesus wußte, daß diese Schöpfungsgabe durch die Hartherzigkeit der Menschen nicht immer als Geschenk verstanden, ja sogar zurückgewiesen wird. Christus hat nicht allein die ursprüngliche Ordnung der Ehe wiederhergestellt, sondern sie sakramental geheiligt und ihr dadurch eine neue Würde und Weihe gegeben. Durch das Sakrament empfangen die Gatten die Kraft, als christliche Eheleute zu leben. In der Nachfolge Jesu wird durch seine erlösende Gnade Ehe neu als Geschenk des Schöpfers erfahrbar. Die Zuwendung der Ehepartner zueinander steht dann nicht isoliert für sich, vielmehr hat der menschenliebende Gott die Partner verbunden (Mk 10,6–10). Wer sich dem Ruf Jesu zum Glauben geöffnet hat, vermag auch seine Ehe mit der Großmut, die aus dem Glauben an die Nähe und an das Wirken Gottes fließt, zu leben. Der menschliche Lebensbund Ehe ist hineingenommen in den größeren Bund Gottes mit den Menschen, den er in Jesus Christus ein für allemal geöffnet hat. Dieser Bund Gottes mit den Menschen wird durch die Kirche vergegenwärtigt. In ihr ist die Ehe Sakrament und nimmt auf ihre Weise teil am Grundsakrament Kirche« (1.3.1).

In der Christusstruktur der Ehe wurzeln ebenso ihre Sakramentalität wie ihre Einheit und Unauflöslichkeit. Mit Recht hat daher die »Dogmatische Konstitution über die Kirche« (vom 21. November 1964, Art. 11) Ehe und Familie »eine Art Hauskirche« genannt. Jede Ehe unter Christen ist eingegliedert in die Lebensgemeinschaft Christi mit seiner Kirche und stellt gleichzeitig auch eine Ausgliederung daraus dar. Die Ehegnade ist ebenso gezeichnet von der Auferstehung wie vom Kreuz des Herrn. »Sakramentalität der Ehe besagt, daß die in der Ehe konkretisierte Schöpfungsordnung des Zueinander von Mann und Frau nicht neutral und bloß weltlich neben dem Bundesgeheimnis Jesu Christi steht, sondern selbst aufgenommen ist in die Bundesordnung des Bundesvolkes Gottes, so daß sich in ihr die Einheit von Schöpfung und Bund ratifiziert und die Bundestreue Gottes aus dem Glauben heraus in ihr als Bundestreue des Menschen dargestellt und besiegelt wird . . . Sakrament ist nicht etwas über, neben oder an der Ehe, sondern gerade die Ehe selbst, und als solche ist sie für den, der sie im Glauben lebt, Sakrament« (Joseph Ratzinger).

Die Christusverfaßtheit des Ehesakramentes ist so einzigartig, daß jeder der christlichen Brautleute in seiner Person zugleich Spender und Empfänger des Sakramentes ist. Das Ja der Liebe und der Treue, das die beiden Ehepartner sich versprechen, ist sakramentsstiftend. An keiner anderen Stelle des sakramentalen Lebens erreicht das allgemeine Priestertum des christlichen Laien eine solch einmalige Teilhabe am Priestertum Christi und auch am besonderen Weihepriestertum wie beim Empfang des Ehesakramentes. Der Priester nimmt das Eheversprechen lediglich entgegen, denn nicht er, sondern die Eheleute selbst sind die Spender und Empfänger des Ehesakramentes.

Ohne ausführlich auf die Frage der Familienplanung einzugehen, die durch das Rundschreiben des Papstes Paul VI. »Humanae vitae« (vom 25. Juli 1968) zu weltweiten und überaus kritischen Diskussionen geführt hat und über die letztlich die Eheleute selbst ihr Urteil im Angesicht Gottes zu fällen haben, sei wenigstens ein kurzes und richtungsweisendes Wort vermerkt, das die Diözesansynode von Basel (1972) zur Urteilsbildung veröffentlicht hat: »Jedes Ehepaar ist zur Familienplanung verpflichtet. Diese Pflicht schließt sowohl die Bejahung des Kindes als Geschenk des Schöpfers, als auch die Verhütung unverantwortbarer Schwangerschaft ein; sie ergibt sich aus der Verantwortung gegenüber der Ehe, der Familie, der Gesellschaft und der Menschheit.«

Nicht unerwähnt bleiben darf die große Not, die in nicht wenigen konfessionsverschiedenen Ehen durchzustehen ist. »Denn gerade sie tragen besonders schwer an den Folgen der fortbestehenden Spaltung der Kirche, wenn es zum Konflikt zwischen der Treue zum eigenen Glauben und der Liebe zum Partner des anderen Bekenntnisses kommt. Diese Last vollständig zu beseitigen, wird erst möglich sein, wenn die Spaltung der Christenheit überwunden ist . . . Der Katholik ist aus Liebe zu seinem katholischen

Glauben gedrängt, in seiner Ehe nicht nur diesen Glauben voll zu leben, sondern ihn auch in seine Familien hinein- und an seine Kinder weiterzugeben. Andererseits muß er anerkennen, daß auch sein Partner, der einer anderen Konfession angehört, aufgrund der Lehre seiner Kirche und seiner persönlichen Glaubensüberzeugung unter der gleichen Gewissensverpflichtung stehen kann, und daß die Forderungen des eigenen Glaubens niemals das Gewissen anderer verletzen dürfen – so sicher auch sein Partner die gleiche Rücksicht nehmen muß.« (Ausführungsbestimmungen der Deutschen Bischofskonferenz zum Motuproprio »Matrimonia mixta« über die rechtliche Ordnung konfessionsverschiedener Ehen vom 23. September 1970).

AUFERSTEHUNG DES FLEISCHES UND DAS EWIGE LEBEN

33.

STERBEN – WARUM UND WAS DANN?

Sterben ist ein Stück unseres Lebens. Um dieses Stück Leben soll man niemand betrügen.

Jörg Zink

Wie sehr der Tod eines lieben Mitmenschen verwirren, versteinern und bis in die letzte Wurzel des christlichen Glaubens erschüttern kann, hat Matthias Claudius (1740–1815) erfahren, als er seinen Sohn Matthias verlieren mußte. Er schrieb damals: »Ich dachte lange schon, mein Glaube sei fest und stark; in der Stunde aber, in der ich meinen Matthias in den Sarg legte, da wollte Ergebung und Demut fast nicht halten; der Glaube ward hart geprüft; da erst lernte ich verstehen, was es mit dem Menschenleben auf Erden auf sich hat. Was vorher ging, war nur Kinderspiel.«

Der Tod gehört zum Leben des Menschen. Man kann ihn ernstnehmen und sich auf ihn vorbereiten. Man kann sich gegen ihn wehren und ihn vergessen wollen. Es ist sicherlich keine Übertreibung, wenn man feststellt: Der Tod wird heute weithin aus dem Bewußtsein verdrängt. Was Rainer Maria Rilke (1875–1926) in den »Aufzeichnungen des Malte Laurids Brigge« (V,13) vor Jahrzehnten bereits niedergeschrieben hat, ist zur Lebenspraxis vieler geworden: »Jetzt wird in 559 Betten gestorben. Natürlich fabrikmäßig. Bei so enormer Produktion ist der einzelne Tod nicht sehr gut ausgeführt, aber darauf kommt es auch nicht an. Die Masse macht es. Wer gibt heute noch etwas für einen gut ausgearbeiteten Tod . . . der Wunsch, einen eigenen Tod zu haben, wird immer seltener.«

Der Tod hält alljährlich eine schreckliche und blutige Ernte auf den Straßen und Autobahnen. In allen Industriestaaten ist eine bedenklich ansteigende Kurve der Selbstmorde festzustellen. Neuerdings rückt wieder das Thema der Euthanasie ins breite Bewußtsein: Lebensverkürzung und Tod auf Verlangen, – Vernichtung sog. lebensunwerten Lebens, etwa bei irreparablen Gehirnschäden, – Wunsch, den Zeitpunkt des individuellen Todes mit Würde frei bestimmen zu können, – Sterbehilfe mit sterbeverkürzender Therapie. Darf aber der Mensch über seinen Tod verfügen, wie er will, oder gibt es einen höheren Herrn über Leben und Tod? Erweitert man den Katalog der Menschenrechte auch noch mit dem »Recht auf den individuellen Tod«? Haben auch Verwandte und Bekannte eine Entscheidungskompetenz über den Tod eines Mitmenschen, wenn dessen Leben nicht mehr menschlich, d.h. sinnerfüllt gestaltet werden kann?

Die Frage nach dem Tod kann nicht losgelöst werden von der Achtung der Menschenwürde, die wiederum zutiefst in der Gottebenbildlichkeit des Menschen (Gen 1,26; Weish 2,23; Sir 17,3–10) und letztlich in der Schöpfungstat Gottes selbst begründet ist. »Jeder Mensch bleibt vorläufig sich selbst eine ungelöste Frage, die er dunkel spürt . . . Auf diese Frage kann nur Gott die volle und ganz sichere Antwort geben« (Pastoralkonstitution über die Kirche in der Welt von heute vom 7. Dezember 1965, Art. 21).

Woher kommt der Tod?

Es gibt gegenwärtig eine tiefgreifende Diskussion zwischen Medizinern, Psychologen, Philosophen und Theologen über die Frage, ob der Tod zum Leben und zur Natur des Menschen gehört oder ob dem Menschen im ursprünglich-paradiesischen Zustand leibliche Unsterblichkeit geschenkt war und der Tod als Strafe Gottes für die Ursünde anzusehen ist. Betrachtet und prüft man die einschlägigen Texte der Heiligen Schrift (zu nennen sind vor allem Gen 2,16 f.; Sir 25,24; Weish 2,23 f.; Ps 51,7; Röm 5,12–15; 8,18–23; 1 Kor 15,20–22) und die Lehrverkündigung der Kirche, »dann kann die Vergänglichkeit der Schöpfung, das Sterben und Vergehen alles Lebendigen, auch der Tod des Menschen als Folge der Sünde aufgefaßt werden und trotzdem vom Standpunkt innerweltlicher Naturerkenntnis Naturgesetz sein und im Rahmen der von uns vorgefundenen Schöpfungsordnung auch einen innerweltlichen Sinn haben« (Eugen Ruckstuhl). Es bedarf noch einer sehr gewissenhaften Interpretation der biblischen wie der lehramtlichen Texte, um im Bereich der wissenschaftlichen Theologie wie auch in der Verkündigung die Ursprungsfrage des Todes in erforderlicher Ausgewogenheit und in Verantwortung für die Kontinuität des Glaubens vortragen zu können. Ganz allgemein und gewiß in der richtigen Perspektive wird man sagen können: Durch die Sünde hat der Tod eine »Färbung« erhalten, die er ohne Sünde nicht gehabt hätte. Vergleiche dazu die Ausführungen in Kapitel 14: Abschied von der Erbsünde?

Einübung des Todes

Ein alter, schlesischer Spruch sagt: »Du mußt manchen Tod zuvor sterben, wenn dir der letzte glücken soll. Wer nicht stirbt, eh' er stirbt, der verdirbt, wenn er stirbt«. Weil das Sterben ein für allemal sich ereignet und beim Mißlingen nicht wiederholt werden kann, gehört die Einübung des Todes (ars moriendi) zum Selbstverständnis und zur Ausreifung der christlichen Existenz. Der christliche Glaube ist eine wichtige und immer tiefer zu realisierende Form des Hinüberschreitens, denn »wer an den Sohn glaubt, hat bereits das ewige Leben« (Joh 3,36). Im Glauben und in den Sakramenten, durch die der Erlöste hineingenommen wird in Tod und Auferstehung des Herrn, vollzieht der Mensch den Überschritt zum wahren und ewigen Leben. Ewigkeit ist nicht »drüben«, denn der Erlöste ist bereits »Wanderer in beiden Welten«. Der im Glauben und in den Sakramenten unverdient geschenkte Überschritt vom Tod zum Leben soll durch die Askese (die deutschen Bezeichnungen »sich abtöten« bzw. »absterben« weisen in diese Richtung) in allen Schichten und Tiefen der Existenz mit- und nachvollzogen werden.

Christliche Askese ist »nichts anderes als ein personales Vor-sich-weg-Vorgreifen auf die Todessituation des Menschen. Christliche Askese ist daher nichts anderes als das Vorgreifen auf den christlichen Tod« (Karl Rahner). Dort, wo in der Grenzsituation des Todes das endgültige Scheiden-Müssen steht, kann der Christ in vielfältigen Formen der Askese den freiwilligen Abschied von vielen und durchaus schönen Wirklichkeiten dieser Welt vollziehen – und zwar bereits Jahre und Jahrzehnte vor seinem Sterben.

Der Tod – Unterschrift des ganzen Lebens

Das Sterben ist Besiegelung und Vollzug des Lebensganzen. Was ist aber zu halten vom plötzlichen, unvorhergesehenen Tod, der im Zeitalter der Herzinfarkte und der Verkehrstoten viele Menschen überrascht? »Nicht das ist entscheidend, ob jemand in den letzten Stunden oder Augenblicken

‚wach' war und sich bewußt bereit machen konnte, vor seinen Schöpfer und Richter zu treten, sondern wie sein ganzes Leben war; genauer: welches seine Haltung in der Stunde war, die dem Herzschlag, der Gehirnblutung, dem Autounfall oder Flugzeugabsturz vorausging. Doch darf man auch dies nicht wie einen willkürlichen Zufall denken: in jedem Heute liegt unser ganzes Leben. Es ist nicht so sehr die Frage nach einem punktartigen ‚Akt' als vielmehr nach dem, was in all den Jahren unseres Ringens und Reifens als unser eigentliches Sein und Wollen, als Glaube, Reue, Sehnsucht im Augenblick des Hinscheidens vor Gottes Auge steht. Und wenn es nur unser Scheitern wäre, diese Armut, die dem Erlöser die Arme entgegenstreckt« (Franz Hillig).

Nicht selten leuchtet aus dem letzten Antlitz eines Menschen, wie es sich spiegelt in der Totenmaske, die End- und Gesamtentscheidung seines ganzen Lebens. Leo Tolstoi (1828–1910) schrieb daher in seiner Erzählung »Der Tod des Iwan Iljitsch«: »Wie bei allen Toten war das Gesicht von Peter Ivanovitsch schöner und vor allem bedeutsamer geworden. Es war, als ob es sagen wollte: Alles, was geschehen mußte, ist geschehen, und es war recht so. Und außerdem lag in den Zügen noch etwas wie ein Vorwurf und eine Mahnung an alle, welche noch am Leben waren.«

Solidarität mit den Toten

Erstaunlich groß ist heute immer noch (wie lange noch?) die Grabpflege auf den Friedhöfen. Bekundet sich darin aber wirklich der Glaube an das Leben der Toten und an die Möglichkeit, Brücken des Helfens und des Tröstens vom Diesseits zum Jenseits wie auch umgekehrt zu schlagen? Karl Rahner glaubt von der »heutigen Mentalität einer menschlichen und religiösen Gleichgültigkeit gegenüber den Toten« sprechen zu müssen. Erklärend dazu schreibt er: »In den Todesanzeigen wird zwar erklärt, die Toten würden nicht vergessen, würden im dankbaren Gedächtnis der Hinterbliebenen weiterleben. Das mag in nicht wenigen Fällen für einen ganz privaten Intimbereich sogar richtig sein. Aber das geht den Bereich des Lebens da, wo wirklich entschlossen und intensiv gelebt wird, eigentlich nichts an. Da sind die Toten tot, verschwunden, ohne noch eine Bedeutung zu haben und ohne ihnen noch ein Mitspracherecht bei uns einzuräumen«.

Solidarität mit den Toten ist alles andere als ein unwichtiges Randthema der Theologie. In ihr wird vielmehr eines ihrer Fundamente wie ihrer Kriterien sichtbar. Welche Bedeutung die Solidarität mit den Toten für Zeit und Ewigkeit, gerade und auch für Menschen des Diesseits hat, ist in einem Abschnitt des Textes »Unsere Hoffnung« (angenommen von der 8. Vollversammlung der Synode der Bistümer in der Bundesrepublik Deutschland am 22. November 1975) mit dankenswerter und überzeugender Deutlichkeit herausgestellt worden. Es heißt darin: »Die Frage nach dem Leben der Toten zu vergessen und zu verdrängen, ist zutiefst inhuman. Denn es bedeutet, die vergangenen Leiden zu vergessen und zu verdrängen und uns der Sinnlosigkeit dieser Leiden widerspruchslos zu ergeben. Schließlich macht auch kein Glück der Enkel das Leid der Väter wieder gut, und kein sozialer Fortschritt versöhnt die Ungerechtigkeit, die den Toten widerfahren ist. Wenn wir uns zu lange der Sinnlosigkeit des Todes und der Gleichgültigkeit gegenüber den Toten unterwerfen, werden wir am Ende auch für die Lebenden nur noch banale Versprechen parat haben. Nicht nur das Wachstum unseres wirtschaftlichen Potentials ist begrenzt, wie man uns heute einschärft; auch das Potential an Sinn scheint begrenzt und es ist, als gingen die Reserven zur Neige und als bestünde die Gefahr, daß den großen Worten, unter denen wir unsere eigene Geschichte betreiben – Freiheit, Emanzipation, Gerechtigkeit, Glück – am Ende nur noch ein ausgelaugter, ausgetrockneter Sinn entspricht.«

Das einfache Volk hat über die »Solidarität mit den Toten« gewiß nicht kompliziert und wissenschaftlich exakt reflektiert. Es hat Solidarität mit den Toten gelebt, praktiziert in vielen kleinen und kleinsten Gelegenheiten und Ereignissen. Weil den Toten das Leben nur gewandelt, nicht genommen ist, gibt es über die sichtbar-irdische Welt hinaus eine noch umfassendere Wirklichkeit, von der Diesseits und Jenseits umfangen sind. Christlicher Glaube hat über die Jahrhunderte hinweg den sozialen Gesichtspunkt immer wachgehalten, daß die Lebenden den Verstorbenen (durch Gebete, Ablässe, »Aufopfern« von heiligen Messen und Kommunionen) beistehen, daß aber auch die Verstorbenen den Lebenden helfen können. Leider hat sich gerade in die Frömmigkeitspraxis für die Verstorbenen manches Unklare und Unerleuchtete eingeschlichen. Nach einem beherzigenswerten Wort des heiligen Thomas von Aquin »kann niemand für einen anderen ein Sakrament empfangen«. Der Sinn aller religiösen Hilfen für Verstorbene besteht darin, unsere Bitten, die Innigkeit unseres Glaubens und Liebens, die Aufrichtigkeit unserer Andächtigkeit ausschließlich der Freiheit, Gerechtigkeit und Barmherzigkeit der schenkenden und frohmachenden Liebe Gottes zu überlassen.

Ereignisse der End-Entscheidung

In der theologischen Deutung des Todes wird gegenwärtig sehr häufig die These der End-Entscheidung angeführt, wie sie vor allem von Ladislaus Boros (Mysterium Mortis. Der Menschen in der letzten Entscheidung. Olten-Freiburg i.Br. 1963², 9) vertreten wird: »Der Tod ist der erste vollpersonale Akt des Menschen und somit der seinsmäßig bevorzugte Ort des Bewußtwerdens, der Freiheit, der Gottbegegnung und der Entscheidung über das ewige Schicksal«. Wenn im Tod das Leben des Menschen mit allen positiven und negativen Entscheidungen seine Endgültigkeit erreicht, dann taucht die Geschichte des Menschen in den »Tag des Herrn« ein, der mit dem Gericht über ewiges Heil oder ewiges Unheil verbunden ist. Es ist wohl nötig, gerade die noch anzutreffenden Gerichtsvorstellungen von den vielen bunten Kulissen zu reinigen, die für eine vertiefende Neusicht des Gerichtes eher hinderlich als förderlich sind. Wer das Diesseits endgültig verläßt, erfährt geradezu schlagartig, was er in den Augen Gottes ist. Im ewigen und endgültigen Heute Gottes steht der Mensch mit seiner gesamten Geschichte. In der Selbsterkenntnis blitzt ein Schimmer des göttlichen Wissens auf, das beglückend, leidend oder auch erschüttert erfahren wird.

Jetzt kommt dem Menschen voll und ganz zum Bewußtsein, daß er vor Gott bestehen kann oder von Gott verworfen wird. Es kann aber noch eine andere Erkenntnis schmerzlich in sein Bewußtsein treten: der Liebe Gottes nur mit einer mangelhaften Liebe geantwortet zu haben. »Angesichts der Liebe Gottes leidet der Mensch am Mangel seiner eigenen Liebe. Dieses Ausleiden der Liebe ist letztlich mit dem gemeint, was wir mit Fegfeuer bezeichnen. Gott ist hier reinigendes und gnädiges Gericht für den Menschen« (Walter Kasper).

Daß es noch eine allerletzte Gnade der Sühne und des Ausreifens gibt, ist in den Glaubensurkunden der Kirche wiederholt festgehalten. Dabei werden neben 2 Makk 12,43–46 und 1 Kor 3,13–15 folgende Texte aus dem Matthäus-Evangelium häufig zitiert: »Amen, ich sage dir: Du kommst von dort nicht heraus, bis du den letzten Pfennig bezahlt hast« (Mt 5,26). »Jede Sünde und Lästerung wird den Menschen vergeben werden, aber die Lästerung gegen den Geist wird nicht vergeben. Auch dem, der etwas gegen den Menschensohn sagt, wird vergeben werden; wer aber etwas gegen den heiligen Geist sagt, dem wird nicht vergeben weder in dieser noch in der zukünftigen Welt« (Mt 12,31–32). Im ersten Text kommt zum Ausdruck, daß der Reinigungszustand nicht ewig dauert (zeitliche Dauer), sondern daß er verlassen werden kann, wenn »der letzte Pfennig bezahlt« ist (Entsühnung der Schuld). Im zweiten Text wird von Sünden gesprochen, die weder in dieser noch in der künftigen Welt vergeben werden; davon werden klar abgesetzt jene Sünden, für die sowohl in dieser, wie auch in der künftigen Welt Vergebung möglich ist.

In ewiger Gottnähe kann nur sein, wer ganz umgestaltet ist in das Bild Christi (Röm 8,29). Es kann der Mensch in der hellen Schicht seines Bewußtseins wohl das Böse verneinen, aber in den Kammern seines Unbewußten und Unterbewußten sind noch die Wurzeln des Bösen, die Hinneigung zum Gottwidrigen und eine heimlich-unheimliche Faszination des Bösen. Es gibt im menschlichen Leben Vergessenes und Verdrängtes, Zugeschüttetes und Versäumtes, das in scharfen Konturen im Licht der göttlichen Allwissenheit sichtbar ist. Gottes »Liebe besteht nicht darin, die endlichen Mängel wegzufegen, sondern sie in die Wahrheit zu bringen und aufzuarbeiten; jeden von ihnen, auch den kleinsten; und jeden ganz, bis in die letzte Tiefe und die feinste Faser . . . Das nicht bestandene Leiden muß nachbestanden, die nicht erkannte Wahrheit muß nacherkannt, die nicht vollbrachte Liebe muß nachvollbracht werden können« (Romano Guardini).

Die Erkenntnis, von Gott geliebt worden zu sein und dieser Liebe nicht ganz entsprochen zu haben, obwohl man es hätte tun können, bedeutet Beschämung und Leid. »Das Leiden ist das Sakrament des Lebens«, schrieb 1914 Auguste Rodin. Der jenseitige Reinigungszustand ist für uns Menschen am besten verständlich, wenn wir in ihm eine Art Spannungszustand und Reifungsprozeß erblicken: weg von der Ichbezogenheit hin zur wahren »Gemeinschaft der Heiligen«, weg von der Gottferne und allem Gotthinderlichen hin zur beglückenden Gottnähe, weg vom Leid hin zur ungetrübten Freude. Der Mensch streckt gleichsam seine Hände aus und Gott selbst zieht ihn immer fester an das Herz und den Innenraum seiner ewigen Liebe. »Der tiefste und wesentlichste Gesichtspunkt des Fegfeuers ist vielleicht nicht der einer Genugtuung, der ganz äußerlichen Begleichung einer Schuld durch Strafe, sondern vielmehr der einer Reifung bis zu dem Zustand, der für das Eingehen in das Reich Gottes, in das nichts Unreines eindringen kann, erforderlich ist« (Yves Congar). Im Reinigungszustand herrscht jedoch keineswegs ausschließliche Passivität, als ob die Seelen die Leiden nur über sich ergehen lassen. Es gibt eine gottgewirkte Aktivität, insofern die Seelen den Reinigungs- und Reifungsprozeß auf sich nehmen und ihm durch ihre Gesinnung den wahren Wert geben.

Während das christliche Volk einen längere Zeit andauernden Läuterungsprozeß annimmt und damit in den theologischen Auffassungen eines Bonaventura (1221 – 1274) und Duns Scotus (1266 – 1308) sich bewegt, ist in der theologischen Durchdringung der Fegfeuer-Lehre, vor allem durch Thomas von Aquin (1225–1274) und Suarez (1548–1617), auch eine andere Auffassung vertreten worden, daß nämlich die abgeschiedene Seele durch einen Akt der Liebe sofort geläutert werde und damit eine »zeitliche Dauer« der Läuterung hinfällig sei.

Karl Rahner (Grundkurs des Glaubens. Freiburg-Basel-Wien 1976, 424) hat hinsichtlich der Vorstellung eines personalen Ausreifens in einem Zwischenzustand der Reinigung die Meinung geäußert: » . . . in welchem Sinn und in welchem Grade hier noch zeitliche Kategorien angewandt werden können – sei es als unvermeidliches Vorstellungsmodell, sei es als wirkliche Sachaussage, – darüber sind wohl in der katholischen Theologie die Akten noch nicht geschlossen«. Gleichzeitig hält er es aber für notwendig, auf die Frage hinzuweisen, »ob nicht in der katholischen und zunächst so altmodisch anmutenden Vorstellung von einem ‚Zwischenzustand' ein Ansatz gegeben sein könnte, um besser und positiv mit der in den östlichen Kulturen so verbreiteten und da als selbstverständlich betrachteten Lehre von einer ‚Seelenwanderung', ‚Reinkarnation' zurechtzukommen, wenigstens unter der Voraussetzung, daß eine solche Reinkarnation nicht als ein niemals aufhebbares, zeitlich immer weitergehendes Schicksal des Menschen verstanden wird« (a.a.O. 425).

Tod-Gericht-Fegfeuer: Ereignisse, die weit auseinanderzuliegen scheinen. Oder sind sie nicht doch die *eine* Pforte, durch die der Weg des Menschen in das Gottesreich der ewigen Endgültigkeit hineinführt?

34.

DIE WIEDERKUNFT JESU CHRISTI

Es ist ein stupendes, es ist ein unerträgliches Wort für unser modernes Bewußtsein, das Wort von der »Wiederkunft Christi«. In der Wissenschaft gibt es keine Kategorien, in denen ein Geschehen dieses Anspruchs gedacht werden kann. »Wiederkunft Christi« ist ein grotesker Fremdkörper im Aufklärungshorizont des 20. Jahrhunderts.

Paul Schütz

Futurologie als Wissenschaft von der Planung und Meisterung einer zukünftigen, jedoch rein irdischen Welt steht heute hoch im Kurs; Eschatologie scheint hingegen Sendepause zu haben. Auf einem Kalenderblatt wird einmal jene Jahreszahl stehen, mit der die Weltgeschichte ihr Ende findet. Die Wissenschaftler sprechen vom Kälte- oder Wärmetod des Kosmos. Vielleicht ist es der Mensch selbst, der durch die Auslösung chemisch-physikalischer Kettenreaktionen die Zerstörung und den Untergang der Welt in Gang setzt.

Und doch ist es letztlich nicht der Mensch, der das Ende dieser Welt bestimmt. Es ist einzig und allein der allmächtige und allwissende Gott, der Schöpfer des Universums und der Herr der Geschichte, der auch die skurrilsten Eitelkeiten, Eigenmächtigkeiten und Bosheiten der Menschen in die Verwirklichung seiner Pläne und damit in die Endereignisse und in die Vollendung der Schöpfungs- und Erlösungsgeschichte einbezieht.

Prognosen der Futurologie mögen interessant und vielleicht auch bestürzend sein. Sie haben aber keinen inneren Bezug zu jenem Heilsereignis, das Jesus Christus selbst mit den Worten signalisiert hat: »Noch eine kleine Weile, und ihr seht mich nicht mehr; und wieder eine kleine Weile, und ihr seht mich wieder« (Joh 16,16). Denn es ist nicht der Mensch, der das Ende der Geschichte »macht«, sondern der Schöpfergott hat dieses Ende gesetzt, wann er will.

Die Verheißung des Wiederkommens

Geschichte und Zukunft haben für den Christen einen eindeutigen Ziel- und Erfüllungspunkt, der im wiederkommenden Jesus Christus liegt. Noch präziser müßte man sogar sagen: Es gibt überhaupt nach der Erhöhung Jesu Christi nur deshalb noch Geschichte, weil der mit der Auferstehung Jesu Christi bereits in Gang gesetzte Durchbruch zur endzeitlichen Vollendung geheimnisvoll »hintangehalten« wird. Es ist allein Gott, der in seiner Freiheit und Gnade ebenso den Anfang der Geschichte wie auch das Ende der Geschichte gesetzt hat. Die alttestamentliche Prophetie des Messias wie die neutestamentliche Verheißung des zum Gericht wiederkehrenden Christus haben – woran fast kaum gedacht wird! – eine fundamentale Neusicht der geschichtlichen Orientierung bewirkt. Während das Denken vieler Völker durch den Ablauf der Jahreszeiten bestimmt war und sich niedergeschlagen hat in der Verehrung von Fruchtbarkeitsgöttern bzw. -göttinnen, hat biblisches Denken die Vorstellung der zyklischen Wiederkehr durchbrochen und von einem Ziel, ja einer bekrönenden Vollendung der Geschichte gesprochen. Wie ein Pfeil, von der Sehne eines Bogens abgeschossen, einem Ziel entgegenfliegt, so ist alttestamentliches und neutestamentliches Geschichtsdenken hingespannt auf die Einlösung und Erfüllung der Gottesverheißungen.

Ohne die Verheißung des Wiederkommens Jesu Christi würde christliches Denken einer Kette gleichen, die zwar an dem einen Pflock des geschichtlichen Lebens Jesu befestigt ist, aber keinen zweiten Haltepunkt besitzt. Karl Rahner hat daher mit Recht gesagt, daß der Inhalt der christlichen Verkündigung »in der offengehaltenen Frage nach der absoluten Zukunft und in sonst nichts« besteht.

Ohne den Glauben an die Wiederkunft Christi würde nicht nur die Botschaft Jesu eine unverantwortbare Verkürzung erfahren. Es würden auch für das Selbstverständnis wie für die Handlungs- und Entscheidungsmotivation der Christen grundlegende Veränderungen und Umorientierungen eintreten.

Ankündigungszeichen

Vielen Menschen kommt beim Thema »Wiederkunft Christi« eine Vielfalt biblischer Texte in Erinnerung, die von ankündigenden und warnenden Zeichen sprechen: Naturkatastrophen und Zeichen am Himmel (Mt 24,29), Auftreten religiöser Scharlatane (2 Thess 2,2–3; Mt 24,4 ff.) und des Antichrist (2 Thess 2,34), Verwirrung der Geister und Verfrostung des Glaubens und der Liebe (Mt 24,12; 2 Thess 2,3; 2 Tim 3,1–7), Bekehrung und Rettung Israels (Röm 11,25–32). Es scheint, daß auch heute noch viele Christen diese Aussagen wortwörtlich nehmen und empirisch interpretieren: » . . . die Sonne wird sich verfinstern, und der Mond wird kein Licht mehr geben, die Sterne werden vom Himmel fallen und die Kräfte des Himmels werden erschüttert werden« (Mt 24,29).

Nicht wenige hängen mit unerhörter Zähigkeit an den äußeren Kulissen der eschatologischen Verheißung. Sie halten sogar die Koppelung der geschichtlich-kosmischen Endereignisse mit der Wiederkunft Christi für glaubensnotwendig. Die berückenden Bilder und Gleichnisse in der Parusierede Jesu sind weithin dem Vokabular der alttestamentlichen Propheten entnommen. Sie sind jedoch mißverstanden, wenn man sie wortwörtlich auslegt. Sie wollen vielmehr transparent verstanden sein. Die Schilderungen äußerer Naturkatastrophen und Verwirrungen wollen eigentlich nichts anderes, als Deutezeichen und Weisungen für die innere Zerrissenheit, für die Furcht und Angst der Menschen sein.

Signale der Wachsamkeit

Die biblischen Verheißungen von der Wiederkunft Jesu Christi sprechen eindeutig vom »Daß« dieses Endereignisses, lassen aber das »Wann« und das »Wie« im unklaren. »Jenen Tag und jene Stunde kennt niemand, auch nicht die Engel im Himmel, sondern nur der Vater allein« (Mt 24,36; vgl. dazu den »heißen« Text Mk 13,32!). Wie ein roter Faden durchzieht die Kette der Aufrufe das Neue Testament: »Seid wachsam, denn ihr wißt nicht, wann die Zeit da ist« (Mk 13,33.37; Mt 24,42; 25,13). »Die Vorzeichen sind keine Hilfsmittel für die Datierung der Wiederkunft Christi, sondern Weckrufe, durch welche die Christen vor Schläfrigkeit und Gleichgültigkeit bewahrt werden sollen« (Michael Schmaus).

Mehr denn je gilt heute, da die Uhr der Weltgeschichte vorangerückt ist, das Wort: Bereit sein – das ist alles! Das Wissen um die Wiederkunft des Herrn will weder Nervosität noch Resignation oder Desinteressiertheit an den irdischen Dingen auslösen. Im Gegenteil, es will Ansporn sein, jeden Tag in ruhiger Gelassenheit so zu leben und so abzuschließen, daß er mit gutem Gewissen unser letzter Tag sein könnte. Alles Tun und Entscheiden des Menschen kann sich daher nicht mit innerweltlichen Zielsetzungen zufriedengeben. Es hat vielmehr eine letzte Zielorientierung, nämlich die ganze Welt fähig zu machen, den Überschritt vom Diesseits zum Jenseits, von der Geschichte in die Ewigkeit, von der Schöpfung zur Neuschöpfung in fröhlicher Gelassenheit zu vollziehen. Jeder Tag mit seinem Gebet und mit seiner Berufsarbeit, mit seinen Leiden und Opfern will in durchaus unterschiedlicher Weise an dieser Weltsorge und Weltverantwortung teilnehmen. Je näher die Welt dem Endereignis entgegentritt, umso mehr ist die Christenheit aufgerufen, in ungebrochener Treue zur Welt und in franziskanisch-kindlicher Freude an der Welt zu leben und zu wirken. »Und wenn ich wüßte, daß morgen die Welt unterginge, würde ich heute noch mein Apfelbäumchen pflanzen« (Martin Luther).

Die Metamorphose zur End-Gültigkeit

Die griechische Antike stand unter einer merkwürdigen Spannung: Der Freude am Leib, die sich ebenso in den Olympischen Spielen wie in den griechischen Plastiken bekundete, stand eine leibfeindliche Geisteshaltung gegenüber, die sich geradezu schämte, einen Leib zu haben. Eine ähnlich zwiespältige Einstellung ist heute auch unter Menschen des europäisch beeinflußten Denk- und Lebensraumes anzutreffen: Neben einem wahren Kult des Leibes, wie er sich in nicht wenigen Formen des Sportes und der Freizeitgestaltung und auch im Verständnis der Sexualität auslebt, ist der Zugang zur Glaubenseinsicht, daß der (verwandelte) Leib an der Ewigkeit teilnehmen wird, fast völlig verschüttet. Sicherlich haben auch die geläufigen Formulierungen »Weltende« und »Weltuntergang« in eine Richtung geführt, die dem Glauben an die »Auferstehung des Fleisches« und an einen »neuen Himmel« und an eine »neue Erde« eher hinderlich als förderlich gewesen sind.

Was sich am Ende der Geschichte ereignet, ist in der Heiligen Schrift nur in andeutenden Konturen beschrieben. Aber diese Andeutungen enthalten eine so mächtige Verheißung, die wie ein Morgenrot alle Bereiche und Aktivitäten des Diesseits überstrahlt. Der Christus der Endzeit kommt nicht aus weiter Ferne. Er steigt vielmehr aus den vielfältigen Verhüllungen seiner Verborgenheit, in die er sich mit jenem Heilsereignis zurückgezogen hat, das so unzulänglich mit »Himmelfahrt« umschrieben wird, heraus in seine Sichtbarkeit.

Bereits mit der Auferstehung des Herrn ist ein Signal für die gesamte sichtbare Schöpfung gesetzt worden: Die Zukunft einer verwandelten Welt hat bereits begonnen. Damit ist jener Prozeß der Metamorphose in Gang gekommen, der seine bekrönende Vollendung am »Tag des Herrn«, im Ereignis der Wiederkunft Jesu Christi, erfahren wird. Diese Zukunft ist aber nicht – wie leider allzu häufig auch Christen meinen – eine Vernichtung aller geschaffenen Materie. Im göttlichen Ja zur Schöpfung ist bereits mitgesprochen das Ja zur Neuschöpfung und zur Weltzukunft.

Jesus Christus hat in seinem Sterben nicht seinen materiellen Leib wie eine vergängliche Livree abgestreift, sondern seinen Leib mit den geschichtlichen Wundmalen seiner Kreuzigung im Umwandlungsprozeß der Auferstehung und Erhöhung ewigkeitsfähig gemacht. Wer angesichts der Schöpfung noch zögern wollte, dem ist durch die Menschwerdung und vor allem durch die Auferstehung Jesu Christi vordemonstriert worden, wie sehr Gott auch die materielle Schöpfung liebt und wie sehr der Leib jedes Menschen, ja die ganze Schöpfungswirklichkeit einbezogen sind in den göttlichen Entwurf auf absolute Zukunft.

Wiederum erweisen sich alle Maßstäbe der irdischen Intelligenz als zu kurz, um auszumessen und auszusagen, was »neuer Himmel und neue Erde« (Jes 65,17–18; 66,12; 2 Petr 3,13; Offb 21,1) sein werden und wie man sich »Auferstehung des Fleisches« (1 Kor 15,35–58) vorstellen könnte. Wohl ist das »Daß« dieses Umwandlungsprozesses uns geoffenbart, nicht aber das »Wie«. Auch das »Wann« (ob erst am Ende der Geschichte oder bereits im Ereignis des Todes) ist irdischer Einsicht verschlossen. »Den Zeitpunkt der Vollendung der Welt und der Menschheit kennen wir nicht, und auch die Weise wissen wir nicht, wie das Universum umgestaltet werden soll. Es vergeht zwar die Gestalt dieser Welt, die durch die Sünde mißgestaltet ist, aber wir werden belehrt, daß Gott eine neue Wohnstätte und eine neue Erde bereitet, auf der die Gerechtigkeit wohnt, deren Seligkeit jede Sehnsucht nach Frieden in den Herzen der Menschen erfüllt und übertrifft» (Pastoralkonstitution über die Kirche in der Welt von heute vom 7. Dezember 1965, Art. 39).

In einer Epoche, in der das Interesse am Jenseits merklich verblaßt und ein vielfältiger Materialismus zum Prägestempel geworden ist, muß der christliche Glaube ein mutiges Ja zur sichtbaren Welt sprechen, – ein Ja, das umfassender, aber auch anders ist als das Bekenntnis des Materialismus. Christlicher »Materialismus« glaubt an die Schöpfung und an die Neu-Schöpfung. Er glaubt, daß Materie in Zeit und verwandelt in alle Ewigkeit Bestand haben wird, denn in Jesus Christus »wurde alles erschaffen im Himmel und auf Erden, das Sichtbare und das Unsichtbare . . . alles ist durch ihn und auf ihn hin geschaffen. Er ist vor aller Schöpfung, alles hat in ihm Bestand« (Kol 1,16–17).

Dieses freudige Glaubenswissen von der »Auferstehung des Fleisches« und vom »neuen Himmel und der neuen Erde« gibt dem Weltinteresse und der Weltverantwortung des Christen stimulierende Impulse, auf die der Beschlußtext »Unsere Hoffnung« der gemeinsamen Synode der Bistümer in der Bundesrepublik Deutschland (angenommen am 22. November 1975) mit Nachdruck verwiesen hat: »Die Verheißungen des Reiches Gottes, das durch Jesus unter uns unwiderruflich angebrochen und in der Gemeinschaft der Kirche wirksam ist, führen uns mitten in unsere Lebenswelt hinein – mit ihren je eigenen Zukunftsplänen und Utopien. An ihnen brechen und verdeutlichen sich diese Verheißungen, auch in unserer Zeit der Wissenschaft und Technik, der großen sozialen und politischen Wandlungen.

War unser öffentliches Bewußtsein nicht zu lange von einem naiven Entwicklungsoptimismus durchstimmt? Von der Bereitschaft, sich widerstandslos einem vermeintlichen Stufengang im Fortschritt von Aufklärung und technologischer Zivilisation zu überlassen und darin auch unsere Hoffnungen zu verbrauchen? Heute scheint der Traum von einer schrankenlosen Herrschaft über die Natur im Interesse einer ebenso unbegrenzt vermehrbaren Bedürfnisfindung wie Bedürfnisbefriedigung langsam ausgeträumt. Zugleich spüren wir deutlicher die Fragwürdigkeit und geheime Verheißungslosigkeit, die in einer rein technokratisch geplanten und gesteuerten Zukunft der Menschheit steckt. Schafft sie wirklich einen ,neuen Menschen'? Oder nur den völlig angepaßten Menschen? Den Menschen mit vorfabrizierten Lebensmustern, mit nivellierten Träumen, eingemauert in eine überraschungsfreie Computergesellschaft, erfolgreich eingefügt in die anonymen Zwänge und Mechanismen einer von fühlloser Rationalität konstruierten Welt – rückgezüchtet schließlich auf ein anpassungsschlaues Tier? Und zeigt sich nicht auch immer deutlicher im Schicksal der einzelnen, daß diese ,neue Welt' innere Leere, Angst und Flucht erzeugt? Müssen nicht Sexualisierung, Alkoholismus, Drogenkonsum als Signale verstanden werden? Deuten sie nicht eine Sehnsucht nach Zuwendung, ja einen Hunger nach Liebe an, die eben nicht durch Verheißungen der Technik und der Ökonomie gestillt werden können? Diese Fragen wenden sich keineswegs gegen Wissenschaft und Technik und wollen deren besondere Bedeutung für die Gestaltung einer menschenwürdigen Lebenswelt nicht antasten. Sie richten sich nur gegen einen Verheißungsglauben an Wissenschaft und Technik, der viele (die Wissenschaftler selbst oft noch am wenigsten) unterschwellig bestimmt, ihr Bewußtsein gefangenhält und es so erblinden läßt für die ursprüngliche Verheißungskraft unserer Hoffnung und für die Leuchtkraft der Bilder und Gleichnisse vom Reiche Gottes und von der neuen Menschheit in ihm.

Gewiß ist das christliche Hoffnungsbild vom neuen Menschen im Reiche Gottes tief hineinverwoben in jene Zukunftsbilder, die die politischen und sozialen Freiheits- und Befreiungsgeschichten der Neuzeit bewegt haben und bewegen; es kann und darf von ihnen auch nicht beliebig abgelöst werden. Denn die Verheißungen des Reiches Gottes sind nicht gleichgültig gegen das Grauen und den Terror irdischer Ungerechtigkeit und Unfreiheit, die das Antlitz des Menschen zerstören. Die Hoffnung auf diese Verheißung weckt in uns und fordert von uns eine gesellschaftskritische Freiheit und Verantwortung, die uns vielleicht nur deswegen so blaß und unverbindlich, womöglich gar so »unchristlich« vorkommt, weil wir sie in der Geschichte unseres kirchlichen und christlichen Lebens so wenig praktiziert haben. Und wo die Unterdrückung und Not sich – wie heute – ins Weltweite steigern, muß diese praktische Verantwortung unserer Hoffnung auf die Vollendung des Reiches Gottes auch ihre privaten und nachbarschaftlichen Grenzen verlassen können. Das Reich Gottes ist nicht indifferent gegenüber den Welthandelspreisen! Dennoch sind seine Verheißungen nicht etwa identisch mit dem Inhalt jener sozialen und politischen Utopien, die einen neuen Menschen und eine neue Erde, eine geglückte Vollendung der Menschheit als Resultat gesellschaftlich-geschichtlicher Kämpfe und Prozesse erwarten und anzielen. Unsere Hoffnung erwartet eine Vollendung der Menschheit aus der verwandelnden Macht Gottes, als endzeitliches Ereignis, dessen Zukunft für uns in Jesus Christus bereits unwiderruflich begonnen hat . . . Dieses christliche Hoffnungsbild von der Zukunft der Menschheit entrückt uns nicht illusionär den Kämpfen unserer menschlichen Geschichte. Es ist nur von einem nüchternen Realismus über den Menschen und seine geschichtliche Selbstvollendung geprägt. Es zeigt den Menschen, der immer ein Fragender und Leidender bleibt: einer, den seine Sehnsucht stets neu mit seinen erfüllten Bedürfnissen entzweit und der auch dann noch sucht und hofft, wenn er in einer künftigen Zeit politischer und sozialer Schicksallosigkeit aller Menschen leben sollte; denn gerade dann wäre er in radikaler, gewissermaßen unabgelenkter Weise sich selbst und der Sinnfrage seines Lebens konfrontiert. Dieser Realismus unseres Reich-Gottes-Gedankens lähmt nicht unser Interesse am konkreten individuellen und gesellschaftlichen Leiden. Er kritisiert nur jene Säkularisierungen unserer christlichen Hoffnung, die die Reich-Gottes-Botschaft selbst völlig preisgeben, aber auf die überschwenglichen Maßstäbe, die diese Botschaft für den Menschen und ihre Zukunft gesetzt hat, nicht verzichten möchten.«

35.

HEIL ODER UNHEIL IN EWIGKEIT

Gott hat ein Gespräch mit dem Menschen angefangen und will dieses in Ewigkeit nicht abreißen lassen. Er will den Menschen als seinen Partner behalten. Dies ist der Sinn seines Ja.

Heinrich Ott

Die Glaubenseinsicht, daß der Mensch Entwurf auf absolute Zukunft ist, läßt die Frage aufkommen, wie denn »absolute Zukunft« aussieht und ob sie nur eine einzige Gestalt oder unterschiedliche Ausfaltungen hat. Die Heilige Schrift spricht von Himmel und Hölle und damit von einem absoluten Heil und von einem absoluten Unheil. Wenn aber dieses ewige Heil bzw. Unheil nicht vorherbestimmt und das Leben des Menschen nicht ein vorprogrammiertes Marionettenspiel ist, dann kann in der geschichtlichen Ouvertüre des Jenseits das entscheidende Leitmotiv nur »Freiheit« heißen.

Tatsache und Konsequenzen der Freiheit

Weil das Jenseits die endgültige Verwirklichung von Gerechtigkeit, Wahrheit und Liebe ist, kann es nicht in einer eigenmächtigen Vorherbestimmung (Prädestination), sondern nur in einem großen Respekt Gottes vor der Freiheit und Selbstverantwortung des Menschen begründet sein. Vom Himmel wie von der Hölle kann man daher nur sprechen, wenn man gleichzeitig von Gott, der dem Menschen Freiheit und Selbstbestimmung gegeben hat, und vom Menschen spricht, der Freiheit und Selbstbestimmung aufgegriffen und verwirklicht hat. Es wird erschreckend klar, daß das menschliche Leben alles andere ist als ein Traum oder ein bedeutungsloses Glasperlenspiel. Im menschlich-irdischen Leben fallen Ewigkeitsentscheidungen, die nach dem Richtspruch Gottes nicht mehr korrigiert werden: Ewiges Heil oder ewiges Unheil.

Gerade angesichts der Ewigkeitskonsequenzen wird sichtbar, welche Mächtigkeit der christliche Glaube der Freiheit des Menschen zumißt. In der grandiosen Freiheitsgeschichte, die im biblischen Paradies- und Sündenfallbericht (Gen 2 und 3) anklingt, ist tatsächlich das Grundthema der gesamten Menschheitsgeschichte angesprochen: Der Mensch kann auf das Angebot der Gnade und der Freundschaft Gottes auch mit einem schroffen Nein antworten. Er kann das Gespräch, das Gott mit dem Menschen angefangen hat, interesselos, ja feindselig abreißen. Er kann seinem Leben einen Sinn ohne Gott, ja gegen Gott geben.

Der Mensch ist wesenhaft angelegt auf das Gespräch, auf die Freundschaft mit Gott, auf das Angesprochenwerden und das Antwortendürfen, auf das Geliebtwerden und das Liebendürfen. Er kann seine dialogische Offenheit bejahen und zur Beglückung seines Lebens in Zeit und Ewigkeit werden lassen. Er kann aber auch seine dialogisch angelegte Existenz eigenmächtig und frei zum Monolog zurückbiegen. Damit wird aber das Nein zur Gottbezogenheit zutiefst zum Nein gegen die Grundstruktur und Anlage der eigenen Existenz. Das Nein zur eigenen Gottbezogenheit wird damit zum Nein zur eigenen Existenz und zur Selbstqual. Wer sich an Gott verfehlt, vergreift sich an der eigenen Existenz, die nicht zum absoluten Glück ausreifen kann. Monologische Existenz ohne Gott ist Selbstentfremdung und wird zur Ewigkeitsqual in allen personalen wie sozialen Lebensbezügen.

Wiedersehen in der ewigen Heimat

Zunächst soll – gleichsam im Vorraum der Gottesbegegnung – von Begegnungen in der Ewigkeit bzw. in der Phase der sogenannten »Entgrenzung« gesprochen werden. Gewiß ist Ewigkeit »die heilige Luft« Gottes, in der alles lebt und alles sich ereignet. Es kann sicherlich für die Stärkung und Vertiefung des christlichen Ewigkeitsglaubens hilfreich sein, von Erfahrungen des Wiedersehens zu hören, die Ärzte in Interviews mit Sterbenden bzw. klinisch Toten aufgezeichnet haben. So schrieb Dr. med. Elisabeth Kübler-Ross in einem Artikel »Auf der Suche nach Sinn im Umgang mit Leidenden. Kinder in der Begegnung mit dem Tod« (veröffentlicht in der Zeitschrift »Renovatio« 33. Jg., 1977, 159): »Wir hatten ein 12jähriges Mädchen, das beim Übergang von einem Bruder empfangen wurde, und dann ihrem Vater erzählte, daß dies das schönste Erlebnis ihres Lebens war. Das Einzige, was sie nicht verstand, war, daß sie nie einen Bruder hatte. Der Vater berichtete dann von einem Sohn, der 3 Monate vor ihrer Geburt gestorben war. Man hatte es dem Mädchen nie erzählt. Wir haben auch Fälle von multiplen Unfällen, wo man Schwerverletzten nicht gesagt hatte, daß Vater oder Mutter schon tot waren. Die Kinder waren in völligem Frieden und sagten, daß sie mit ihrem Vater oder ihrer Mutter zusammen waren . . . Der Tod eines lieben Menschen ist nur eine vorübergehende Trennung.

Wir machten noch viel mehr Forschungsarbeit; das ist nur der Anfang. Was mich wundert, wenn man nur den Anfang dieser Arbeit bespricht, wie viele plötzlich defensiv werden. Warum ist es so schrecklich schwierig, das einfach zu akzeptieren, ohne es zu verstehen? Zweitausend Jahre lang spricht man vom Leben nach dem Tod, und jetzt sehen wir Phänomene, die das bestätigen. Warum kann man das nicht einfach annehmen?«

Das Jenseits ist das endgültige Kommunikations- und Partizipationszentrum, von dem wir als irdische Menschen nur in schlichter und durchaus unzulänglicher Weise als dem Ereignis des Wiedersehens mit unseren verstorbenen Verwandten und Bekannten sprechen. Alle irdisch-geschichtlichen Kommunikationsschranken sind dann überwunden und hinfällig. Was in der irdischen Geschichte nur im bedruckten Papier der Geschichtsbücher erfahren werden konnte, ist dann Hier und Heute.

Hölle – ewiges Unheil

Es gibt nur wenige Worte des religiösen Sprachschatzes, die eine so heftige und gegensätzliche Reaktion auslösen, wie das Wort »Hölle«, das sich wie ein unangenehmer Stachel im Denken des Menschen festgesetzt hat. Selbst derjenige, der darüber mitleidig lächelt oder seine billigen Witze reißt, steht – mag er es eingestehen oder nicht! – in einer Auseinandersetzung damit, die er freilich äußerlich sehr häufig überspielt. Es ist nicht von ungefähr, daß Illustrierte und Filmtitel sich des zugkräftigen Wortes »Hölle« immer wieder annehmen, weil sich mit ihm auch noch für abgestandene Christen und abgebrühte Skeptiker die Vorstellung eines Abenteuers verbindet. Es muß aber dem französischen Atheisten und Existentialisten Jean Paul Sartre (* 1905) durchaus bestätigt werden, daß er vor allem in seinen beiden Bühnenstücken »Bei geschlossenen Türen« und »Der Teufel und der liebe Gott« den grauenvollen Zustand der Trennung von Gott in völlig neuen, den Theologen bisher ungewohnten Bildern eindrucksvoll beschrieben hat. Freilich ist sogleich hinzuzufügen: »Rein literarisch kann man die Hölle großartig schildern, ohne deswegen an ihre Existenz zu glauben« (F.X. von Hornstein).

Die Lehre von der Hölle zählt neben den Geheimnissen des dreifaltigen Gottes, des Gottmenschen Jesus Christus und der Eucharistie zu den fundamentalen, aber gleichzeitig auch den menschlichen Verstand am meisten beunruhigenden Wahrheiten des christlichen Glaubens. Daß sich hier echte Glaubensschwierigkeiten zusammenballen können, zeigt ebenso die frühchristliche Apokatástasis-Lehre (Beendigung der Hölle und völlige Wiederherstellung der Ordnung Gottes), der nach Origines (185–254) in abgewandelter Form auch Gregor von Nyssa († um 394) und wohl auch Gregor von Nazianz (329–389) anhing, wie die calvinistische Prädestinationslehre. Die Lehre von der ewigen Hölle scheint den Verstand und den Glauben des religiösen und nachdenklichen Menschen zu beunruhigen, ja geradezu zu verletzen. Es scheint für den gläubigen Menschen leichter und einsichtiger zu sein, an eine Wiederherstellung der göttlichen Ordnung (Apokatástasis-Lehre) als an ein ewiges Gegenüber von Himmel und Hölle, von Seligen und Verdammten, von Liebe und Gerechtigkeit Gottes zu glauben.

Die Lehre von der ewigen Hölle ist schmerzlich und scheint den Rahmen der göttlichen Erlösung und der göttlichen Barmherzigkeit zu sprengen und zunichtezumachen. Es muß ehrlich zugegeben werden, daß sie gerade in tieffrommen und besinnlichen Menschen immer wieder ernste Glaubensschwierigkeiten und Denkprobleme auslöst, von denen nur einige genannt werden sollen. Nirgends spürt der gläubige Mensch mehr als bei der Durchdenkung dieses Themas, wie unzulänglich und fragmentarisch sein Glaubenswissen ist. Nur schwer oder vielleicht überhaupt nicht kann der Mensch während seiner irdischen Pilgerschaft die Liebe und Güte Gottes mit der unerbittlichen Gerechtigkeit Gottes vereinen (1 Kor 13,12).

Die »Hölle« ist weder eine Schlußfolgerung der Philosophen noch eine Weisheit der Pädagogen. Sie ist eine harte und schmerzliche Wahrheit der göttlichen Offenbarung und daher alles andere als ein unverbindliches Diskussionsthema. Der Mensch muß sich daher – sei es gelegen oder ungelegen – mit der Hölle auseinandersetzen. Das Wort »Hölle« ist ein Weckruf zur höchsten Verantwortung und Entscheidung. Noch ist es Zeit, der Hölle zu entgehen. »Es kommt aber die Nacht, da niemand mehr wirken kann« (Joh 9,4).

Das Alte Testament enthält die Offenbarung Gottes, die sich auf dem Weg zu ihrer Erfüllung in Jesus Christus befindet und daher noch nicht abgeschlossen ist. Dies bedeutet, daß sich in ihm manche Glaubenswahrheiten finden, die nur in ersten Umrissen, nicht aber in ihrer vollen und reifen

Endgestalt vorliegen. Die alttestamentlichen Schriften weisen eine allmähliche Entfaltung der Lehre von der Hölle auf. Wird zunächst nur von einem allgemeinen Totenreich (scheól genannt) als dem Aufenthaltsort aller Verstorbenen (Gen 37,35; Num 16,30–33; Ijob 30,23; Ps 89,49; Jes 14,15) gesprochen, so wird später ein unterschiedliches Los der guten und der bösen Verstorbenen (Ps 49,15; 2 Makk 6,26; Weish 3–5; Ez 32,22) und bereits sehr klar die Ewigkeit von Höllenstrafen (Jes 66,24) festgehalten. In diesem Zusammenhang wird immer häufiger der Ausdruck »Gehenna« (Jer 7,31–32) gebraucht, den auch Jesus Christus wiederholt aufgegriffen hat (Mk 9,43 ff.; Mt 5,19 ff.; Lk 12,5).

Jesus Christus hat gewiß in erster Linie die sorgende und nachgehende Hirtenliebe und die Herrlichkeit des Gottesreiches verkündigt. In seiner »Frohbotschaft« gibt es aber auch einen sehr klar umrissenen Platz für die Tatsache der ewigen Hölle. Es hieße die Offenbarung verkürzen, wollte man aus der Botschaft Jesu Christi die ewige Hölle streichen. Christus hat sich freilich seinen Zuhörern angepaßt und in seinen Reden den ewigen Strafort sehr häufig mit dem damals bereits gebräuchlichen Ausdruck »Gehenna« bezeichnet. In einer Fülle von Bildern, die zu einem Teil mit dem wirklichen Hinnom- bzw. Gehennatal zusammenhängen, spricht Christus vom »Feuer der Hölle« (Mt 5,22), vom »Feuerofen« (Mt 13,42; Lk 16,19–31). Dieses Feuer wird »nicht erlöschen« (Mk 9,48). Es ist ein »ewiges Feuer, genau so ewig wie der Himmel« (Mt 25,41). In einem seltsamen Gegensatz zum Bild vom Feuer der Hölle wird der jenseitige Strafzustand der Verdammten auch geschildert als Ort der Finsternis, wo Heulen und Zähneknirschen sein wird (Mt 8,12; 22,14). Auch das Bild vom Abgrund, in den die Bösen gestürzt werden, klingt wiederholt an; ebenso wird im Anschluß an alttestamentliche Formulierungen von den Verdammten gesagt, daß ihr Wurm nicht stirbt (Jes 66,24; Mk 9,48).

Christus spricht die harte Wahrheit aus, daß es Sünden gibt, die »in Ewigkeit keine Vergebung finden, sondern mit ewiger Strafe belastet bleiben« (Mk 3,28 f.; Mt 19,32; vgl. dazu Mt 3,2; 5,29 f.; 10,28; 13,42; Mk 9,42 ff. Lk 13,28; Mt 3,12; 18,8; 41 ff. Mk 9,46 f.). »Die Ewigkeit der Höllenstrafe war keine neue Offenbarung Christi, sondern die feierliche Bestätigung dessen, was die Juden schon längst glaubten« (Peter Morant).

Am ausführlichsten hat Christus den Zustand der Hölle im Gleichnis vom reichen Prasser und vom armen Lazarus geschildert (Lk 16,19–31). Erschütternd ist die Gerichtsrede des Herrn, in der dem ewigen Lohn der Gerechten die ewige Verdammung der Verworfenen gegenübergestellt wird: »Weichet von mir, ihr Verfluchten, in das ewige Feuer, das dem Teufel und seinem Anhang bereitet ist« (Mt 25,41). Überall dort wird von »Hölle« in unangemessener und verfälschender Weise gesprochen, wo die in der Heiligen Schrift verwendeten Bilder realhistorisch ausgelegt werden, so daß die »Höllenkulissen« in den Mittelpunkt der Neugierde geraten und die schreckliche Wirklichkeit des ewigen Unheils verdeckt wird.

Im Laufe der Geschichte hat die kirchliche Verkündigung vor allem gegenüber der Apokatástasis-Lehre, die eine zeitliche Begrenzung der Bestrafung und eine Wiederherstellung und Rückführung der ganzen Schöpfung, eine Allversöhnung vertritt, die harte Lehre der ewigen, unaufhebbaren Hölle gelehrt. So sagte das 4. Laterankonzil 1215: »Jesus Christus wird kommen am Ende der Welt zum Gericht über Lebende und Tote, einem jeden zu vergelten nach seinen Werken, den Verworfenen wie den Auserwählten. Diese werden alle mit dem eigenen Leib, den sie hier tragen, auferstehen, damit die einen mit dem Teufel die ewige Strafe, und die anderen mit Christus die ewige Herrlichkeit empfangen, je nach ihren guten oder schlechten Werken«.

Im Laufe der christlichen Glaubensgeschichte haben Theologen und Prediger immer wieder versucht, das Geheimnis der Hölle zu deuten und zu beschreiben. Sicherlich hat manche »Höllenpredigt« nicht selten unglückselige, ja beklagenswerte Verzerrungen im Glauben, im Gottesbild wie im Selbstverständnis des Volkes hinterlassen. Mit vorsichtiger Verhaltenheit kann wohl gesagt werden: Die Tore der Hölle sind nicht von außen (von Gott), sondern von innen (von den Verdammten) versperrt. In meinem Buch »Der Glaube an das Jenseits« (Aschaffenburg 1978, 172 f.) versuchte ich das Schreckensgeheimnis der Hölle mit folgenden Worten zu umschreiten: »Hölle – das ist nicht das Nichtwissen von Gott, sondern im Gegenteil, Gott als Gegenüber wissen und hassen. Etwas überspitzt könnte man daher sagen: Die Hölle – das ist die Wirklichkeit Gottes, der nicht angenommen wird. In Weiterführung dieses Gedankens ließe sich sagen: Die Hölle – das ist der Verdammte sich selbst, seine Zerrissenheit, der Widerspruch zwischen seiner gottebenbildlichen Veranlagung und seiner tatsächlichen, persönlichen und sozialen Verwirklichung.«

Himmel – ewiges Heil

Man spricht gewiß keine Neuigkeit aus, wenn man behauptet, daß die Himmelsvorstellungen vieler erwachsener Christen über eine anmutige »Bilderbuch- und Kindertheologie« kaum hinausgewachsen sind. Nicht wenige sind im Mythos des Himmels steckengeblieben und nicht zum Mysterium des Himmels im christlichen Sinn vorgestoßen. Was Himmel wirklich ist, kann hier auf Erden nur in Bildern und Gleichnissen angedeutet werden. Auch Jesus Christus hat im Sprachmaterial irdisch-geschichtlicher Bilder das Unaussprechliche der himmlischen Wirklichkeit zu umschreiten und zu verdeutlichen versucht. In Anpassung an den Denk- und Frömmigkeitstyp, an die Sehnsüchte und Erwartungen der jeweiligen Menschen hat Jesus Christus die Seligkeit des Himmels geschildert. Für die Samariterin am Jakobsbrunnen ist der Himmel »ewiges Wasser«, für die Hungernden von Kafarnaum »Brot des ewigen Lebens«, für die Fischer am See Gennesaret »überfüllte Netze«, für die Hirten auf den Fluren Judäas »große Herden und immergrünende Weideplätze«, für die geschäftstüchtigen Händler ein »großer Schatz« oder eine »kostbare Perle«.

Von irdischer Freude und Sehnsucht soll die Brücke der Ähnlichkeit zur himmlischen und unaufhebbaren Seligkeit geschlagen werden. Vom irdischen Bekannten soll eine Ahnung zum ewigen und himmlischen Unbekannten ausgehen. An dieser symbolischen Redeweise Jesu, die genau an die jeweiligen Zuhörer »adressiert« war, haben auch die Apostel angeknüpft, wenn sie z.B. den Griechen, denen an Wissensbereicherung besonders gelegen war, den Himmel unter dem Bild des Wissens und der Erkenntnis schilderten. Die eindrucksvollen Erlebnisse des Kaiserkultes haben Johannes, den Seher von Patmos, angeregt, die Herrlichkeit des Himmels unter dem Symbol einer heiligen Kultversammlung und Anbetungszeremonie darzustellen.

Auch die Wunder, die Christus wirkte, besitzen eine über das Irdische hinausgehende Aussagemächtigkeit, denn sie wollen verkünden, daß es im Himmel keine Blinden, keine Lahmen, keine Aussätzigen, keine Toten geben wird. Himmel ist Freude und ungetrübte Seligkeit, so daß dort kein Platz für Leid, Krankheit oder Tod ist.

Das große und allgemein erfahrbare Echo des Himmels im irdischen Bereich ist – die Liebe. Weil Gott Liebe ist (1 Joh 4,16), kann der Himmel ohne Liebe nicht verstanden, nicht erlebt werden. »Was kein Auge gesehen, was kein Ohr gehört und in keines Menschen Herz gedrungen ist, hat Gott denen bereitet, die ihn lieben« (1 Kor 2,9). In schlichter Formulierung kann man sagen: Im Himmel sein heißt, mit dem erhöhten Christus zusammen sein. Der auferstandene und in den Himmel aufgefahrene Herr ist der Lebensraum, der »alles in allem« ist. Wie in der Eucharistie letztlich Christus den Menschen aufnimmt und durchlebt, so wird auch im Himmel der Einzelmensch umschlossen von der Fülle Christi. Der verklärte Gottmensch Jesus Christus ist der »Ort« und der Zustand, an dem der Selige im Himmel teilhat. Was hier auf Erden seltene Gnade gottgeschenkter Mystik ist, ist im Himmel immerwährende und ungetrübte Seligkeit.

Der Mensch erfährt die tiefste Verzauberung göttlicher Liebe, indem er sich ganz dem geliebten Du Christi hingibt und durch Christus wiederum seine wahre Größe, seine Harmonie von Leib und Seele in einer heilen Welt empfängt. Jetzt gibt es nicht mehr Spannungen und Konflikte zwischen Leib und Seele, denn der ganze Mensch mit Leib und Seele ist im Himmel »daheim«, weil er im verklärten Gottmenschen seine Heimat hat.

Der erhöhte Herr Jesus Christus ist aber nicht ein einsamer Gott. Er ist mit dem Vater und dem Heiligen Geist von Ewigkeit her der dreieinige Gott. Wer daher in Christus seine ewige Beglückung gefunden hat, erfährt in und mit und durch Christus auch die Begegnung mit dem Vater und dem Heiligen Geist. Die himmlische Herrlichkeit ist nicht eingeengt auf eine Ich-Christus-Bezogenheit. Weil aber die Fülle des dreifaltigen Gottes die geschöpfliche Aufnahmefähigkeit überschreitet, ist die Erfüllung immer nur Beginn d.h. Anfang einer noch größeren Erfüllung, die immer wieder sich steigert und endlos fortschreitet von Seligkeit zu Seligkeit. Je mehr ein Mensch während seines Erdenlebens sich bereit gemacht hat für Gott (Offb 2,17), umso reicher wird er selbst in Gott, denn »wer mehr Liebe hat, wird Gott vollkommener schauen und glücklicher sein« (Thomas von Aquin). Der Himmel ist Liebe, – beglücktes Staunen, – selige Erkenntnis, – Angesprochenwerden und Sprechendürfen, – Hingabe und Geschenk, – Lebensvollendung und Lebensglück.

Die Tatsache, daß der erhöhte Christus »alles in allem« ist, macht den oft übersehenen Gemeinschaftscharakter des Himmels deutlich. Auch die in den Evangelien aufgezeichneten Gleichnisse vom Mahl (Mt 8,11; Lk 13,29; 14,15) und von der Hochzeit (Mt 22,2 ff.; 25,1 ff.), die auszusagen versuchen, was Himmel ist, machen aufmerksam, daß die Freude des Himmels alles andere ist als selbstsüchtiges Alleinsein der Seele mit Gott.

Weil Himmel Liebe in höchster Intensität und makelloser Reinheit ist, haben Neid, Egoismus, Eifersucht dort keinen Platz. Alle Gäste sitzen an dem einen Tisch des Hausvaters. Das, was Himmel ist, erfahren die Seligen nicht so sehr in sich selbst als in anderen, vor allem in Christus. Der Himmel ist Fest der Liebe, da der Einzelne in der Herrlichkeit und Verschiedenheit der anderen das Wirken des Schöpfers und Erlösers verehrt und gleichzeitig beglückt ist durch das Mühen und Ringen fremden Gottsuchens.

Die Vollendeten werden sich gegenseitig zum Himmel, d.h. zum Anlaß religiöser Freude und dankbarer Bewunderung, die immer wieder in der Einheit des Heiligen Geistes und durch den erhöhten Christus hin zum Vater hinaufbrandet. Je mehr ein Mensch hier auf Erden Gott geliebt und aus Gott gelebt hat, um so reicher und leuchtender macht er für sich und auch für andere den Himmel. Im Himmel erfährt der einzelne, was andere für ihn getan, gelitten, gebetet und geopfert haben. Hier wird ihm erkennbar, was große Beter auf Erden, die »armen Seelen« im »Fegfeuer« und vor allem die Heiligen im Himmel für ihn getan haben. Der Himmel ist daher ein Fest der gegenseitigen Dankbarkeit, das sich alle Glieder im Leibe Christi schenken. Was wäre ich ohne dein Gebet, ohne dein gutes Beispiel! Dieser Jubel der Dankbarkeit richtet sich aber vor allem auf Jesus Christus, der durch seine Menschwerdung zum Bruder aller Menschen und durch sein Erlösungswerk zum Retter und Seligmacher der ganzen Schöpfung geworden ist. Jetzt erst erfassen die Seligen des Himmels die ganze Tiefe der Worte Jesu Christi: »Ohne mich könnt ihr nichts tun« (Joh 15,5). Himmlische Gemeinschaft gibt es nur, weil es die Erlöserliebe Christi gegeben hat.

Der Himmel ist heilige Versammlung des neuen Jerusalem (Offb 4,2–11; 5,11–14; 7,13–17; 14,1–5). Durch die Erlösung ist die ganze Schöpfung wieder kult- und liturgiefähig geworden und kann nun mit den Engeln und Erzengeln, mit den Kerubim und Serafim das »neue Lied« (Offb 5,9) der Anbetung und Verherrlichung des dreifaltigen Gottes singen. Auf diese jubelnde Kultfeier hat der heilige Franz von Sales (1567–1622) hingewiesen: »Die Welt ist um des Gebetes willen erschaffen worden«. Auch die materielle Schöpfung ist einbezogen in den Glanz der Ewigkeit und stimmt als »neuer Himmel und neue Erde« ein in die Liturgie der himmlischen Anbetung.

Jede würdige Liturgiefeier hier auf Erden ist daher Einübung und Einstimmung für die ewige Kultfeier. In den Schriften der Kirchenväter findet sich wiederholt der Gedanke, daß das Ende der Welt und damit der umfassende Anbruch der himmlischen Liturgie zusammenfalle mit einem hohen Fest des Kirchenjahres. Die Liturgie der Geschichte werde weiterklingen in der Liturgie der Ewigkeit.

Vom gleichen Verfasser:

DIE KERNWAHRHEITEN DES GLAUBENS

Ein Kurzkatechismus für den heutigen Christen

20 Kurzmeditationen, in denen die Mitte, das Eigentliche des Glaubens erschlossen und Orientierungshilfe für die heutige Glaubenssituation geboten wird.

2. Aufl., 48 Seiten, kart., DM 5.80

VON DER EXEGESE ZUR KATECHESE

Werkbuch zur Bibel

Band 1 – Das Alte Testament I:
(Bis zur Königszeit einschließlich David/Salomo)
216 Seiten, kart., DM 22.80

Band 2 – Das Alte Testament II:
(Von der Reichsteilung – 932 v. Chr. – bis zum Ausgang des Alten Testamentes)
212 Seiten, kart., DM 24.80

Band 3 – Das Neue Testament I:
(Die neutestamentliche Briefliteratur)
212 Seiten, kart., DM 24.80

Band 4 – Das Neue Testament II:
(Evangelien, Apostelgeschichte, Geheime Offenbarung)
300 Seiten, kart., DM 29.80

Das Werk informiert den Katecheten über die tiefgreifenden Neuerkenntnisse der Exegese und bietet anhand dieses Hintergrundwissens lernzielorientierte und altersspezifische Arbeitshilfen für eine heutige biblische Unterweisung.

Jeder Band enthält zahlreiche Grafiken und Tabellen.

JESUS VON NAZARET

Kritische Reflexionen

Das sehr aktuelle Buch stellt sich dem Problem der christologischen Krise der Gegenwart, es trägt zu einer kritischen Neubesinnung und zur Korrektur eines falschen Jesus-Verständnisses bei, um so eine neue, existentielle Begegnung mit Jesus, dem Christus, erschließen zu helfen.

152 Seiten, kart., DM 14.80

DON BOSCO VERLAG • MÜNCHEN